韓国人権紀行

私たちには記憶すべきことがある

著者 朴 來群 Park Laegoon
訳 真鍋 祐子 Manabe Yuko

韓国人権紀行

私たちには記憶すべきことがある

本書関連略図①
長津湖
朝鮮民主主義
人民共和国
興南
平壌
元山
花津浦
鉄原
楊口
雪嶽山
板門店
磨石牡丹公園
延坪島
ソウル
仁川
安山
江原道
京畿道
忠清北道
平澤
忠清南道
大韓民国
慶尚北道
大田
鶏龍
多富洞
大邱
全羅北道
迫真
蔚山
慶尚南道
長城
光州
智異山
飛兎里島
釜山
順天
木浦
全羅南道
麗水
巨済島
対馬
珍島
小鹿島
居金島
東巨次島
日本
済州島
漢拏山
0
100km

本書関連略図②
仁旺山
清雲洞
青瓦台
モアクチェ駅
昌徳宮
景福宮
鞍山
独立門駅
西大門刑務所歴史館
光化門広場
慶熙宮
ソウル市庁
忠武路駅
明洞駅
忠正路駅
記憶の場
ソウルユースホステル
南山1号トンネル前陸橋
南山韓屋村
ソウル駅
南山公園
ソウルタワー
朴鍾哲記念館
(警察庁人権保護センター)
民主人権記念館
(南営洞対共分室)
南営駅
戦争記念館
三角地駅
0
1000m

装幀＝柳　裕子

訳者解説

「私たち」とは誰のことか

真鍋 祐子

日本の「私たち」が記憶すべきこと

著者の朴來群《パクレグン》氏は最終章「IX　別々に流れる時間」の結びで、セウォル号惨事（二〇一四年四月一六日）の遺族たちとともに光化門広場で闘った真相究明運動と、その後に続く「ろうそくデモ」の日々を振り返りながら、「政治は広場から始まる」と述べ、「広場でともにした連帯の記憶」のゆえに「私は広場の力を信ずる」と結んでいる。朝鮮史における「広場の力」、そこから始まる「政治」のルーツは、一九一九年三月一日を起点として、地域、階級、職業、性別、宗教などの違いを超えて民族的規模で展開された3・1独立運動に見出される。

一九一〇年に朝鮮を併合し植民地とした大日本帝国が最初の一〇年間に敷いた統治政策は、武断政治と呼ばれる。各地に警察官を兼務する憲兵を常駐させ、暴力的手段によって朝鮮人の自由な活動を徹底的に封じ込めた。また「会社令」（一九一〇年）と「土地調査事業」（一九一〇〜一八年）によって民族資本の発展を抑圧し、土地の所有権者の自己申告制と所有権認定機関の運営を通じて朝鮮人から土地を奪った。[註1] そうした中、自然発生的に各地でデモが散発するようになった。それから一年間にわたり、「独立万歳」を叫びながら行う非暴力デモが全土で繰り広げられた。3・1独立運動といえば、本書でも言及される「愛国少女」柳寛順《ユグァンスン》を思い浮かべる読者は少なくないだろう。だが、そうした人口に膾炙したイメージとは異なり、実際の3・1独立運動は「ひとりの英雄的な指導者によって象徴されるような質のものではない。多くの無名の人々の、もちこたえてきた独立への意志が、ひとつに

合流した民衆運動であった」と、朝鮮史研究者の梶村秀樹は記している。〈註2〉

それでは、3・1独立運動という非暴力デモのスタイルはどのようにして始まったのか。朝鮮における デモの前史は一九世紀末にまで遡る。日清戦争後、朝鮮は一八九五年に結ばれた日清講和条約（下関条約）によって清国との属国関係から独立し、九七年に国号を大韓帝国と改める。前年の九六年に開化派の知識人たちが結成した独立協会では、独自に国を盛り立てていくために、独立を慶祝する行事などが企画された。このように独立協会によって催された集会が、朝鮮における街頭集会・デモの発祥とされている。また3・1独立運動が「一九一九年三月一日」に端を発するのは、朝鮮王朝最後の王であり、大韓帝国初代皇帝・高宗（一八五二〜一九一九年）の弔いに連動してのことだった。一九一九年一月に死去した高宗の国葬が三月三日に予定されたタイミングで、3・1独立運動は始まったのである。〈註3〉独立宣言文の起草者はキリスト教や天道教〈註4〉などの宗教者が中心となっており、3・1独立運動は民族運動でありながら、宗教運動としての性格も内包していた。後述するように、一人の高校生の無残な死が導火線となった一九六〇年の4・19学生革命、光州の犠牲者に対する追悼から始まった八〇年代の民主化闘争、国家暴力によって殺された二人の学生に対する追悼に端を発した八七年の六月抗争や、セウォル号惨事に対する追悼の場が核となり展開された「ろうそくデモ」など、韓国現代史を動かした死生観と「広場の力」の源泉は、ほぼ3・1独立運動にあるとみてよいだろう。

ともあれ朝鮮近代史の展開は、3・1独立運動の前史にまで遡ってみても、日本帝国主義との関係を抜きには成り立たない。また本書でも指摘されるように、ハンセン病患者の隔離政策、政治・思想犯を取り締まる公安統治、国家保安法にもとづく政治・思想犯の捏造、警察や刑務所で常態化した拷問など、韓国で比較的最近まで続いた国家暴力による人権蹂躙の多くは、日本が敷いた強権的な植民統治にその根っこがある。

ここで見落とされがちなのが、敗戦の色濃くなってきた時期の済州島の状況である。本土決戦の捨て石として沖縄戦（一九四五年三月二六日〜九月七日）が語られるのに比して、戦後、沖縄とともに「対米決戦の最後の砦」とされた済州島の存在は「日本史」から捨象され、忘却された。三月二六日の硫黄島陥落と入れ違いに沖縄での激闘が始まると、済州島は沖縄に次ぐ重要拠点とされ、急速に軍備が進められた。そこで「航空基地、地下壕、海上特攻基地などの軍事施設の構築が南西部を中心に全島ですすみ、確認されているだけでも八〇余りの地域に七〇〇余りの洞窟や地下壕が彫られた」という。[註5] そうした施設の一部は4・3事件の現場となった。

一九四五年八月一五日の日本敗戦に伴い、民族解放を祝った朝鮮はその喜びも束の間、まもなく三八度線を境に米ソ分割され、半島南部は米軍政下におかれることとなる。冷戦の緩衝地帯となる国家の建設を急いだアメリカは、四八年に南だけの単独選挙を強行し、八月一五日に樹立された大韓民国政府において李承晩《イスンマン》が初代大統領に選ばれた。済州島では単独選挙に抵抗する武装隊と、これを弾圧する米軍政の意を受けて陸地部から投入された軍警による討伐隊との武力衝突が起こり、4・3事件が勃発する。

急ごしらえの近代国家では、朝鮮人自身によって植民地期の「親日派」の総括がなされる前に、新国家建設のリソースとして、警察・軍隊・教育など日本統治時代の遺制とともに、「親日派」までが温存された。ここでいう「親日派」とは大日本帝国ないし、その帝国主義的な構造と思考に親和的であることを意味する。具体的には植民地エリートとして既得権を享受し、解放後もその支配的な地位と利権を維持する階層やそれを是とする人々をさす言葉である。

一九五〇年六月二五日、朝鮮人民軍の南侵に端を発して朝鮮戦争が勃発すると、当時占領軍統治下にあった日本は、朝鮮半島から近い北九州地域を中心に兵站基地の役割を担うことになる。朝鮮戦争はまだ貧しかった敗戦国・日本に特需ブームをもたらし、戦後復興への足掛かりを築いた。また近年にわかに、朝鮮戦争に加担した日本人――戦車揚陸艦乗組員などの民間人、「日本特別掃海隊」に服務した日本国公務員、米軍に雇用されて戦場に赴いた兵士や軍属など〈註6〉――の存在に注目が集まっているが、そのことが示すのは、朝鮮戦争が日本の戦後史にも深くかかわる出来事だったという事実である〈註7〉。

朝鮮戦争休戦（一九五三年七月二七日）後も李承晩は引き続き長期にわたって独裁政治を行使した。休戦から七年後、大統領選挙が行われた一九六〇年三月一五日、南部の都市・馬山では、不正選挙を糾弾する抗議運動が繰り広げられた。その渦中で金朱烈《キムジュヨル》という高校生が催涙弾に撃たれて死亡し、四月一一日、錘をつけられた遺体が港から引き揚げられたことで、第二次デモが発生し、全国へと波及した。一九日にはソウルの学生や市民たちが政権打倒を叫んで大統領官邸に押し寄せた。戒厳軍による弾圧は凄まじく、この日、全国で一八六人の犠牲者が出たという。李承晩は二六日、ついに下野を発表し、ハワイに亡命した。この一連の出来事は四月革命、4・19学生革命などと呼ばれている。

その後、野党指導者の張勉《チャンミョン》が首相となるが、翌六一年の五月一六日に朴正熙《パクチョンヒ》らが軍事クーデター（5・16クーデター）を起こしたことで、民主化への取り組みは挫折に終わった。朴正熙政権のもと、一九六五年に日韓条約が締結されたが、それは日本が朝鮮半島の分断を暗に是認したことを意味する。

一九七一年の大統領選挙で金大中《キムデジュン》候補に肉薄された朴正熙は七二年一〇月一七日に非常戒厳令を発布し、二七日にはいわゆる「維新憲法」を成立させ、大統領の事実上の永久執権を可能とした。立法と司法の権限は骨抜きにされ、大統領には緊急措置権が与えられた。すなわち国家の安全と公共の秩序が重大な脅威を受ける「憂慮がある」と大統領が判断すれば、国民の自由と権利、政府と裁判所の権限を制限することができるようになったのである（一〇月維新）。後述の在日同胞留学生スパイ団事件など七〇年代に多発したスパイ捏造、拷問、司法過程を無視した死刑判決の乱発などは、そうした政治的状況の中で強行された。だが、やがて政府に対する国民の不満は沸点に達し、七九年一〇月一六日以降、釜山と馬山で大規模な民主化要求のデモが発生する（釜馬抗争）。政府は一八日に非常戒厳令を出して武力鎮圧を図るが、なおも激しいデモが続いたため、政権内ではその処理をめぐって確執が生じた。二六日、穏健派といわれた金載圭《キムジェギュ》（ＫＣＩＡ部長）による朴正熙暗殺は、その延長上に起きた事件である。

同年一二月一二日、朴正熙亡き後の軍部から台頭した全斗煥《チョンドゥファン》の一派は、朴正熙一派を一掃する粛軍クーデターを起こし、軍部での実権を握る（12・12クーデター）。彼らは自分たちを「新軍部」と称し、朴正熙一派を「旧軍部」と呼ぶことで、守旧的イメージとは差異化された革新性を印象づけようとした。しばし民主化の気運に沸いた八〇年の「ソウルの春」の後、五月一七日に非常戒厳令の全国拡大を宣布（5・17クーデター）。一八日から二七日にかけての光州民主化運動に対する武力弾圧をへて、全斗煥が国家権力を掌握する。七九年末からソ連のアフガン侵攻が始まっており、冷戦による東西対立は深刻な状況にあった。アメリカ、そして日本は「北の脅威」を理由に全斗煥の軍事政権を黙認した。

ところが、全斗煥「新軍部」の政権は、朴正熙の「旧軍部」よりはるかに悪辣で暴力的だった。朴政権は一〇月維新以後でさえ野党の存在は認めており、多くの制約があったとはいえ政治家たちは民主化のための活動を行うことができた。一方、全政権は野党の存在そのものを否定して、投獄や自宅軟禁によって政敵の政治活動をことごとく封じた。また民主化を求める学生や活動家たちをめぐっては「疑問死」（本書二七七―二八〇頁参照）が続発した。

このように反共政策にもとづき植民地期の機構や人脈、軍事文化や治安維持法（韓国では国家保安法という）に至るまで、あらゆる日帝時代のリソースを駆使した朴政権の独裁政治、およびその延長上で、光州を捨て石とし、さらに暴虐的な強権政治を敷いた全斗煥の政権掌握過程に関しては、日本にも歴史的な責任の一端があるといえよう。

本書のタイトルは「私たちには記憶すべきことがある」といい、韓国人である著者が韓国人の読者に向けて「私たち」と語りかけたものである。だが、これまで述べてきたように、本書が取り上げるテーマは同時に、「私たち」日本の読者にとっても「記憶すべきこと」である。「私たち」が自国の歴史と真摯に向き合うためには、朝鮮近現代史を「外国史」の一つとして相対化するのではなく、日本近現代史の視座から見つめ直し、隣国の人々の受難の歴史を自分事として内面化する視点が求められるのではないかと思う。

さらに韓国と日本の「私たち」読者が見落としてはならないのは、朝鮮と日本のはざまにおかれた在日朝鮮人史の視座である。残念ながら、本書ではこの点が等閑に付されている。ＫＣＩＡ（大韓民国中央情報部）などの公的機関による拷問を伴う過酷な取り調べの末に、北朝鮮のスパイと断定され、長期にわたる獄中生活で非人間的扱いを受けた被害者の中には、一九七五年の在日同胞留学生スパイ団事件をはじめとする、七〇～八〇年代に頻発したスパイ捏造事件によって人生を踏みにじられた数多くの在日朝鮮人が含まれていた。〈註8〉すでに日本でも報じられたように、近年は三〇人以上が再審で無罪判決を勝ち取っている。だがそれ以外にも、いまだ救済されない被害者がいることは確実だという。

また、とりわけ在日朝鮮人史と切っても切り離せないのが、4・3事件である。虐殺から免れた人々の多くが密航船で日本へ逃れ、済州島出身者たちの集住地域である大阪〈註9〉でその残酷な記憶を押し殺しながら生きてきた。韓国で長らくタブーとされた4・3という数字が初めて韓国紙に登場したのは、後述する一九八七年の六月抗争による「民主化宣言」をへた後、八八年の三月である。〈註10〉続く4・3事件四〇周年にあたる同年四月三日には、在日の済州出身者有志よりなる耽羅研究会（一九八五年結成）の主導で、真相究明と犠牲者の慰霊を求める初の追悼集会がソウル、済州、東京で同時開催された。〈註11〉4・3事件の記憶を描写した文学者は済州島の玄基榮《ヒョンギヨン》だけではない。金石範《キムソクポム》、金時鍾《キムシジョン》などの在日文学者たちも長い年月をかけて事件の記憶と向き合い続けてきた。また「三万人ではなく一つ一つの命が三万」という一念で、大阪を拠点に地道な遺族会活動が行われてきた。一九九九年の金大中《キムデジュン》政権による4・3特別法の制定と真相究明の推進、そして二〇〇三年の盧武鉉《ノムヒョン》大統領による謝罪へと至る流れには、済州島の自生的・内発的な力だけによるのではなく、在日朝鮮人社会からの強いコミットがあったことを忘れてはならない。

加えて、光州とその後の民主化闘争に連帯した朝鮮学校生、〈註12〉あるいは韓民統（韓国民主回復・統一促進国民会議日本本部。現・韓統連＝在日韓国民主統一連合）をはじめとする民族団体で韓国民主化運動に尽力した人々がいたことも、〈註13〉韓国と日本の「私たち」に広く記憶されなくてはならないだろう。

５・18光州抗争を原点とする八〇年代民主化闘争は、一九八七年六月にクライマックスを迎える。同年一月に南営洞対共分室で起きたソウル大生・朴鍾哲《パクチョンチョル》の拷問死が明るみになると、にわかに反拷問・反独裁の抵抗運動が全国へと波及した。そうした中で六月九日、デモの先頭に立っていた延世大の李《イ》韓烈《ハニョル》が水平撃ちによる催涙弾に直撃される事件が起こる（七月五日に死亡）。すると全斗煥《チョンドゥファン》政権打倒の気運はさらに高潮し、それまで時局の様子見をしていた都市ホワイトカラー（「ネクタイ部隊」と呼ばれた）も巻き込んでの汎国民的な抗議運動は、雪崩を打つようにいっそう拡大していった。六月二九日、ついに堪えきれなくなった与党は、大統領直接選挙、地方自治の実現、言論の自由などを盛り込んだ「民主化宣言」を発表する。この一連の動きを「六月抗争」と呼ぶ。この時を境に、韓国社会では４・３事件や５・18抗争を語ることのタブーが徐々に解かれていった。そこへ至るまでの民主化闘争の歴史が韓国の読者にとって真に「私たち」の記憶となるためには、前記したような在日同胞による粘り強い闘いと働きが看過されてはならないだろう。

著者・朴來群《パクレグン》氏について

次に著者・朴來群氏の経歴について、少しばかり詳しく紹介したい。

私が初めてその名前に触れたのは、一九九〇年代半ばのことだった。本書の牡丹《モラン》公園の章（「Ⅷ　春を訪ねる三つの道」）で取り上げられる全泰壹《チョンテイル》、朴鍾哲などの「民主烈士」に対する研究を始めた頃である。民主化運動における「非業の死」に関する言説を調査する中で、ある進歩的雑誌の九〇年代初めの号に、朴來群という名を見つけたのである。それは「烈士の母たち」に関する記事だった。その少し前、私は「遺家協」（民主化運動遺家族協議会の略称、後述）で渡された資料を通して、八八年六月に「光州は生きている！」と叫んで焼身自殺をとげた朴來佺《パクレジョン》という自分と同い年の学生がいたことを知った。ひょっとしてこの人は朴來佺の縁者かもしれないと、咄嗟に思った。朴來佺と朴來群という二つの名前を見比べながら、両者が赤の他人だとはどうしても思えなかった。以来、機会を見ては朴來群氏の記事を追った。やがてSNSが普及すると、ほどなくして彼のアカウントが私のタイムラインにも上がってくるようになった。朴來佺とはあまり似た顔立ちではなかったが、セウォル号惨事の被害者遺族たちに寄り添って真相究明運動を展開し、それがために投獄される様子などを垣間見ながら、これは紛れもなくあの朴來佺と血を分けた兄弟に違いないと確信するようになったのである。

本書を一読すればわかるように、朴來群氏は「朴來佺烈士の兄」という被害者遺族としての自身の立場をあえて前面に押し出さず、朴來佺との関係については牡丹公園の章の最後でさらりと明かされるだけである。人権活動家・朴來群の現在は今や被害者遺族という個人的立場を超えた地平にあり、本書はそうした著者の特異な経験と稀有な活動家歴を抜きには成り立ちえなかったといえる。それだけに弟・朴來佺の死から現在に至るまでの朴來群氏の活動家としての生きざまを、ここでより詳しく紹介する必要を感じたのである。朴氏からは、一九八〇年にまで遡っての詳細な経歴を送っていただいた。その内容を要約して以下に共有したい。

活動家・朴來群氏の経歴は大きく六つの時期に区分される。

一九六一年生まれの朴氏は八〇年に高校を卒業し、一浪して延世大学国語国文学科に入学する。小説家を夢見る文学青年だった。高校を出てすぐにいわゆる「ソウルの春」、つまり前年一〇月の朴正熙大統領暗殺によって、学生街にもたらされた民主化を熱望する気運に触れた。続いて、光州民衆抗争の弾圧を通じて全斗煥が政権を握るプロセスを目の当たりにする。キャンパスはそうした世情をそのまま映し出すように、戦闘警察（機動隊）が校庭に陣取り、私服警察たちが至るところに潜んでいた。大学生活は、安企部、保安司、警察などが学生たちを監視する息詰まる雰囲気だった。入学後すぐに「延世文学会」というサークルに加わった朴氏は、一年生の期間の大半を小説ばかり書いて過ごしたが、ひょんなことから学生運動サークルの勉強会に参加し、以後、学生運動に深く関わるようになった。三年生になって、国語国文学科の学生会長に選ばれるが、学内デモを主導したことで軍隊に強制徴集[註14]され、二年四か月間、最前線で休戦ラインを守る軍隊生活を送った。これが一九八〇年代前半の学生運動時代である。

朴來群氏

一九八五年に除隊した後、労働運動をやろうと決意して仁川で学習会を主宰し、工場に偽装就労するなどして運動に従事するが、八六年三月に工場を解雇された。同年五月三日、仁川を舞台とした5・3抗争が起こる。かねてより全斗煥の長期執権を防ぐための改憲運動が全国で展開されていたが、この日、仁川改憲運動本部の結成式に合わせて全国から運動団体が結集し、熾烈な闘争を繰り広げた。その渦中で街頭デモに参加していた朴氏は指名手配され、五月三〇日に逮捕される。八七年の六月抗争によって良心囚（政治犯・思想犯）に対する赦免と復権がなされた結果、一三か月の服役を経て仮釈放で出所するも、獄中で受けた拷問による後遺症で労働現場には復帰できず、そのまま大学に復学することとなる。以上が一九八〇年代後半の労働運動時代で、この時に初めての逮捕と投獄を経験した。

六月抗争を通じてようやく勝ち取られた大統領直接選挙制であったが、同年一二月の選挙で野党候補の金大中と金泳三《キムヨンサム》が一本化できなかったため、光州虐殺の責任当事者である「新軍部」出身の盧泰愚《ノテウ》が漁夫の利を得る形で当選してしまう。八八年に軍隊を除隊した弟の朴來佺（一九六三年生まれ）は、光州民衆抗争をめぐって政治家たちが欺瞞的な政治取引を行うのではないかと警戒し、民衆審判による虐殺者処罰を求める学内デモや街頭デモを主導した。六月四日、彼は両親や学友などにあてた五通の遺書を残して、抗議の焼身自殺を決行する。在籍する崇実大の学生会館屋上で全身にシンナーを浴び、炎に包まれながら「光州虐殺の元凶を処罰せよ！　光州は生きている！」などのスローガンを叫んだという。永登浦にある漢江聖心病院に運ばれたが、六月六日一二時に息を引き取った。

弟の死をきっかけに「民主化運動遺家族協議会」（一九八六年八月に結成された遺族会。社団法人・全国民族民主遺家族協議会の前身で、略称は遺家協）に参加し、そこでの仕事を手伝い始めた。民主烈士たちの名誉回復のために働く一方で、朴正煕・全斗煥政権期に頻発した「疑問死」と呼ばれる活動家や学生などの不審死事件が広く知られ、社会問題化されるよう尽力した。八八年一〇月、全国からソウル鍾路五街にある基督教会館に結集した「疑問死」遺族たちの集会を手伝いながら、一三二日間に及ぶ籠城闘争に突入した。その間に行った遺族たちへのインタビューをまとめて、『疑問死資料集』を刊行した。この時から朴氏の「疑問死」真相究明の長い闘いの旅路が始まった。以上が八〇年代後半以降の遺族会活動だが、九三年九月に遺家協内部での葛藤が表面化したのを機に事務局長を辞し、遺家協を離れた。ちなみに私が初めて遺家協を訪ねたのは九四年秋のことで、朴氏とは入れ違いだったことになる。

遺家協を離れた後の約二年間は「拷問被害者の会」で総務を務め、拷問被害者たちの国家損害賠償請求訴訟などを推し進めた。このように朴氏の活動の比重は人権運動へと移っていった。一九九四年八月より「人権運動サランバン」の活動家となった朴氏は週五日発行のファックス新聞『人権一日消息』の編集長を五年にわたり務めている。本紙は国内外の人権状況を、現場取材を通して伝えるもので、読者の人権意識を高めるのに貢献したという。「人権運動サランバン」は、在日同胞留学生スパイ団事件に連座して服役し、初の非転向長期囚として出所した徐俊植《ソジュンシク》氏（一九四八年〜）が九三年に創設した団体である。ここでの活動は、安企部、保安司、警察などによる事件の捏造や拷問、性暴行、ホームレス収容施設や社会福祉施設などにおける人権蹂躙状況の社会問題化のほか、国家保安法廃止闘争、集会とデモの自由を確保するための闘争など多岐にわたった。

二〇〇〇年代に入ると、全国の約四〇団体を糾合して「人権団体連席会議」（二〇〇四年）を結成し、人権運動が社会運動の主流となるべく、いっそう注力した。二〇〇六年と〇七年に「平和的生存権」を掲げて平澤《ピョンテク》米軍基地拡張措置に対する反対闘争に乗り出し、二〇〇六年三月と七月に逮捕されたが、二度とも拘束適否審で拘束令状が取り消され、釈放された。

「人権運動サランバン」時代のクライマックスは本書でも言及された二〇〇九年一月二〇日の龍山《ヨンサン》惨事である（本書二八二頁参照）。二月、李明博《イミョンバク》政権が全ての追悼集会を封鎖する中、これに対抗して追悼集会を強行したとの理由で、朴氏は三月初めに指名手配者となる。都市再開発のために立ち退きを迫られ、これに抵抗して亡くなった住民五人の遺体は、龍山区漢南洞にある順天郷病院の葬儀場四階に冷凍保存の状態で安置された。警察が建物を二四時間包囲して監視する中、手配中の朴氏は半年間そこに立てこもり、九月初めに脱出する。次いで、遺体は順天郷病院に置いたまま明洞聖堂の霊安室に拠点を移し、さらに四か月余り、警察に包囲されながら籠城を続けた。同年末、ソウル市の仲介で龍山四区域再開発組合と、朴氏を共同進行委員長とする汎国民対策委員会との間で葬儀にかかわる合意が交わされ、二〇一〇年一月九日、龍山惨事から実に三五五日ぶりに五人の葬儀が営まれた。そこに至るまで、彼の手配生活は一〇か月にも及んだ。一月一一日、警察に出頭した朴氏はその場で逮捕され、ソウル拘置所で約四か月間服役した後、保釈された。

以上が「人権運動サランバン」時代の活動、および投獄体験である。

一方、朴氏は右の運動と並行して、二〇〇四年より「人権財団サラム」での活動を始めており、月刊誌『世の中を叩く人』（その後、隔月刊誌に変更）の発行人を務めていた。龍山惨事の件で服役中、彼は「人権財団サラム」の活性化のため、まずは人権センターを作ろうと決意する。出所後、二〇一〇年一一月から一〇億ウォンを目標に募金活動を行い、一三年四月に麻浦区城山洞に地上三階建てのビルを建て、「人権センター・サラム」をオープンさせる。「人権センター・サラム」では、各人権団体が集まって討論、学習、会議などを行い、ちょっとした行事も催された。ことに性的マイノリティをはじめとする社会的弱者たちの活動拠点となってきた。人権センターでの活動を手始めに、「人権財団サラム」は本格的な募金活動とその配分事業に乗り出し、全国の人権運動団体を支援する組織としての地歩を固めた。その後、城山洞の建物を売却し、現在は恩平区のセチョル駅（地下鉄六号線）近くに土地を購入し、新たな人権センターの建設を目指している。以上が、二〇二一年五月まで所長を務めた「人権財団サラム」（現在は理事）での人権運動である。

現在、朴氏がもっとも注力するのはセウォル号惨事にかかわる活動である。二〇一四年四月一六日の事故発生直後から、彼は全国の社会運動団体を集めて「セウォル号惨事国民対策会議」を結成し、共同運営委員長として、犠牲者遺族たちとともに真相究明運動にあたった。一五年四月一六日、セウォル号惨事一周忌を迎え、朴槿恵《パククネ》政権による弾圧の中、船体の引揚げなどを求める闘争を繰り広げた。デモ参加者たちは四月一八日には光化門の手前まで進み、光化門広場で籠城していた遺族たちと合流する。続く五月一日と二日には、青瓦台に近い仁寺洞一帯で夜通しの街頭籠城が行われた。朴槿恵政権は、セウォル号惨事一周忌を主導したことを問題視し、七月一七日に朴氏を逮捕した。約四か月間、ソウル拘置所に服役した後、一一月初めに保釈される。

その一方で、一五年六月二八日には「四月一六日の約束国民連帯」（四・一六連帯）を創設している。前述の「セウォル号惨事国民対策会議」が不測の事態に処して立ち上げられた臨時の組織とすれば、「四・一六連帯」は持続的活動を目指して遺族と市民たちが連帯して作り上げた恒久的な組織である。また一八年五月一二日には、セウォル号惨事の遺族や市民たちの出資による「四・一六財団」が創設され、朴氏は理事および運営委員長として活動した後、二〇二一年五月一二日に当財団常任理事に任命された。またそれに伴い「人権財団サラム」の所長を辞して、現在は理事として運営にかかわっている。その他、平和運動団体「開かれた軍隊のための市民連帯」共同代表、労働組合運動を破壊する「損害賠償差し押さえ」問題（本書二八六頁註〈2〉参照）を解決するための組織「ソンチャプコ」（「手をつないで」という意味）の常任代表、一九七五年に処刑された人革党事件（本書一九七―一九八頁、二五一頁註〈5〉参照）の遺族たちが募金して創設した「四・九統一平和財団」理事、「朴鍾哲記念事業会」理事なども務めている。さらに近年は、「差別禁止法制定連帯」共同代表として、韓国における差別とヘイトクライムをなくすための運動にも力を注いでいる。

以上が、セウォル号惨事以後、現在に至る著者・朴來群氏の活動歴である。

一九六一年生まれ、八一年に大学生となった朴氏は、八〇年の光州抗争から八七年の六月抗争にかけての民主化闘争を牽引した世代である。一九八〇年の「ソウルの春」を目撃し、「5・18抗争」を知ったことや、私服警察に監視されての息詰まる大学生活に加え、弟・朴來佺の自死を経験したことが、この類稀なる活動家を育んできたことは論を俟たないだろう。学生運動に加わった大学二年生の時から現在まで、彼が歩んできた活動家としての道のりとたび重なる投獄体験は、そのまま本書に綴られた韓国現代史をなぞっている。だが、もし彼の活動が遺族会での弟の名誉回復運動にとどまっていたとしたら、現在のような人権活動家・朴來群も、また本書も生まれなかったであろう。遺家協で「民主烈士」たちの名誉回復運動に取り組むかたわら、独自に「疑問死」問題にも取り組んだところに、「人権」という普遍的課題を探究した本書の出発点があるからだ。こうして著者の肉体に縛られることなく、それぞれの歴史の現場に刻印された記憶の残滓をたどりつつ、朝鮮史の過去と未来とを同時に射程に収める作品が生まれたのである。

本書は、韓国の読者に向けて書かれた「記憶すべきこと」の上に、在日朝鮮人を含む日本の「私たち」からのまなざしを交差させ、かつ著者の活動家人生を重ね合わせつつ読まれることを強く勧めたい。

※朝鮮民主主義人民共和国に対しては、原著では韓国での慣例通り「北韓」と記されるが、ここでは日本で一般に使用される「北朝鮮」という表記で統一した。また、一九一〇年から四五年にかけての日本による植民統治期の呼称については、原著の表記に従って「日帝強占期」「日帝時代」などとした。

【註】

〈1〉梶村秀樹『朝鮮史』講談社現代新書、一九七七年、一四六—四八頁。

〈2〉同右、一五〇頁。

〈3〉月脚達彦「近現代韓国・朝鮮における街頭集会・示威」『韓国朝鮮の文化と社会』一九号、二〇二〇年を参照。

〈4〉天道教は一八六〇年に崔済愚によって創唱された東学の後身で、朝鮮自生の代表的な新宗教の一つである。儒教・仏教・道教・民間信仰を混交させた東学の思想は、全ての人間に「天（主）」が内在するとする平等観、「後天開闢」により世直しがなされるとする終末観などを特徴とする。三代目教主の孫秉熙が組織を再編し、東学の平等思想を「人乃天（人すなわち天）」と表現して世に広め、後に教団名を「天道教」と改めた。三・一独立運動にあたって独立宣言文を起草した民族代表三三名中、天道教徒が一五名を占めている（川瀬貴也「東学」「天道教」『世界宗教百科事典』丸善出版、二〇一二年、四五八—五九頁、四六〇—六一頁を参照）。

〈5〉文京洙『済州島四・三事件—「島のくに」の死と再生の物語』平凡社、二〇〇八年、五〇—五二頁。

〈6〉李鍾元「戦後日韓関係の始まり」李鍾元・木宮正史・磯崎典世・浅羽祐樹『戦後日韓関係史』有斐閣、二〇一七年、四二―三頁。

〈7〉詳しくは、藤原和樹『朝鮮戦争を戦った日本人』（NHK出版、二〇二〇年）、五郎丸聖子『朝鮮戦争と日本人―武蔵野と日本人』（クレイン、二〇二一年）等を参照。

〈8〉詳しくは、金孝淳『祖国が棄てた人々―在日韓国人留学生スパイ事件の記録』（石坂浩一訳、明石書店、二〇一八年）等を参照。

〈9〉一九二五年以降、済州島と大阪を結ぶ君が代丸の就航が本格化したことで、大阪には多くの済州島出身者たちが都市労働者として流入し、「戦前の時点で大阪は、世界有数の朝鮮人人口を擁する都市へと変貌していた」という（岩佐和幸「戦前期大阪の都市形成と朝鮮人移民労働者」『歴史と経済』一八七、二〇〇五年、二一―三頁等を参照）。

〈10〉真鍋祐子「韓国現代史における『記念日』の創造―『記憶の闘争』をめぐって」『東京大学大学院情報学環紀要　情報学研究』九二、二〇一七年、一〇頁。

〈11〉済州島四・三事件四〇周年追悼記念講演集刊行委員会編『済州島四・三事件とは何か』新幹社、一九八八年参照。

〈12〉真鍋祐子『増補・光州事件で読む現代韓国』平凡社、二〇一〇年、二八五―八六頁。

〈13〉日本において韓国民主化運動を展開した韓民統をはじめとする在日朝鮮人の民族団体の動向と歴史については、趙基銀による「在日朝鮮人と一九七〇年代の韓国民主化運動」（『言語・地域文化研究』一二、二〇〇六年）等、一連の研究に詳しい。

〈14〉全斗煥政権期、学生運動にかかわる学生たちを対象に強化された「緑化事業」と称する強制的徴兵をいう。部隊内での暴力が横行し、いくつもの「疑問死」が発生した。ちなみに一九七五年八月に入隊した文在寅前大統領も、同年五月に朴正熙独裁政権に対する反対デモを主導したことで逮捕され、釈放後、陸軍特殊戦司令部に強制徴集されている。

はじめに——歴史の現場で人を想う

本書は済州島から分断の現場までの、二週間の調査に旅立った二〇一一年秋に構想された。歴史的な人権の現場を訪ねてみて、私が感じ、考えたことを、多くの人たちと分かち合いたかった。だが、本書を書くのは生易しいことではなかった。ことに二〇一四年四月一六日に仁川から済州島へ向かっていた大型旅客船セウォル号の転覆・沈没事故、いわゆる「セウォル号惨事」が起きてからは、犠牲者家族たちの支援活動を中心になって牽引しなくてはならなかったため、いっそう原稿に集中できなかった。セウォル号には修学旅行に向かう高校生たちが大勢乗っており、一般乗船客とあわせて三〇〇人以上の犠牲者を出す大惨事となった。執筆計画はセウォル号惨事に関する急ぎの仕事でどんどん後倒しになり、出版社との約束をたびたび破った。ただ単に時間が足りなくて出版が遅れたわけではない。学者でもない一活動家がどれほど歴史を知っているのか？　という懐疑と負い目がとても大きかった。そのたびに現場を再訪しては一生懸命資料を探したが、最後の瞬間までそんな心の重荷に押しつぶされ、書き進めるのがより困難になったのだ。

本書は人権運動に携わりながら、かねてより抱いていた疑問を解消するために始めた、人権現場の踏査の記録である。地球上唯一の分断国家という特殊性だけでは説明不十分なほどの抑圧と排除と嫌悪の政治は、日本の植民地支配からの解放後、大韓民国政府が樹立される過程から発芽したのであり、それは朝鮮戦争をへるなかで強化された。

ところで、そうした政治構造は日帝から引き継がれたものでもある。二分法だけが許容されて、多様性や違いは許されない構造。それは反共主義のもと、反国家勢力の取り締まりを目的として一九四八年に制定された「国家保安法」が強制した結果と見事に一致していた。治安維持のためと称して多くの自由が棚上げされた。自由権、平等権、社会権などの基本的人権は政策上の建前にすぎず、現状とはあまりにもかけ離れていた。

だが清算されないままの過去によって駆動されてきた反人権的な力は、強権的・暴力的な国家権力による被害者たちの抵抗を通じてコントロールされ始めた。その過程では、極端な決断で死んでいった者があり、また無念の死に連帯する市民たちがいた。これを民主化過程だとすれば、それは同時に人権が実現される過程でもあった。国家に対する恐怖に押さえつけられ、言葉も発せられなかった時代は、確実に過ぎ去った。広場で大統領を弾劾するダイナミックな力をもった市民たちによって、堅牢とばかり思えた反人権の構造は弱体化したり、解体されていった。

本書では国家暴力のさまざまな原型を発見する。

4・3事件（一九四八～五四年に済州島で繰り広げられた虐殺事件。「I　虐殺と解冤《かいえん》の島」）と、続く朝鮮戦争（一九五〇～五三年。「II　戦争を記憶する方式」）は極端な反共国家を鋳造した直接的な事件である。だがその時の被害者たちは沈黙を強要されてきた。彼らが口を開くことができたのは、一九八七年、拷問や催涙弾による弾圧で犠牲者が出たことに発する反独裁の抵抗運動（「六月抗争」と呼ばれる）の末、言論の自由や大統領直接選挙などを含む「民主化」宣言が勝ち取られて以降のことだ。

ハンセン病患者に対する隔離と監禁、強制労働、暴力は、我が国の社会福祉施設における人権蹂躙と地続きである。日本の植民統治下で患者たちが強制隔離され、過酷な労働を強いられた小鹿島《ソロクト》の恐るべき暴力的構造は解放後も引き継がれ、韓国という国家がそれを助長させた（「III　孤島に生きてきた人々」）。障害者とマイノリティに対する極度の憎悪と嫌悪は、そこに根を下ろしているのである。4・3事件と朝鮮戦争における虐殺は、一九八〇年五月の光州で再現された（5・18抗争）。一七日に非常戒厳令が敷かれた後も、光州では学生たちが抗議デモを続行した。学生たちに振るわれた戒厳軍の銃剣は、市民に対する無差別殺戮へと展開し、ヘリコプター射撃、死体遺棄、性暴力などの被害がささやかれながらも、その真相が十分に究明されないまま、一度は法廷で裁かれて極刑に服した全斗煥や盧泰愚など、責任者たちに対する処罰は赦免という形で中断された。そうした中で、光州での惨劇をなかったこととして歴史を捏造しようとする極右勢力が、民主化の過程でも温存される余地が残された（「Ⅳ　処罰されない者たちの国」）。

一方、光州5・18抗争を語る時、女性や貧民層の献身が消極的に扱われたのも事実である。こうした人々が抗争の主役に位置づけられるようにすることが、光州の課題となるだろう（「Ⅴ　みんなが私たちだったあの日」）。

国の諜報機関である南山の安企部（国家安全企画部。ＫＣＩＡ＝中央情報部の後身、現・国家情報院）と、思想犯・政治犯に対する取り調べが行われた南営洞の対共分室は恐怖の拷問を行使することで、独裁国家を暴力的に維持した機関である。今も残っている建造物からその痕跡を探ろうとすれば、拷問が私たちの日常からごく近い場所で行われていたことが確認できる（「Ⅵ　狭い窓、小さな部屋、秘密階段」）。私たちがその時に行われた拷問の事実を忘れてしまえば、いつでもそれが復活するだろうことは明らかだ。

西大門刑務所歴史館では、日帝強占期の残酷な収監生活に集中した展示の方向性が読み取れる。韓国政府のもとでも収監者の処遇は悲惨なものだったが、そうした点には言及せず、日帝に対する怒りに集中しているのである。また、そこは死刑制度の問題もともに考えてみるのに適した場所でもある（「Ⅶ　監獄でも消された顔」）。

ソウル近郊の南楊州市磨石にある牡丹公園には、民主化運動で命を落とした人々、つまり「民主烈士」と呼ばれる死者たちを埋葬した区画がある。このいわゆる「民主烈士墓域」について、労働の道、民主の道、人権の道など、三つに分けて紹介した。ただし、そこに眠る烈士たちの死の意味を読者がそれぞれに追求し内面化できるよう、簡略に案内する程度にとどめた（「Ⅷ　春を訪ねる三つの道」）。あとは、そこを訪問する人たち次第である。

最後に現在進行形のセウォル号惨事は、木浦新港に引き揚げられたセウォル号船体、珍島の彭木港（現・珍島港）と沈没現場、安山と仁川、そして「広場」という空間からアプローチする（「Ⅸ　別々に流れる時間」）。実は、この章を書くのが一番苦しかった。現在、もっとも深く関与している件にもかかわらず、せめて一点でもけじめをつけることのできなかった責任の相当部分を負っている者として、記述には慎重にならざるをえなかった。

本書を執筆しながら、他の一般的な旅行記のスタイルを踏襲したくはなかった。そこで旅行情報はなるべく載せないようにした。本書の目的は歴史的な事件や現場を人権の視角で見ることができるよう案内することである。歴史を解釈するひとつの基準点として、人権が大切に扱われなくてはならないと考える。本書が慣例的な方法ではなく、これまでに例を見ない視角と観点から出来事を捉え、解釈するきっかけとなれば成功したといえようが、願わくは読者たちが本書で紹介した現場を訪ねてくれればと思う。長い時間をかけて本書を書き上げた甲斐はそれにまさるものではない。

本書を完成させるまでに多くの方々から助けてもらったことは忘れることができない。済州島に点在する4・3事件の現場には社団法人・済州ダークツアーの白佳倫代表、戦争記念館には「開かれた軍隊のための市民連帯」の朴錫珍事務局長、小鹿島で部外者の立ち入りが禁じられている開放地域に入るにあたっては曺永鮮前国家人権委員会事務総長、光州5・18抗争の現場には朴康培光州文化財団政策企画室長と、趙辰太5・18記念財団常任理事が、おおいに協力してくれた。面倒な質問や依頼に誠実に応えてくれた方々だ。

磨石牡丹公園について書く時も、遺族たちの傷口に触ることになるのではないかと不安が大きかった。セウォル号惨事の遺族たちにも、言葉では言い表せないほどの感謝をしている。セウォル号惨事の現場を振り返ることは、真相究明を求める遺族たちの闘争の現場を追う道でもある。彼らが現場を守り闘わなかったら、それらの場所は忘却されてしまっただろう。自分の痛みを超えて、世の中が変わるところまで牽引してきた遺家協（現・全国民族民主遺家族協議会。一九八六年八月に結成された民主化運動における犠牲者の遺族会）の父母たちと、セウォル号犠牲者の遺族たちに深い感謝の意を伝えたい。

それ以外にも多くの方々から助けられた。文献や資料を通して現場の問題点を整理してくれた研究者や活動家、記者や言論人がいた。その方々の名を一人一人数え上げたらきりがない。数多くの人々の先行作業がなかったら、ままならないことだった。それにもかかわらず、現場に深く入り込めなかったのは私の限界であり、責任である。歴史の深淵をのぞき見る能力、それを表現し伝える能力が足りなかったせいである。現場で多くの話をしてくれた方々の話も盛り込めなかったものが多い。そのような方々に対しては申し訳ない気持ちでいっぱいだ。不足していたり誤ったりした部分をご指摘いただければ、再版の時に補完することをお約束する。

本書が世に出たのは出版社クールの金庚泰代表の根気によるところが大きい。編集担当者の成俊權氏は文章で足りない点について何度も適切な指摘をしてくれた。韓承一氏は現場をともにたどりながら、責任をもって素晴らしい写真を残してくれた。その他、デザインと編集、マーケティングの実務を担い、心を配ってくれた出版社クールの社員の皆さん全員に感謝を伝えたい。

本書が出るまで忍耐をもって激励してくれた「人権財団サラム」の理事たち、事務所の活動家たちにも感謝する。特に全国の現場を回るために事務の仕事にまで手が回らなかった時、十分に理解してくれた活動家たちの支持が勇気になった。

人権現場を回るからと常に家を空けがちだった夫を応援してくれた妻は、その間に詩を書き、詩壇にデビューした。詩人になった妻が待っていてくれ、理解してくれなかったら、本書は世に出ることができなかった。二人の娘は私の無条件の支持者たちだ。そんな娘たちをもてたことが、どれほど幸せなことかと思う。

最後に、ブックファンド（書籍出版のための出資）に参加してくれた読者の方々は本が完成する前にもかかわらず、喜んで心を寄せてくださった。名前も顔も知らない多くの人たちがこの本に期待を寄せているということに、しまいにはプレッシャーも大きくなったが、逆にまたその人たちから勇気を得て、本書を書き終えることができた。

今、この本を大きな惧れと胸の高鳴りをもって世に送り出す。どうか本書を通して人権の現場と、そこで苦しみをこうむった人々と出会ってほしい。本書の目的地とは結局「人」であることを、あえて申し添えたい。

二〇二〇年春

朴《パク》 來群《レグン》

I

虐殺と解冤《かいえん》の島——済州4・3の現場

上空から望む済州島・タランスィ村一帯

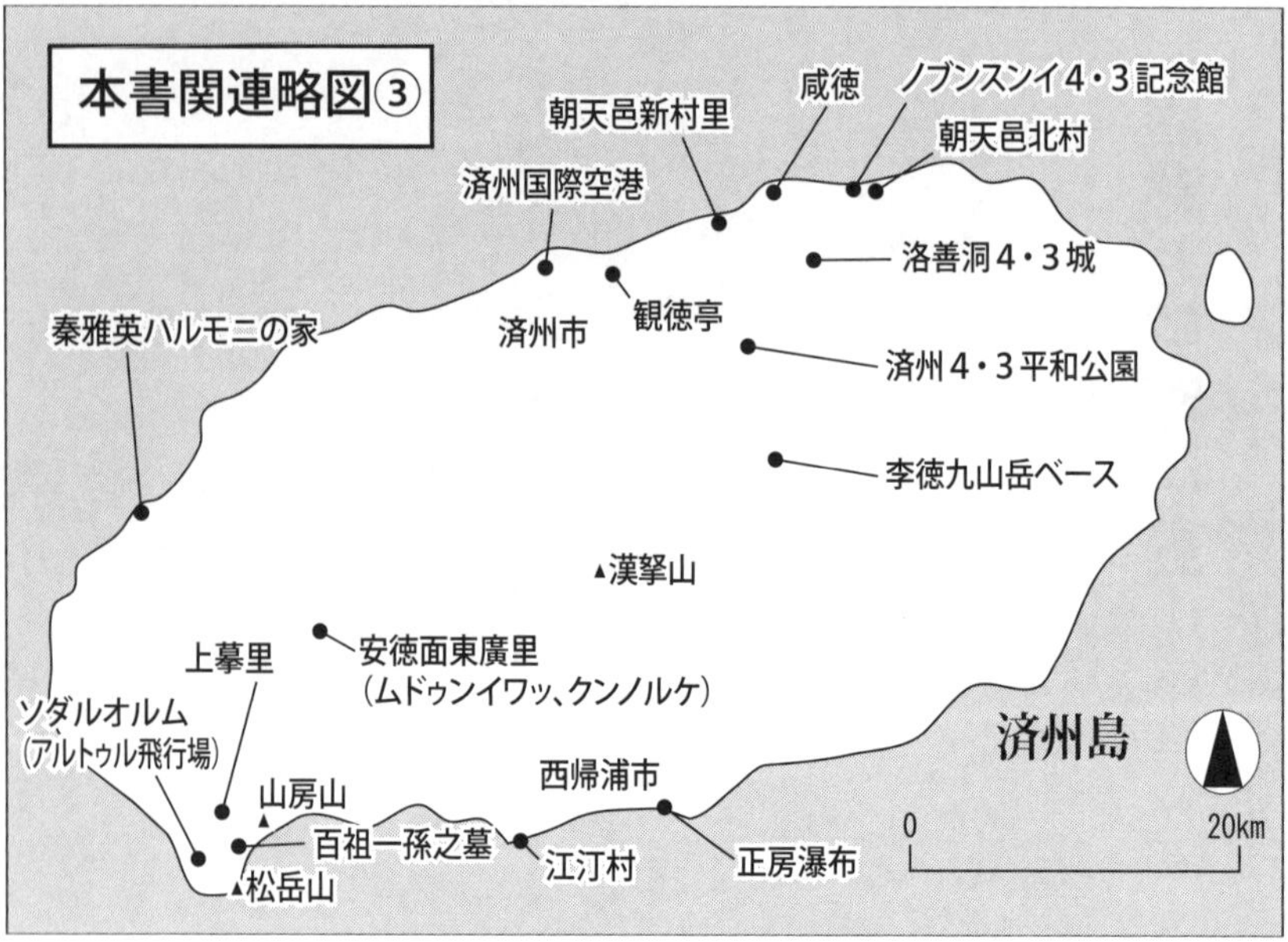
本書関連略図③
咸徳
ノブンスンイ4・3記念館
朝天邑新村里
朝天邑北村
済州国際空港
洛善洞4・3城
済州市
観徳亭
秦雅英ハルモニの家
済州4・3平和公園
李徳九山岳ベース
漢拏山
安徳面東廣里
(ムドゥンイワッ、クンノルケ)
上摹里
ソダルオルム
(アルトゥル飛行場)
済州島
西帰浦市
山房山
百祖一孫之墓
江汀村
正房瀑布
松岳山
0
20km

旅の始まり

人権紀行を済州島から始めることにしたのは、そこが分断された祖国の最南端にあるという理由からだけではない。世界的に冷戦秩序はとっくに解体され、もはや二一世紀にもなるというのに、何かにつけて「アカ」や「左翼」、「従北」という理念の枠に縛られた、重苦しい反人権的な現状はここを出発点とし、大韓民国における人権の歴史もそれとともに始まったと考えたからである。

私は済州島を訪ねる前から４・３事件について知っていた。一九八〇年代当時の学生たちの必読書だった解放後韓国史の本や、玄基榮《ヒョンギヨン》（一九四一年〜）の小説「順伊《スニ》おばさん」〈註1〉（一九七八年）、安致環《アンチファン》の「眠られぬ南島」〈註2〉（一九八七年）といった追慕曲を通じて、４・３事件に接することができたからだ。私にとって済州島は悲劇的な歴史を帯びた美しい島だった。実際に済州島を初めて訪ねたのは人権運動を始めてから、つまり一九九〇年代半ば過ぎだったように思う。その後も済州島を訪れるたびに、時おり４・３事件の現場を巡って歩いたが、それはあまりに自然ななりゆきでもあった。そもそもこの悲劇を抜きにして済州島を訪れることはなかっただろう。

そういうわけで、済州・江灯村《カンジョンマウル》での海軍基地建設計画に対する反対闘争〈註3〉に参加するかたわら、４・３事件の現場を訪れる機会がさらに増した。見れば見るほど残酷な歴史がそのままに秘められた場所だった。水の中まで明るく透き通って見える澄んだ海、漢拏山《ハルラサン》といくつものオルム（寄生火山〈註4〉）、火山の爆発でマグマが噴出してでき上がった美しく整ったその風景には目を奪われるが、しかし一皮むけば、そこには数千年にわたって蓄積された痛みと恨《ハン》〈註5〉と涙がこもっていることを知る。ここは抑圧と搾取に押し潰されてきた島だが、そのたびに抵抗をやめなかった島でもある。その歴史を知ると、済州島の土と水とオルムがこれまでとは違って見えてくる。

4・3事件については、「一九四七年三月一日の警察による発砲事件を起点とし、警察―西北青年団の弾圧に対する抵抗と、単独選挙―単独政府に対する反対を旗印に、一九四八年四月三日に南朝鮮労働党（以下、南労党）済州島党〈註6〉の武装隊が蜂起してから、一九五四年九月二一日に漢拏山・禁足地〈註7〉が全面開放されるまでの期間に、済州島で発生した武装隊と討伐隊の武力衝突と、討伐隊による鎮圧過程で多くの住民たちが犠牲になった事件」という説明が、これまでのもっとも公式的な見解である。これは二〇〇〇年一月制定の「済州4・3事件真相究明および犠牲者名誉回復に関する特別法」（以下、4・3特別法）にもとづき設置された「済州4・3事件真相究明および犠牲者名誉回復委員会」の調査をへて、二〇〇三年一〇月に「済州4・3事件真相調査報告書」が発表される中で、結論としてまとめられた文言である。この短い文章の中に解放後の声を封じられた現代史の一時期が渦巻いている。

第二次世界大戦後の国際社会には全く異なる二方向の流れがあった。一つは国際連合を作り、世界人権宣言を作った流れである。戦争の悲劇を反省し、二度とそうした惨劇を繰り返すまいとする誓いが実を結んだものである。国連は一九四八年一二月九日、「ジェノサイド（集団虐殺）犯罪の防止と処罰に関する協約（ジェノサイド条約）」を採択し、一二月一〇日には世界人権宣言を採択することで、人権を世界普遍の価値にすえた。

だが他方では、アメリカとソ連という二つの強大国を軸とした冷戦の構造化が進められていた。日帝から解放された朝鮮半島は、これら強大国の世界戦略によって分断国家となることを運命づけられた。アメリカは分断された半島の南半部に反共国家を建設し、資本主義陣営の防波堤を構築しようとした。米軍政は、「陸地部」〈註8〉ではあらかたの左翼勢力と民族主義右派勢力を排除するのに成功したが、独自の「人民委員会」〈註9〉組織が自発的に形成されていた済州島だけは例外だった。アメリカと李承晩勢力が作ろうとした反共国家・大韓民国に対し、ただ済州島だけが反対して立ち上がったのである。だが、巨大な力に反旗を翻した代償は甚大であった。

米軍政は陸地部でそうしたように、日帝に忠誠を尽くして済州島民に苛政を加えていた日帝警察の元官吏を再び警察官として呼び戻した。彼らは、今度は反共警察となって、米軍政に忠誠を誓った。親日警察をはじめとした親日派によって権力が構築され、人民委員会は排除された。さらにその頃、過酷な飢饉と伝染病が蔓延した。島民たちは貧窮し、飢えに苦しみながらも、米軍政に米を供出しなくてはならなかった。

一九四七年三月一日、3・1運動（一九一九年）を記念する集会が、三万人が集まる中、済州北国民学校（現・初等学校）で開かれた。集会に参加した人々が街頭デモに入ろうとしたその時、騎馬警察官が騎乗する馬に一人の子どもが蹴倒される事故が起こった。事態を放置したまま通り過ぎようとするのを人々が非難し始めるや、警察は逆に群衆に向けて発砲し、六人が死亡、六人が重傷を負った。

これに抗議する官民ゼネストが三月一〇日から行われ、警察と司法機関を除くほとんど全ての行政機関の公務員を含む約四万人がストライキに参加した。強行鎮圧に乗り出した警察は四月一〇日までに約五〇〇人を検挙し、拷問を科した。島民たちの怒りは時限爆弾のようであった。しかも「南」のみの単独選挙で単独政府の樹立〈註10〉が企てられていた渦中でのことだ。これに反対する南労党済州島党による武装蜂起が始まったのが一九四八年四月三日である。同年五月一〇日に投票が行われると、単独選挙を拒否する島民たちは漢拏山に入った。そのため、全国二〇〇選挙区で一斉選挙が行われた中で、済州島の三つの選挙区のうち南済州郡を除く二つの選挙区（北済州郡甲・乙）では投票率が過半数を下回り、選挙結果は無効となった。すると米軍政は済州島に「レッド・アイランド（「共産主義者たちの島」という意味）」の烙印を押し、陸地部からの軍警を増派し、テロ集団である西北青年団などの反共右翼団体に軍警の制服を着せて、島民虐殺に乗り出した。七年半あまりで済州島民約三万人が虐殺されたジェノサイドの現場は、済州島全域にわたる。ひたすら「敵—我」の二分法だけが存在する極端な反共国家の基礎がそこででき上がったのである。

一方、一九四八年一〇月、済州島で蜂起した武装隊を討伐するとの名目で、政府が麗水《ヨス》・順天《スンチョン》地域に駐屯していた国防警備隊（国軍の前身）第一四連隊を済州島に動員しようとしたところ、所属軍人たちがこれを拒んで反乱を起こした。ただちに流血をともなう鎮圧がなされ、いわゆる麗水・順天事件〈註11〉が発生した。李承晩政権はこの事件を機に、政権の意向に従わず、政治的に相容れない者たちを一掃するために、日帝が作った治安維持法をもとに国家保安法を制定した。国家保安法に支配された大韓民国では、独裁政権に反対する闘いは全て、理念上の敵である「北」を鼓舞・称揚する行為として罵倒された。民主主義国家の基本である思想の自由と表現の自由は、国家保安法によって徹底的に封じ込められた。つい最近までそうした凄まじい反人権的状況に踏みにじられながら、人権運動はかろうじて闘いを続けてきた。

済州市東部圏	観徳亭→禾北・坤乙洞→４・３平和公園→善屹・モクシムル窟→洛善洞４・３城→北村ノブンスンイ４・３記念館と子どもの墓→タランスィ窟とタランスィ村
済州市西部圏	チョントゥル飛行場→下貴霊慕園→ピルレモッ窟→秦雅英ハルモニの家→マンベンディ共同墓地
西帰浦市西部圏	東廣・失われた村と廃墓→クンノルケ→大静面・百祖一孫之墓→アルトゥル飛行場→ソダルオルム
西帰浦市東部圏	４・３平和公園→南元・顕義合葬墓→衣貴里ソンリョンイ窟→表善白浜→城山邑トジンモクと４・３慰霊公園

4・3事件は一九八七年の六月抗争をへて民主化がなされるまで、徹底してタブーであった。当時は4・3の話を持ち出すだけで弾圧の対象となり、国家保安法で処罰されることもあった。六月抗争後は少しずつ緩和されたとはいえ、こうした状況は民主化が進行した一九九〇年代まで続いていた。ようやく二〇〇〇年一月に4・3特別法が制定され、初めて4・3事件に対するタブーが解かれた。

これから私たちは人権紀行の第一歩を済州島から始める。しかし済州島全域に点在する4・3事件の跡地を全て回るのは容易なことではない。そこで、4・3平和財団であらかじめ設定された四通りのモデルコースを推奨したい〈註12〉。どのコースを選んでも丸一日かかる。七〇周年を過ぎてからは、以前よりは案内の里程標や標識などがよく整備されるようになった。だが島民たちに跡地について尋ねても正確な答えは返ってこない。現地の人々でさえ、そこに4・3事件の跡地があるのを知らない場合が往々にしてある。だから、出発前に経路を十分頭に叩き込んでおく必要がある。

本書では、人権という視点から見るべき数か所の跡地を選び出し、訪ねてみたい。

巨大な塔がない4・3平和公園

4・3事件の跡地をきちんと回るためには、まずは済州市奉蓋洞にある済州4・3平和公園からスタートすることをお勧めする。ことに4・3事件の展開過程についてよく知らない人は必ずここで全体的な理解をした上で、他の跡地を巡った方がよい。展示館の展示はよく練り上げられており、追慕公園の構成も巧みに工夫されているからだ。

まず園内のどこにも、よくありがちな巨大な塔などの建造物が見当たらないのは、通常の追慕公園と異なっている。展示館のコンテンツは国が運営する他の展示館と比べて、格調が高い。官が一方的に作るのではなく、官民合同で内容を構成したから可能となったのだろう。

円盤型をした4・3平和記念館に入ってみよう。入口にあたる第一館は、4・3事件の歴史の中へと分け入る「歴史の洞窟」である。洞窟の終わりまで行くと、そこは天から一筋の光が差し込んでくるドーム型のホールである。足元に横たわるのは、何も書かれていないままの碑石、つまり白碑である。

いつかこの碑に
済州4・3の名を刻み
立ち上げよう

白碑の堅い誓いが記された案内板を後に、玄武岩の洞窟へと続く展示館に沿って入って行くと、いつしか私たちは4・3事件の悲劇の現場に立っている。姜堯培《カンヨベ》（一九五二年〜）をはじめとする画家たちの絵やアニメーションなど、優れた作品がそこここで4・3事件を証言している。

わけても第四館は凄惨である。焦土化と虐殺を再現したそこには円筒形をした部屋があり、壁は全て白いのだが、そこには殺された者たちの絶叫が浮き彫りにされている。拷問被害者たちの姿や虐殺された人々の屍を形象化した展示は、視覚と聴覚だけでなく、触覚までをも、その戦慄すべき記憶の奥へと引きずり込んでいく。西北青年団も討伐隊もどうしてこんなに残忍になれたのか。そんな疑念にとらわれつつも、幸いにして次の展示は真相究明運動にかかわるものだった。ようやく4・3特別法が制定され、盧武鉉《ノムヒョン》大統領の肉声で国家からの謝罪の言葉を聞く。初めての希望ともいえようか。

だが、これで終わりではない。「タランスィ特別展示館」に目を奪われる。一九九二年、今は無きタランスィ村近隣を流れる乾川の底にあたる、玄武岩の洞窟にあった虐殺現場が済州4・3研究所によって発掘された。全部で一一体の遺骨が発見されたが、政府当局は遺骨を火葬して海に撒き、洞窟の入口を塞いでしまった。その洞窟の内部が見られるよう、ここに再現されている。洞窟の壁側に折り重なる遺骨は模型だが、外部から入ってくる煙を逃れて、もうこれ以上は進めないところにまで追い詰められた人々の、最期の姿を生々しく示している〈註13〉。

さらに目を奪われるのは、割れた鋳鉄の釜と椀、真鍮の鉢と匙……最期まで命をつなぐために何を煮て食べていたのか。身を潜めていたこの洞窟で、生死の岐路に立たされている時でさえ、子どもた

虐殺現場を復元したタランスィ特別展示館の展示

ちを食べさせ家族を養うために、ご飯を炊かなくてはならなかった痕跡がいくつも残されていた。

暗い洞窟を抜けて外に出ると一本のポンナンの木が立っている。解冤《かいえん》のポンナン。解冤、すなわち死者の怨みを晴らしておくれと祈願するポンナンが風に揺れている。ポンナンは済州島の言葉でエノキを意味し、済州文化のシンボルのような存在である。済州島のいたるところに虐殺の怨みが秘められており、ゆえに村ごとに立つポンナンの木は、まるで済州島全体がその無念を解くよう祈願しているかのようだ。

記念館を出ると追慕空間が広がっている。円形の山裾の地形をそのまま生かして作った公園も、その構成からして独特である。横一直線の配置ではなく、全て円形になっている。権威的な雛壇式の構成や、下から仰ぎ見なくてはならないような壮大な建造物は皆無である。慰霊碑も公園の入口に作られた池の中央に立っている。

円形の墓碑には村ごとの死者たちの名前が刻まれている。子どもから老人まで、一人一人数えきれないほどの人々の名前がそこにある。あまりにも多いように見えるが、これとても全てではない、届出のあった人たちだけだ。届け出てくれる家族のない者たちの名前がどれほど抜け落ちていることか。墓碑の一方には「帰天」と書かれた追慕碑がある。成人の男・女、男の子・女の子、その四つの碑石に壽衣《スウィ》（死に装束）が描かれている。さらに壽衣を刻んだ碑石がもう一つある。「この世に生まれ出ることができずに死んだ胎児」のための壽衣。それぞれの墓碑の中ほどに文武秉《ムンムビョン》詩人による解冤の詩が、縦書きで三行刻まれている。

涙を手拭いで、涙を拭いなさって
湿った衣装の骨を包み、凍えた体を溶かし、凍えた心を解いて
あの世の上《サン》の村《マウル》（＝天）へと行き、蝶にでも転生してください

追慕碑の後ろのゆるやかな段々を上がると追悼広場になり、慰霊の祭壇がある。そこで香を焚いてから右手に回って下りて行くと、行方不明者たちの名前が書かれた標識に行き当たる。遠く漢拏山《ハルラサン》を臨むその場所に刻まれた名は全部で三四二九人だという。最近になって４・３平和財団が発表した追加調査報告書によれば、当時の行方不明者数は二〇〇三年の調査時より六四五人増えて四二五五人と確認されており、大体五〇〇〇人くらいになるだろうと推定される。

これら多くの人々がどこへ行き、死んだのかもわからない。その中には陸地部の刑務所へと連行さ

れた者たちも含まれている。〈註14〉 行方不明者たちの墓石の前には「時間の壁」と名づけられた彫刻がある。正面に建つ壁に向かって歩く人々をかたどったオブジェである。その人たちはみな力なく肩を落とし、その中の一人がそっと左側を振り返っている。死にに連れて行かれる人間のまなざしはこんなだったろうか。ぞっとする。

記念館と公園を見た後の重苦しい気分で外に出ると、そこに円形の石垣がある。済州島で多く見られる玄武岩を積み上げた石垣はぐるぐると螺旋状になっているが、そこには済州島の子守歌が刻まれている。

ねんねんころりよ　ねんねんころりよ
ねんねんころりよ　ねんねんころりよ
私の赤ちゃんの寝息
よその赤ちゃんの泣き声
おいしいもの食べて
早くねんねんよ

石垣の先に、白い雪の上の乱れた足跡、そして力尽きて倒れる一人の女性の姿が見える。胸に子どもを抱いている。ピョン・ピョンセン（戸籍上の名を「邊丙玉《ピョンピョンオク》」という）母娘の像。ピョン・ピョンセン（当時二五歳）は、山間部の村で「疎開〈註15〉」が始まっていた一九四九年一月六日、討伐隊が攻め込

ピョン・ビョンセン母娘の像「飛雪」

んで来ると聞き、二歳になる娘をおぶって急いで逃げた。ところが追いかけて来た討伐隊に見つかり、その場で撃たれて倒れた。それでも彼女は起き上がり、娘を胸に抱いて一歩一歩前に進んだ。そして子を抱いたまま、寒さに凍え死んでしまった。これが、吹雪が舞うという意味の「飛雪《ピソル》」と題した彫刻に描写された姿である。4・3事件の真相を端的に示してくれるその姿に、いっとき言葉を失ってしまう。

虐殺の典型・北村

済州4・3事件の真相を典型的に示す場所の一つが朝天邑北村である。朝天邑の役場から咸徳海岸を過ぎ、左手に犀牛峰を見ながら車を走らせると、北村初等学校に着く。その少し手前にノブンスンイ4・3記念館がある。

ノブンスンイ4・3記念館は北村虐殺を記憶するための小さな記念館で、「ノブンスンイ」とは「広い石畑」を意味する済州言葉である。ここに行くと殺された人々

朝天邑北村の「順伊おばさん文学碑」

の名前が壁に刻まれており、解説者から当時の状況について話を聞くことができる。玄基榮先生が小説を書く時に使用した筆記具や取材手帳を見学するのも興味深い。記念館を出ると、すぐ目の前の左手に「子どもの墓」がある。それは昔から死んだ子どもを埋めてやる場所として、ここにあったという。もちろん、4・3事件で亡くなった子どもたちの墓もある。花咲かぬまま散った子どもたちの墓。その周囲を小さな石垣が取り囲んでいる。墓の上に小さな女児の靴が置かれているが、そこを訪れるたびに誰かが花を挿して行った名残である。

子どもの墓を出て北村初等学校へ向かう途中に、「順伊おばさん」の文学碑がある。一つの碑石だけが立っており、残りの碑石はあちこちに倒れている。そのうちあるものは横たわる碑石の上に折り重なっている。まるでその日、血を流しながら死んでいった白衣の人々の屍が、そこに散らばっているかのようだ。

その当時、一周道路（海岸線に沿って島内を一周する道路のこと：真鍋注）わきにある順伊おばさんの畑と同じような五つの窪み畑（ぽっこりと凹んだ形状の畑のこと：真鍋注）には、死体が真っ白に埋まっていた。畑の石垣にも、家の屋根にも、ほんだわら積みにも、栴檀の木にも、村のどこにでも止まっていた鴉たち。鴉たちだけが死体をついばんだのではなかった。村の犬たちも死体を食いちぎり、丸太のような脚を口に銜えて歩き廻った。人間の死体を食い荒らして狂ってしまったこの犬たちは、あとで警察の銃に撃たれて死んだが、あれだけ多かった鴉たちはみなどこへ行ったのだろうか？〈註16〉

（玄基榮「順伊おばさん」より）

「順伊おばさん」は季刊誌『創作と批評』一九七八年秋号に掲載された。玄基榮先生はこの作品を発表したことで保安司（陸軍保安司令部）に連行され、ひどい辛酸を舐めたという。先生はそれまで語れなかった4・3事件の真実を、あえて公の場に引き出したのであり、以後も4・3事件を広く伝えるために執筆活動を行った。それにしても、作品の現場であるここに文学碑を建てるとは、なんとも直截なことである。

北村初等学校の校庭の一隅に追慕碑が立っている。一九四九年一月一七日、突然軍人たちが踏み込んで来て家々に火をつけ、住民たちを学校の校庭に連行して虐殺をはたらいた。その日の朝、巡察を終えて戻って来た二人の軍人が武装隊に殺されたことに対する報復だった。約一〇〇人が学校から東側にあるタンパッに連行されて殺され、残りはノブンスンイで死んだ。その日、犠牲になった者だけでも三〇〇人である。北村は4・3事件で五〇〇人近い犠牲者を出したので、一日あたりの虐殺ではこの日がもっとも大規模だった。今なお当時のことを生々しく記憶する住民たちがいる。

ノブンスンイ4・3記念館には、姜堯培画伯の絵「乳飲み子」が展示されている。玄基榮先生が4・3事件を伝える文学作品を残したのに対し、姜堯培画伯は4・3連作を描いた。そうした方々の努力があって、4・3事件の真実はこんにち広く知られるようになったのではないだろうか。乳飲み子が、死んで横たわる母の上衣の裾をまさぐり、乳を吸う姿。これは、その日の北村虐殺で実際にあった場面である。

数え年四歳の弟をおぶっていた母は、校庭の真ん中で軍人たちに銃殺された。誰かが韓玉子に言った。「アイゴ、あんたの母ちゃんが死んだ」、「あんたの弟が母ちゃんにしがみついて乳を吸ってる」。「弟は銃に撃たれて死んだ母の乳を吸った」

（『ハンギョレ21』一二五六号〈二〇一九年四月三〇日〉より）

当時八歳だった韓玉子《ハンオクチャ》はこの日、凄まじい虐殺の現場を目撃した。生き残った者たちは咸徳へと連行され、そこでひもじく辛い生活を送ったという。当時、乳飲み子だった弟は事件から五四年後、五八歳で亡くなっている。

真相調査報告書に出てくる証言や、済州4・3研究所、済民日報の記事などで接する証言をみると、想像を絶するような凄惨なことが行われていた。真夜中に家々に火を放ち、逃げ出してくる住民たち

姜堯培・画「乳飲み子」

を一人一人銃殺するなどは、よくあることだった。一〇歳の少女を帯剣で切り殺し、子どもを石に叩きつけて殺し、子どもたちの目の前で母親を強姦して竹槍で刺し殺し、また美しい女性だけを選り出して連行し、生かしておいた後、島を出る時には一緒に暮らした女性を殺してから去った、などの話は枚挙にいとまがない。崖っぷちに人を立たせておき、命中するよう狙いすまして弾を撃ち、海に落として殺害したり、あたかも猫が鼠を弄んで殺すように人の命を嘲弄しては悪ふざけして殺したり、誰がいちばん多く殺したかを誇示したりした。昔、日本軍が朝鮮人や中国人を虐殺した時の状況と一つも違わない。みんな日頃はごく普通の人たちなのに、狂気の中ではそんなふうに豹変しうるのかと、虐殺の証言を聞きながら戦慄する。済州の人々はそんな虐殺の記憶を胸底にしまい込みながら、どうやって生き延びてこられたのか。

一九五二年のある日、朝鮮戦争で戦死した青年の遺体が帰って来たことがあった。この青年の葬儀で、いつしか「アイゴ、アイゴ」と村人たちが声をあげて泣き出した。それまで泣きたくても泣けなかった人々の、ありとあらゆる悲しみが、この青年の葬儀によって弾け飛んだ。人々がみんなして痛哭した出来事だった。だが、それにより慎承彬《シンスンビン》里長（村長）をはじめ村人たちが連行され、拷問されたあげく、始末書を書いて釈放された。いわゆる北村の「アイゴ事件」である。戦死という非業の死についてさえ語れなくする暴力が、厳然と人々を支配していた時代であった。

朝天邑からさらに訪ねるべき先は「洛善洞４・３城」である。それは朝天邑善屹里二七三四番地にある。東西に長く伸びる石城はきれいに組み上げられている。他の城と同様、城壁に沿って長い外堀も掘られている。間違いなく、城である。このような「戦略村」が済州島のいたるところにあったそうで、そうして積み上げられた石城の全長は約一五〇キロに達したという。済州島は東西七三キロだが、その倍以上の長さである。ノブンスンイ４・３記念館の近くにも崩れ落ちた４・３城があるが、この洛善洞４・３城は新しく復元された場所なので、きれいに整いすぎていて、まるで観光地に来ているような気さえする。

この城は本物の城ではない。討伐隊は「中山間村〈註17〉」を焦土化した後、人々を海辺に強制移住させた。武装隊の本拠地を無くすために住民たちを城に集め、守らせた。虐殺から生き残った北村の人々が咸徳から戻り、窪み畑に散らばった遺体を収容した後、穴蔵を作ってなんとか生き延びようとしていた時に、討伐隊は彼らを築城に駆り出した。家の塀や畑から石を掘り出しては運ばせ、城を築かせたのである。北村と善屹里の人々が強制労役でひと月もの間、飢えに苦しみながら築いたのが、この４・３城である。そして城を築いてからは、昼となく夜となく、また大人も子どもも誰彼となく、歩哨に立たされた。

討伐隊の横暴はあまりに酷いものであった。家に食べ物がなくても、討伐隊が要求する飯や魚を即座に差し出さねばならなかった人々の中には、「中山間村」から強制移住させられた者もいただろうし、漢拏山に逃れていたが下山した人々、それに地元の「海岸村」の人々もいたはずだ。彼らが耐え忍ばなくてはならなかった苦しみとは、どんなものだったのだろうか。二〇〇世帯あまりが４・３城に閉じ込められてくらしたというが、ことに女性たちに加えられた暴力は今では想像もつかないものだったただろう。そんな中で家族を守り、子どもたちを守り、ひたすら命を長らえるために、こぼされた溜息と涙はいかほどであったことか。

城内には豚飼育《トンシ》便所〈註18〉があり、警備のための物見櫓があり、銃眼も設置されていた。完全に武装隊に狙いを定めて作られた戦略村の姿が復元されている。城の入口には樹齢数百年のエノキが凛々しい姿で立っている。あのエノキはあの場所に立ちながら、4・3事件の虐殺劇の一部始終を見届けたのだ。

抵抗の痕跡・李徳九《イトック》の山岳ベース

観徳亭広場に邑内の人々が群がったなか、掲げられた彼の死体はカーキ色の日本軍軍服のみすぼらしい姿であった。ところで執行人の失敗だったのか、いたずらだったのか、その死体がイエス受難の象徴である十字架に高くつるされていた。そのせいか、見物する大人たちの表情は万感迫るように心乱れ落ち着かなく見えた。二本の腕を伸ばしたまま、横に傾いた顔、口元から流れ落ちた血の筋が凝固していたが表情は眠るように平穏であった。そして執行人が前ポケットにわざわざ差し込んだ匙一つ。その匙が死体を嘲弄していたが、それを見て笑う人はいなかった。〈註19〉

（玄基榮「地上に匙ひとつ」より）

その死体の主人公は李徳九（一九二〇～四九年）である。イエスのごとく十字架につけられて眠る安らかな姿でさらされた彼の、死体の胸ポケットに差し込まれた匙一つ。匙は命の象徴である。人間は最期まで食べなければ生きられない。武装隊を率いた指導者も食べて生きる。ひょっとして彼は、人々が自分たちの糧を奪われずに生きられる平等な世の中を夢見たのかもしれない。4・3事件に対

右：李徳九の家族墓／左：李徳九の墓（撮影：呉光現）

する歴史的解釈をごたいそうに述べたところで、つまるところ食べて生きるという問題、つまり生存の問題として戦ったのではなかろうか。米軍政の暴政と李承晩による単独政府樹立の動きに対峙した武装闘争は、生存権を脅かされた済州島民たちの憤りと全幅の支持があったからこそ可能だった。人権は生命権、安全権を含む生存権から始まるが、米軍政と李承晩勢力はこれを否定し、済州島民に奴隷の生を強要した。こうした観点から、武装隊の闘いは再評価されるべきだと思う。

李徳九は済州市朝天邑新村里の人である。新村里に行くと李徳九の家族墓がある。それは虐殺から日本に逃れた一族の人が今世紀になってようやく、きれいに整えたものだそうだが、李徳九の家族は4・3事件の時に子どもも含めて皆殺しにされている。それでも気が済まない討伐隊は、家族墓の碑石にまで銃を撃ちこんだ。銃撃で真っ二つに割れた碑石が、新しく作られた家族墓の後方に置かれている。

李徳九の一族は裕福だったという。彼は京都にある立命館大学経済学部の出身である。在学中の一九四三年に学徒兵として関東軍に入隊したが、解放後は済州に戻り、新村中学校で歴史と体育の教師をしていた。南労党済州島党による4・3蜂起の時に済州島人民遊撃隊3・1支隊長に任じられ、済州邑、朝天邑、旧左邑を中心に活動していたこ

李徳九の山岳ベース跡

とが知られている。

済州空港からほど近い観徳亭は4・3事件の起点となった一九四七年の3・1運動記念式が行われた場所であり、李徳九の死体がさらされた場所でもある。4・3事件はここから始まり、事実上ここで終結したのであり、重要な歴史の現場である。ここは本来、朝鮮王朝時代後期に済州島の心臓部のような役割をはたしたという。朝天邑が衰退し、代わって済州邑が島の中心となった時期に建立されたので、それは小さな東屋ではなく、堂々として風格のある姿をしている。

私が李徳九の山岳ベースを初めて訪ねたのは二〇一四年の春のことだ。それまで米軍政の分断政策に反対した武装隊の活動や、彼とともに「南」だけの単独選挙に反対した済州島民たちの闘いは、きちんと評価されてこなかった。4・3事件に対して今でもちゃんとした歴史上の名称が与えられていないのには〈註20〉、そうした事情もあったはずだ。いまだ空白のままの武装隊の活動について知りたいと切望し、実際にそこを訪ねてみたいと考えた。

初めての場所だったので、ドキュメンタリー映画「レッド・ハント」[註21]（一九九七年）の趙成鳳《チョソンポン》監督に案内していただいた。サリョニ森の東側、チョルムル（「寺の近くの水」という意味）休養林の入口にある案内所からセワンネ林道を五〇〇メートル進むと、川尾川という小さな瀬に行き当たる。ここを過ぎるとサリョニ森の本筋から外れて外郭に通じる道となるが、それはどこにでもあるような山道で、サリョニ森で見たような鬱蒼とした森とは印象からして違っている。川尾川を過ぎて、すぐ横に現れる林道を登って行き、さらに奥へと進むと4・3跡地の標識が見えてくる。そこから森の中に分け入って行かなくてはならない。ここでよそ見をすれば、たいていは道を見失う。

そうやって到着してみると、李徳九がここにアジトを作った理由がわかるような気がした。川尾川には常に水が流れている。流れに沿って登って行くと漢拏山へと通じる地形なので、討伐隊から身を隠してそこをベースとすれば、漢拏山の頂から村々を見晴らし、それぞれの場所へと散らばって下ることができる。外からはよく見えないが、ここは外部を観察するに適した地形である。討伐隊の動きを安全にうかがうことのできる場所ゆえに、ここが李徳九の意にかなったのだろう。

そこには七〇年たった今なお、当時の痕跡がいくつも残っていた。びっしりと苔むした石が、おそらく穴蔵と思われる場所の周囲を覆っている。そんな場所がいくつかある。その中に割れた鉢と釜が置かれてあった。どれも壊れてしまっているが、かつてそこに人がいたことを伝えている。ここで漢拏山の過酷な冬の吹雪を避けながら、討伐隊の追撃をかわしたのだろうか。

漢拏山を拠点とし、日帝が残していった小銃などで武装した数百人の武装隊を率いる隊長は、討伐隊が中山間村の住民たちを海岸地域に疎開させてからはいっそう孤立し、それだけ活動が停滞した。李徳九はこの山岳ベース近くで一九四九年七月、討伐隊によって射殺され、前述したように観徳亭に死体をさらされた。服のポケットに匙ひとつを挿したまま。これが悲運の知識人の最期の姿だった。

青銅の祭床《チェッサン》（法事のお供えをする膳のこと。ここでは五四頁写真のテーブルを指す）の上にマッコリをお供えして二度拝礼するなり、悲しみが込み上げた。李徳九の山岳ベースの入口には、文正鉉《ムンジョンヒョン》神父〈註22〉が篆刻で彫った碑木が立っている。

なんの理由もなしに
無念に死んだわけではない
死んで　いかなる
理由も無かったことにされたことが
無念なのだ

武装隊は暴徒の中の暴徒だと烙印を押されており、彼らは4・3平和公園の石碑に名を刻まれることもない。討伐の先頭に立った者たち、つまり虐殺加害者たちは、なんだかんだと国家から有功者として礼遇されているが〈註23〉、反共国家・大韓民国で4・3事件の武装隊がきちんと評価されるのはまだまだ先の話である。討伐隊の水岳駐屯所やミンオルム駐屯所はそれなりに保全されており、彼らの墓や記念碑もよく整備されている。それに比べ、ここ李徳九の山岳ベースの痕跡はほとんど消え失せ、まるで廃墟のようになっている。また4・3事件当時、衣貴国民学校の戦闘で死亡した武装隊の死体の埋まったソンリョンイ窟も放置されていたが、その後、民間で管理されている。公的な歴史から排除された、4・3事件の心痛い片隅の記憶である。

武装隊は米軍政と李承晩勢力の暴力と抑圧に立ち向かって蜂起し、武装闘争を継続した。李徳九と武装隊が蜂起した理由は、人々から支持されるだけの十分な名分を備えていた。命の崖っぷちまで追い詰められた島民たちを救うためということ自体、それだけで人権的な正当性も付与される。しかし武装闘争を続ける中では、武装隊もまた討伐隊と同様、虐殺を行った。自分たちの戦力を維持するためであれ、討伐隊の虐殺に報復するためであれ、彼らが行った虐殺は正当化されるものではない。

失われた村と「木綿布のハルモニ」

4・3事件の七〇周年にあたる二〇一八年の二月下旬、人権活動家たちとともに4・3跡地を巡った。その時、現地解説者の案内で、失われた村・東廣里ムドゥンイワッからトゥノリオルムの西側にある東廣里クンノルケ（「大きな丸」という意味）に入った。

洞窟の入口は鉄柵で塞がれているが、隙間に体を押し込むと、洞窟が下方へと垂直に広がっていた。梯子で降りると広い場所がある。水がポツン、ポツンとしたたり落ちる洞窟の天井では、コウモリがぶら下がって眠っていた。床には石が整然と敷きつめられているが、ところどころ石角が突き出ているので、決して平らだとはいえない。さらに奥へ行くと、幅も狭く天井も低くなってくるため、腹這いでなければ前へ進めない。ヘルメットをかぶっていないと、すぐに頭を怪我しただろう。そうして二〇メートルほど這って行くと、もう少し広い場所に出る。直径一八〇メートルというから、かなり大きな空間である。

ムドゥンイワッと近隣の村の住民たち一二〇人は、討伐隊から逃れて、ここで五〇日間くらした。タランスィオルムの近くでタランスィ窟が発見された時には、人がくらしていた痕跡が手付かずのまま残されていたが（済州4・3平和記念館に再現されているのがそれである）、ここにはそうした痕跡が見当たらない。おそらくタランスィ窟が誰かの手に渡らなかったのに対し、ここは人間がしばしば入れ替わったりしたためであろう。

ちょうどその時、解説者が懐中電灯を消しましょうと言った。全員が手にした懐中電灯を消してみると、横にいる人の顔すら見えなくなった。生まれてこの方、経験したこともない漆黒の暗闇、それだけでもう恐怖だった。映画「チスル」（五滅《オミョル》監督、二〇一二年）に出てくる場面が浮かんできた。ここに隠れながらチスル（じゃがいも）でかろうじて命をつなぎ留め、息を殺して生きなくてはならなかった人たち。だがとうとう見つかってしまい、ここにいた人々は洞窟を抜け出して漢拏山へ逃れた。やがて漢拏山の霊室付近で捕らえられ、正房瀑布《チョンバンポクポ》（瀑布は韓国語で滝を意味する）の近くに収容された後、そこでだけでも四〇人が虐殺された。正房瀑布は天帝淵《チョンジェヨン》とともに済州島を代表する滝だが、そこには済州4・3跡地という標識ひとつない。[註24] 観光客たちが嫌がるからだという。

クンノルケに逃れていた人々の中には、当時一一歳だった洪春好《ホンチュンホ》ハルモニもいた。ハルモニは八〇過ぎの年齢にもかかわらず、腰も曲がっておらず、老人とは思えないくらい発音も明瞭だ。背が低く、顔には多くの皺が刻まれているが、記憶力はしっかりしており、当時の日付まで覚えている。洪春好ハルモニはクンノルケにくらしていた時、たまらなく喉が渇いて、洞窟の天井から落ちてくる水滴が床に溜まると、それを舌で舐めたりしていたという。また洞窟に潜んでくらしているので、どうしても外に出たい時には、いっぺん夜空だけでも見させてちょうだいと、父にせがんだこともある。

討伐隊が二〇〇余りの世帯がくらす東廣里に押し入ってきたのは、一九四八年一一月一五日である。済州４・３事件真相調査報告書によれば、一九四八年一〇月一七日、討伐隊長だった宋堯讃《ソンヨチャン》（一九一八〜八〇年）九連隊長は、「海岸線から五キロ以上離れた地域は敵性区域とみなし、そこに人がいれば無条件に射殺する」と、布告令を発表した。だがそんな戒厳令を知らされていない中山間村の人々は、いつもと変わりなく生活していた。この時から討伐隊は家に火をつけ、夜ともなれば空全体が真っ赤に染まり、毎日虐殺が行われた。そうして被害に遭ったのがクンノルケだった。

村の人たちは畑や石の隙間、洞窟の中に隠れ住んでいた。昼間は隠れて、夜になると出てきて、家に戻って食べ物をもってきたりした。ある日、巡警が村の外に潜伏していた。隠れていた人たちが外に出て来ると、討伐隊が洞窟の中に追い込んで、竹槍でみんな突き殺してしまった。銃も撃たないで。竹槍で殺すんだから、もっと苦しいし残忍でしょ。銃は一発で死ぬけど、竹槍は何度も突くから。ある母親が便所に転がり込んで生き延びた。そうしたら討伐隊は、この母親が抱いていた子どもの尻を竹槍で何度も突き刺すんだ。子どもの尻が千切れてなくなるまで。

（イ・サンウン「タンビニュース」二〇一八年四月一日付より）

洪春好ハルモニは4・3事件で弟三人を亡くし、父も死んだ。当時生まれた弟が八歳になる年に母も死んでしまった。家族の中では本人と祖母、その弟だけが生き延びた。幼くしてあまりに多くの死を目の当たりにした。彼女は正房瀑布近くのボタン工場に集団収容された後、子守の女中となって収容所を出た。村に戻っても「暴徒」という烙印のために住む家もなく、食い扶持もなかった。「暴徒」の烙印を押された者の家と土地は他人の手に渡り、抗議することすらできなかった。一つの村の中で、はなはだしくは一族の中でも、加害者と被害者が混在していたが、「暴徒」の烙印を押された被害者が、自分たちの家と土地の所有権を主張することは並大抵ではなかっただろう。

村の人々が死んでいく姿を見守った一一歳の洪春好。彼女がはっきりと記憶し、聞かせてくれた話の数々を、全部ここに書き写すことはできない。七〇年もの間、胸の奥深くにしまい込んだその残酷な記憶を抱き、生きていくハルモニ。弟たちが死んでいく姿の惨たらしさを語りながら、ハルモニの目には涙が滲んでいた。現在、ハルモニは訪ねてくる人々にムドゥンイワッについて解説する語り部の仕事をし、テレビにも出演する。彼女は4・3事件の生き証人である。

さて、これから秦雅英《チンアヨン》ハルモニ（一九一四〜二〇〇四年）の家がある済州市翰林邑月令里へと向かうことにしよう。秦雅英ハルモニが討伐隊から銃撃を受けながらもかろうじて生き延び、それから五〇年間を過ごした場所である。ここは国内唯一の百年草・サボテンが自生する地域である。秦雅英ハルモニはここでサボテンの実を採取し、ひじきを採って、かつかつの生活を送っていた。銃弾で顎を失い、そこに木綿布をあてて生きなくてはならなかった。生前、布をはずした姿を決して誰にも見

秦雅英ハルモニの家（撮影:呉光現）

せなかった。鎮痛剤を飲みながら耐え忍んだ歳月だった。

金東満《キムドンマン》監督のドキュメンタリー映画「木綿布のハルモニ」（一九九九年）以後、秦雅英ハルモニは「木綿布のハルモニ」として広く知られるようになった。映画の中でハルモニは、まず自分がくらしていた場所を訪れる。そこに行くと悲鳴があふれ出る。何かを語っているが、聞き取ることのできない言葉。それが、4・3事件を体験した済州島の女性たちの言葉なのではないか。4・3事件を経験した女性たちは今なお、ちゃんとした言葉を発せずにいる。女性たちがこうむった性暴力をはじめとする暴力に対し、韓国社会が耳を傾ける準備ができた時に、済州島の女性たちはようやく重い口を開くことができるのだろう。済州島の人々はしばしば、「生きてみれば生きられる」という言葉を口にする。4・3事件の話を聞いていて、どうしてそんな酷い目に遭いながらも生きてこられたのかと尋ねると、決まってそう答えるのである。済州島は、苦しみが人の体内に、記憶の中に、奥へ奥へと発酵した島である。

秦雅英ハルモニは二〇〇四年、享年九〇歳で恨多き生を閉じた。

アルトゥル飛行場に残る旧日本軍の飛行機格納庫

アルトゥル飛行場と「百祖一孫之墓」

済州島の南方・馬羅島《マラド》を臨むところに松岳山がある。松岳山は見るからに神々しい山房山の近くにあり、北東に遠く漢拏山が見える。海側は砂丘の絶壁が海岸線をなしており、そこから馬羅島行きの船が出ている。目の前に広がる大海原は太平洋につながっている。松岳山に登ると、塞ぎ込んだ心も爽快になるような気がする。

松岳山の海岸洞窟を見てアルトゥル（「前庭」という意味）飛行場までやって来ると、ソダルオルムがある。日帝末期、神風特攻隊の小型戦闘機を隠しておいた一九基の飛行機格納庫が、そのまま広大な畑の上に残されている。(註25) その前に滑走路を造り、日本軍戦闘機が米軍艦に体当たりするために飛び立った。アルトゥル飛行場とは、そういう場所である。日帝は第二次世界大戦末期、済州島を最終抗戦の基地とした。七万ともいわれる日本軍がここで抗戦の態勢を整え、済州島全域を軍事基地化したのである。そうした痕跡のため、『済州紀行』の著者である民俗学者・朱剛玄《チュガンヒョン》はここに来ると火薬の臭いがするのだと述べた。

アルトゥル飛行場に行くと、いつも強い風が吹いている。済州島の強い風は一日も休まることがない。アルトゥル飛行場の端っこに竹でできた巨大なオブジェがあり、中に入るとそこはソダルオルムである。日帝はソダルオルムの噴火口に弾薬庫を造った。解放後に進駐してきた米軍は済州島に残された日本軍の武器を集め、ここで解体したり、爆破したりし、また近海に沈めたりして武装解除を行った。当時の様子は大静邑の村立《マウル》博物館へ行けば、映像で確かめることができる。

ソダルオルムに建てられた巨大な少女像のオブジェ
（撮影：呉光現）

一九五〇年に朝鮮戦争が勃発すると、同年七月には全国で保導連盟員に対する大々的な虐殺が行われた。国民保導連盟とは李承晩政権が共産主義者など左翼前歴のある転向者たちを管理するために作った団体のことだが、保導連盟員たちは地域別に束ねられていたため、そこには思想前歴のない者も多数含まれていた。戦争が始まると全国の保導連盟員たちを集め、「北」に同調する勢力だとして

西帰浦市大静邑上摹里の「百祖一孫之墓」

虐殺した。済州島でも同様だった。予備検束で捕まえてきた保導連盟員たちは摹瑟浦にある翰林漁業の倉庫と、摹瑟浦の干しいも倉庫に閉じ込められたが、同年八月、七夕《チュソク》（陰暦）の日の明け方に、ここアルトゥル飛行場に連れて来られて虐殺された。夜も明けぬうちにトラックに載せられた彼らは死を直感し、車上から自分たちの来た道にコムシン（当時、日常的に履かれていたゴム製の靴）を投げて道標にしたという。後にコムシンをたどってやって来た人々は、虐殺された家族たちの遺体を収容することもかなわなかった。軍人たちが飛行場の入り口に立ちはだかり、遺族たちの接近を阻んだからだ。

　虐殺から六年が過ぎた一九五六年三月三〇日、六三体の遺体が収容されてマンベンディ共同墓地に移され、五月一八日にはさらに一三二体が収容されて西帰浦市大静邑上摹里の「百祖一孫之墓《ペクチョイルソンジミョ》」に安置された。だが六年間も放置されていたため、遺体が誰のものかはとうてい見分けがつかなかったという。絡まり合った遺骨は成人男女、そして子どもの骨も合わせて埋葬し、残された家族たちは自分たち全員がこの方たちの子孫、すなわち「百の祖先の一人の子孫」という意味で、「百祖一孫」と名付けたという。

上摹里の端っこ、そそり立つ山房山を左手に臨み、春になると菜の花畑が広がる野原の一画にある「百祖一孫之墓」。同じような墓が整然と並んでいるが、そこで目につくのは慰霊碑に刻まれた太極旗である。大韓民国に殺された人たちの墓に大韓民国を象徴する太極旗とは……。慰霊碑のそばにはガラスケースが置かれているが、その中には割れた瓦礫が収められている。一九六〇年の4・19革命後、李承晩政権により殺された人々の遺族たちが全国で遺族会を作り、伸冤《しんえん》（冤罪を晴らすという意味）運動を繰り広げた。その時に慰霊碑が建てられたが、翌年、5・16クーデターを起こした朴正熙一派によって破壊された。これは全国で同時多発的に起きた出来事だった。無念を晴らしてほしいという遺族たちを国家保安法で連行し、慰霊碑を破壊し、廃墓にするという呆れたことをやらかしたのだ。その後、一九八七年の六月抗争を通じて民主化がなされるまで、遺

上：「百祖一孫之墓」の慰霊碑／下：瓦礫が収められたガラスケース（撮影：呉光現）

族たちは長い沈黙の歳月を耐え忍ばざるをえなかった。

二〇一四年春にここを訪ねて立ち去ろうとした時に、ふと、百祖一孫之墓の向こう側にある一つの碑石が目に入った。沙渓里共同墓地にある忠魂碑だった。つまり、上摹里と沙渓里の境界をなす場所に、二つの墓地がほぼ頭を突き合わせていたのである。百祖一孫之墓を出て、そこの忠魂碑に行ってみると、ここにも左右二つの太極旗の中央にムクゲの花が描かれており、国軍を示す星のマークが刻まれていた。官が建てた碑石らしかった。

沙渓里の忠魂碑の前に立つと万感の思いが交差する。韓国軍の草創期、海兵隊の主力は済州島出身者たちだった。彼らは死ぬ覚悟で闘い、鬼神も捕えるという海兵隊の神話を作り、仁川上陸作戦〈註26〉でも輝かしい戦果をあげたという。彼らが必死で戦ったのは4・3事件のためである。「暴徒」「左翼」の汚名をすすぐためには、大韓民国に忠誠を尽くす姿を示す必要性が切実だったのだ。陸軍兵士として出征し、戦死した者たちも同様だった。自分の家族たちを殺した国軍に志願して入隊し、戦場に出て行き、戦死した人々。4・3事件以降、済州島民たちは日本に密航したり、軍に志願したり、はなはだしくは反共青年団に入団したりすることで、自身に着せられた「共産暴徒」の汚名から逃れようとした。だが、島民たちは連座制の呪縛から抜け出すことができなかった。

戦場で死んだ沙渓里の青年たちの碑石の前で、済州島民の悲惨すぎた歳月を推し量ろうとした。心から彼らのことを思いながら、こうべを垂れて黙祷を捧げた。あの世では「暴徒」の汚名をすすいだであろうか。彼らが死ぬことで、家族たちは「暴徒」の家族ではない、戦死者の家族として、ゆえに堂々たる「大韓民国国民」としての地位を得ることができたのだろうか。

怨みが解かれない冤魂たちの土地

４・３跡地を中心に回れば、済州島は間違いなく鬼神たちの土地である。いまだ怨みが解かれない冤魂たちがあちこちにいる。人の足の着くところ、着かないところ、どこにでも冤魂のいないところはない。しかし済州の歴史において、虐殺は４・３事件の時だけではなかった。一三世紀の三別抄の乱〈註27〉をはじめ、一九世紀以降も民乱が鎮圧されるごとに虐殺がついて回った。前述した朱剛玄の『済州紀行』に次のようなくだりがある。

貪官汚吏の横暴に憤った民衆の情緒を利用して済州独立を謀ったが、仲間の密告により失敗した梁濟海《ヤンジェヘ》の謀反（一八一一年）、勢道政治〈註28〉の余波により全国的に巻き起こった壬戌農民蜂起〈註29〉の済州版・姜悌儉《カンジェゴム》の乱（一八六二年）、独立国を夢見て起こした房星七《パンソンチル》の乱（一八九八年）、官の腐敗と（フランスの）カトリックの横暴に抵抗した李在守《イジェス》の乱（一九〇一年）などが、相次いで起こった。

済州島は日帝強占期にも、日帝に立ち向かった海女たちの抵抗運動が繰り広げられた場所〈註30〉だ。済州島は絶えず抵抗を続け、そのつど虐殺の痛みを味わってきた。ゆえにもう少し穿った見方をすれば、済州島の歴史とは怨恨の歴史なのだ。済州島は「陸地のこと」でやられてばかりの、悲哀の歴史を秘めた悲しみの島である。いまだ怨みの解けない冤魂たちが幾重にも折り重なった上に、こんにちの済州島がある。それゆえ一万八千の神々〈註31〉が必要だったのかもしれない。

いまだ正式な名を与えられず、白碑を立ち上げることのできない4・3事件は、その後の韓国史に絶対的な地形を作り出した。反共国家・大韓民国はここから出発したのである。国家保安法が4・3事件を背景に誕生し、これによって理念という障壁が南と北を分かち、「南」にも政治的分断を作り出した。反共の壁を少しでも乗り越えようものなら、ただちに「アカ」という罠をかぶせられた。アカは、単に思想が赤いということだけを意味するのではなかった。アカだから殺してもよいというお墨付きが与えられ、またアカの家族だからと連座制を動員して社会から追放した。思想と表現の自由は根本から封じられた。理念を掲げての徹底した人権蹂躙が容認される世の中になり、その中で国民は息を殺して権力に服従するしかない抑圧体系が完成されていった。4・3事件は済州島民だけの苦しみに終わらず、全国民に甚大な影響を及ぼしたのである。

非情な歳月を耐え抜いた済州島民たちの人権と平和に向けた粘り強い抵抗は、いま新たな局面に向き合っている。二〇〇三年に政府の真相調査報告書が発表されて後、4・3平和公園が造られ、四月三日が国家記念日〈註32〉に指定された。七〇周年を迎えた二〇一八年に前後して、4・3事件への認識が新たにされ、近年は無実の罪で獄中生活を強いられた元受刑者たちが再審で無罪宣告を受けるなど、被害者たちの名誉を回復するための努力が続けられている。遺骨の発掘作業も進行中だ。済州4・3平和財団は追加の真相調査作業を推し進め、討伐隊により消滅させられた村についてさらに明らかにし、新たな行方不明者についても確認した。その成果が二〇二〇年追加真相調査報告書一巻として公刊された。

「済州４・３は大韓民国の歴史です」。４・３事件七〇周年を迎え、済州が掲げた代表的なスローガンである。大韓民国は４・３事件の虐殺の上に誕生した。そしてさらなる追加真相調査作業を継続し、これまで明らかにされてこなかった米軍政の虐殺指揮責任を問うべきであり、加害集団についてより正確な事実を確認すべきである。まだ表には出ていない被害者たちを見つけ出し、その人々がそれまで秘めてきた苦しみに耳を傾けるべきである。また、女性たちがこうむった性暴力についても真実を明らかにしなくてはならない。

４・３事件における被害者の名誉を回復することは、大韓民国にとって人権運動の重要な進展になるだろう。済州島を再び訪れる日には、まだきちんと深く凝視できていない、よりたくさんの出来事に、もっと耳を傾けようと思う。

【註】

〈1〉原題は「順伊サムチュン（삼춘）」。サムチュンはサムチョン（삼촌：三寸）の済州言葉。標準語のサムチョンは通常「おじ」を意味するが、済州では親類の「おじ」だけでなく遠い親戚や知り合いの年配者などを広く含めてサムチュンを使う。本作の主人公は女性なので日本語では「順伊おばさん」と訳される。本作が韓国で発表されたのは一九七八年で、初めて４・３事件をテーマとした済州島出身の作家による作品である。ソウルに暮らす主人公の「私」が八年ぶりに済州島に帰郷し、二か月前までソウルの自宅で一年間台所仕事を手伝ってもらっていた「順伊おばさん」の自殺を知るところから、４・３事件が順伊おばさんに与えた深い心の傷と、その後の忍苦の三〇年をたどる、という物語である。

〈2〉安致環は全斗煥の軍事独裁政権期に登場した韓国の代表的な運動歌謡歌手の一人である。延世大在学中に起きた六月抗争を象徴する「松よ、青い松よ」で知られる。「眠られぬ南島」は八七年に詩人・

李山河の「漢拏山」を読んで衝撃を受け、済州島民たちの闘争の歴史を記憶するために作ったという。二〇二一年、約三五年ぶりに「完結編」が発表された。

〈3〉二〇〇七年に西帰浦市江汀村が海軍基地の建設候補地に決まると、住民間の賛否両論が激しくなり、村の共同体が分断されていった。二〇一五年一二月に済州島基地戦隊の創設式が行われ、基地運営が本格化すると、反対住民らはカヤックなどで海上デモを行った。海軍基地が一六年二月に竣工するまでの九年間に、七〇〇人余りの住民や活動家たちが連行され、刑事罰を受けた。二〇一八年に「二〇一八大韓民国海軍観艦式」に出席した文在寅大統領は江汀村を訪問し、「手続き上の正当性と民主的な正当性」に問題があったとして、事実上の謝罪の意を伝えた。なお二〇一八年の精神健康調査によると、江汀村ではPTSD（心的外傷後ストレス障害）の症状を訴える住民が三〇％を超え、これは二〇一五年に4・3事件の被害者を対象に行った調査で三九・一％にPTSD症状が見られたのに匹敵する数字だという（http://japan.hani.co.kr/arti/politics/32177.html?fbclid=IwAR2H0kdZADLGR3RPwIYmThn68Pop9EH96o8PtaHVNJv08eTLDHf1bEAkgX8）。

〈4〉大きな火山の山腹からの噴火によって形成される小火山のこと。阿蘇山の米塚がよく知られる。

〈5〉韓国語の「恨」は日本語の「うらみ」とは似て非なる概念で、恨み辛みなど他者に向けての復讐心というよりは、自身の胸底に沈殿する遺恨や、叶えられなかった夢への未練、澱のようにわだかまった痛苦の記憶の集合的感覚など、やり場のない情念をいう。詳しくは、崔吉城・真鍋祐子訳『恨の人類学』（平河出版社、一九九四年）を参照されたい。

〈6〉南朝鮮労働党は、一九四六年一一月に朝鮮共産党、朝鮮新民党、朝鮮人民党が統合して結党された。人民党と新民党が存在しなかった済州島では、共産党済州島党がそのまま南朝鮮労働党に名称変更されたという（許榮善・村上尚子訳『語り継ぐ済州島四・三事件』新幹社、二〇一四年、二九頁）。

〈7〉禁足地とは宗教上の理由等も含めて、安易に足を踏み入れることがタブーとされる場所のこと。

〈8〉済州島の人々からみて、朝鮮半島南半部は「陸地」と呼ばれる。翻訳では「陸地部」とされるのが一般的である。

〈9〉解放後、独立運動家たちを中心に総督府から行政権を引き継ぐための全国的組織として「建国準備委員会」が結成され、まもなく朝鮮人民共和国樹立をめざす「人民委員会」へと改編された。その地方組織である済州島人民委員会は「我らのことは我らの手で」をスローガンに掲げ、人々から熱い支持を受けたという（許榮善・村上尚子訳『語り継ぐ済州島4・3事件』新幹社、二〇一四年、二〇―二一頁）。

〈10〉一九四八年七月に制定された大韓民国憲法・前文によれば、大韓国民は「3・1運動によって建てられた大韓民国の臨時政府の法統」を継承するとされ、一九一九年の大韓民国臨時政府をもって大韓民国の樹立と定めた。そのため一九四八年八月一五日に李承晩を初代大統領として発足した大韓民国は、その下位に位置づけられる「政府の樹立」とされた。対北強硬策をとっていた朴槿恵政権は、同年九月九日に発足した朝鮮民主主義人民共和国が建国・樹立を謳うのに対抗して、歴史教科書の国定化により、一九四八年八月一五日を「大韓民国政府樹立」から「大韓民国樹立」に書き換えようとした。

〈11〉麗水・順天事件とは、一九四八年一〇月に全羅南道麗水の第一四連隊所属の軍人二〇〇〇人余りが4・3事件の鎮圧命令に対して反乱を起こした事件をいう。反乱軍は白雲山や智異山などに入ってゲリラ活動を行い、軍・警察による討伐隊との戦闘過程で近隣の民間人が多数犠牲となった。特に順天では民間人犠牲者が最も多く、反乱軍に加担したとして集団射殺されるなど、確認できただけで四三九人が死亡したとされている。

〈12〉このモデルコースは一日で回れるベーシックなものだが、外国人の場合、路線バスでの移動が難しいため、できれば通訳付きでタクシーをチャーターするなどして回るのが望ましい。なお、済州4・3平和公園および4・3平和記念館では事前予約すれば日本語ガイドをつけてくれる。済州4・3研究所から『4・3みちを歩く―済州4・3遺跡地図』というガイドブックが出ているが、残念ながら日本語版はない（呉光現氏のご教示による）。

〈13〉一九四九年に、実際は静かに寝ているような状態で見つかった一一体を、村人たちがきちんと並べたものだという（呉光現氏のご教示による）。

〈14〉騒擾や内乱実行幇助などの嫌疑で逮捕され、陸地の刑務所に送られたが帰還できなかった犠牲者たちのこと。済州4・3平和公園には当該の墓石が三九七三基ある。朝鮮戦争勃発後に銃殺され、秘かに埋められたとされるが、遺族たちは遺体収容すらできなかったという（http://japan.hani.co.kr/arti/politics/39474.html）。

〈15〉4・3事件において「疎開」とは、「討伐隊が中山間村を武装隊と隔離させる目的で、すべての家々を燃やし、住民らを強制的に海岸部へ移動させたこと」を意味する（許榮善・村上尚子訳『語り継ぐ済州四・三事件』新幹社、二〇一四年、七五頁）。

〈16〉金石範訳『順伊おばさん』新幹社、二〇一二年、三三頁。

〈17〉済州島では大きく、海岸から五キロ以上離れた、または一周道路よりも山側に位置する村を「中山間村」、それ以外の地域にある村を「海岸村」と呼んで区別している（許榮善、前掲書、五頁）。

〈18〉済州島の昔ながらの便所の形態。高床式の便所の下に豚を飼って、人糞を餌に食わせていた。

〈19〉中村福治訳『地上に匙ひとつ』平凡社、二〇〇二年、六三頁。

〈20〉「5・18」と日付でのみ呼ばれてきた光州で一九八〇年五月一八〜二七日に起きた出来事に対し、国家が「光州民主化運動」という名称を与えたのとは異なり、4・3事件に対しては現在に至るまで国家から与えられた正式名称がない。また「4・3」という呼称は4・3事件の発端となった一九四八年四月三日の出来事に由来するが、実際は五四年まで続いた討伐隊による殺戮事件の全体を指して用いられる。5・18も4・3も長らく事件の存在それ自体を語ることがタブーだった時代に、ひそかに日付でその出来事を呼ぶことで記憶を共有してきた記憶表象のかたちである。

〈21〉一九九六年に製作され、九七年の第二回釜山国際映画祭で上映されたが、監督に対して国家保安法違反で逮捕状が出されるなど、さまざまな弾圧を受けた。

〈22〉韓国のカトリック司祭・文正鉉（一九四〇年〜）は一九七〇年代から朴正熙独裁政権に抗って投獄

され、八〇年代後半からは労働運動、さらに統一運動に力を入れた。また済州島江汀村の海軍基地建設に対する反対闘争にも献身した。

〈23〉有功者とは、国家のために貢献したとされる人物および遺族に対する韓国政府による表彰制度をいう。管轄は国務総理室傘下の国家報勲処（一九六一年設立）で、国家の主権を守護・回復して体制を発展させるのに貢献した人々を独立有功者・国家有功者・参戦有功者などに認定し、礼遇・宣揚するというものである。本人とその家族・遺族は報償金、年金、葬儀手当てのほか、生活、教育、就労、医療等にわたる保障の対象となる。

〈24〉二〇二〇年、券売所のそばに碑が建てられている（呉光現氏のご教示による）。

〈25〉格納庫の中には現在、済州島の歴史を記憶するために制作されたゼロ戦のオブジェがおかれている。

〈26〉朝鮮戦争勃発後、韓国軍は南進を続ける朝鮮人民軍に追われて敗走し、釜山周辺にまで追い詰められた。この戦況に対し、マッカーサーが立案したのが仁川上陸作戦である。国連軍がソウル近郊の仁川に奇襲上陸して朝鮮人民軍の補給路を断ち、韓国軍を釜山から北進させて朝鮮人民軍を挟撃する作戦で、一九五〇年九月一五日に決行された。これにより朝鮮人民軍からのソウル奪還に成功し、国連軍が攻勢に転じた。

〈27〉ここに三別抄の乱（一二七〇～七三年）も加えてもよいかもしれない。これは元による属国支配に抵抗して高麗の武臣たちが起こした反乱をいう。三別抄とは、この時に編成された三つの軍隊組織の呼び名で、珍島に城を築いて一年にわたり抵抗を続けた。元と高麗政府軍の猛攻で城が陥落すると、残党たちが済州島へ渡り、住民の支援も受けながら最後まで抵抗を続けた。

〈28〉世道政治ともいい、本来の意味は「政治は広く社会を教化させ、世の中を正しく治める道理」という政治道義に由来する。転じて朝鮮王朝後期、王からの信任を得た特定の個人や集団が独占的に政治権力を行使する形態を指すようになった。

〈29〉朝鮮王朝後期の民衆反乱。一八六二年に慶尚南道晋州で起きた農民蜂起を皮切りに、地方官吏による搾取に不満をもつ農民を主体とした民乱が朝鮮半島南部に拡大した。

〈30〉一九三二年一月、日本の官製企業によって漁獲の売り上げを搾取されることに対し、数百人の海女たちが抗日デモを行った（「海女抗日運動」）。それにより「三〇人以上が逮捕され、拷問を受けたとされるが、延べ一万七〇〇〇人以上が、二〇〇回以上のデモを続行」したという。舞台となった集落に建立された「抗日運動記念塔」には、決起する海女たちの群像が立っている（「知られざる済州島の海女抗日運動から九〇年―日本の官製企業や漁協が搾取、海女の手取りは二〇%」『東京新聞』二〇二二年六月一五日付。https://www.tokyo-np.co.jp/article/183511?fbclid=IwAR02ICVmGe_jR2fu1_DMBR8VzKHo9VB03n6XKj9goNaRycq0dFc4uRk0IyE）。

〈31〉済州島の民間信仰ではアニミズム、道教、シャーマニズムなどの多くの神々が祀られる。「一万八千の神々」とは森羅万象に神が宿るという譬えで、日本の「八百万の神」に相当する表現である。

〈32〉韓国には一〇の公休日とは別に、これに準ずる国家記念日として四月三日「済州民衆抗争の日」のほか、四月一九日「四月革命記念日」、五月一八日「光州抗争記念日」、六月一〇日「六月抗争記念日」、四月一三日「臨時政府樹立記念日」、一〇月一六日「釜馬抗争記念日」などがある（真鍋祐子「韓国現代史における『記念日』の創造―『記憶の闘争』をめぐって」『東京大学大学院情報学環紀要・情報学研究』九二、二〇一七年、五―六頁参照）。

II

戦争を記憶する方式——戦争記念館

ソウル・戦争記念館「6・25塔」のたもとの兵士の群像

「戦争を記念する」という言葉

戦争を記憶するというのではなく、「戦争を記念する」という言葉は、どういう意味なのか。戦争は人命と産業と生活と自然を無慈悲に破壊する。第一次世界大戦以降、戦争は総力戦の様相を示し、それにより戦争被害者は出征兵士やその家族に限定されなくなった。持てる全ての力を結集して生き死にをかけて戦う総力戦では、勝っても負けても取り返しのつかない禍根を残すものだ。戦争を記憶することは、戦争の傷に対する省察と、再び繰り返してはならないという誓いに帰結するしかない。半面、「戦争を記念する」という言葉には勝った戦争、戦争の英雄などを讃えるというニュアンスが込められている。

国連世界人権宣言[註1]（一九四八年一二月一〇日採択）は第二次世界大戦に対する人類の反省の中から誕生した。世界人権宣言の前文では、「人権の無視及び軽侮」が呼び起こした戦争という悲劇を、「人類の良心を踏みにじった野蛮行為」と評している。そして戦争がなくなることを願い、人権という価値の実現を誓う。現代の人権の価値とは、つまりそこから始まっている。

だが世界人権宣言のこうした願いは文書に残されただけであり、第二次世界大戦後も世界は超大国の利害によって大小の戦争が絶えなかった。朝鮮戦争は国連創設以後、現代の戦争がどれほど残忍であるかを示す出発点だった。一〇〇万にも及ぶと推定される韓国での集団虐殺を含め、人間の命が塵よりも無意味に扱われた、そんな戦争を、私たちはどのように記憶しているのか？　それを見極めようと

右：兄弟の像／左：平和の時計塔（撮影：田中博）

すれば、「戦争を記念する」ために建てられた戦争記念館に行ってみなければならない。

ソウル龍山の国防部前で記者会見[註2]を終えた後に時間が余り、暇つぶしに近くの戦争記念館に立ち寄ったことがある。記念館入り口にある南北の兄弟が抱き合う「兄弟の像」が印象的だったが、やはり南の兄が北の弟を抱き寄せる姿には南北が対等に描かれていなかった。背の高い軍服姿の兄は銃を担いでいるが、朝鮮人民軍の軍服を着た弟には銃がなく、なんとなく見劣りがする。「兄弟の像」の奥側には二人の少女が時計を掲げた「平和の時計塔」があるが、一人の少女は朝鮮戦争が勃発した時の時刻をさす時計を、もう一人の少女は現在の時刻をさした時計をもっている。戦争とともに止まってしまった時間と、現在の時間を対比させつつ、統一と平和を願うものだと説明されていた。

6・25塔（撮影：田中博）

記念館の正面には巨大な青銅剣と生命木のイメージをかたどったオブジェ「6・25塔」（開戦日の六月二五日にちなみ、韓国で朝鮮戦争は6・25〈ユギオ〉と呼ばれている）がある。青銅剣と生命木を取り囲んで、そのたもとに戦争に加わった人々をかたどった極めて写実的な群像が置かれている。戦争記念館の説明によれば、これは二〇〇三年に朝鮮戦争停戦五〇周年を迎えて、戦後世代たちの安保意識を鼓吹するために作られたという。戦争記念館の野外には、朝鮮戦争で使用されたB－52爆撃機、T－34戦車をはじめ、各種武器一六〇点余りが展示されている。また二〇〇二年六月二九日に勃発した第二延坪《ヨンピョン》海戦（註3）で使用された戦闘艦の展示では、朝鮮人民軍の攻撃で蜂の巣状になったチャムスリ（大鷲）艦が再現されている。人殺しに使われるさまざまな武器の上には子どもたちが遊具のようによじ登ったり、その前で家族写真を撮ったりしている。展示者の目的が戦争を近しく感じさせることだとしたら、その意図は十分に達成されているようだ。

展示館内部に入ってみよう。ここには先史時代からの戦争史が展示されており、その目的はおのずと明らかである。朝

朝鮮戦争で使用された戦車などの兵器が野外に展示されている

鮮戦争を勝者の立場から記念することだ。そこに平和はない。祖国を守る国軍とこれを助けた国連軍に対する称揚と、殲滅すべき敵である北朝鮮に対する敵対感情が、二つの軸をなし、李承晩大統領は国父としてあがめるべきであり、戦争してでも南北統一すべきだという主張である。加えて、戦争をゲームのように体験させる展示物を軽い気持ちで楽しみ、反共精神で武装した参戦勇士の展示解説を聞いている子どもたちを見ると、再びこの記念館の存在理由に気づかされる。

場当たり的な初めての訪問の後、何度か戦争記念館を訪れた。戦争に対する私たちの社会認識をこれほどよく示してくれる場所はそう多くなく、周囲の人たちにも一回くらいは行ってみるよう勧めた。私がじかに戦争記念館について説明する解説者になろうと思ったこともある。私が代表を務めている「開かれた軍隊のための市民連帯」では会員たちとともに戦争記念館を訪問したが、二〇一九年六月からは戦争記念館を平和祈念館に変えようというキャンペーンを行っている。平和の観点、人権の観点から戦争を理解できるよう、この記念館を変えようというもくろみである。

戦争記念館ひとつを変えれば

戦争記念館は一九九四年に開館した。二〇一一年には年間入場者が一五〇万人を超え、二〇一四年からは毎年二〇〇万人以上が訪問している。そして二〇一九年八月には累積入場者数が三千万人を突破した。つまり、ひと月に約一〇万人が訪れる国内最大の記念館だ。ここはいつ行っても混雑している。平日には幼稚園児から小学生、中学生にいたるまで、野外展示場と記念館内部を問わず賑わっている。高齢者も多く、また外国人もよく目につく。

戦争記念館では、美術展や音楽会、その他の各種行事も開催されている。「子ども博物館」(後述)も別にあるし、結婚式もたびたび行われる。このように戦争記念館に流れ込んでいる要素は非常に多い。ソウル地下鉄四・六号線の三角地駅を降りてすぐ、というアクセスのよさにもよるようだ。ソウル市の地図を広げてみると、龍山はソウルの中心にあり、その真ん中が龍山米軍基地(前身は二〇世紀初めにおかれた大日本帝国陸軍基地)である。現在は米軍司令部などが平澤米軍基地(平澤はソウルから約六五キロ南にある人口約五五万の京畿道南部の都市)に移転し、規模を大幅縮小したかたちで維持されているが、龍山米軍基地に取り囲まれた国防部、その向かいに戦争記念館という配置で、アメリカに保護された属国のイメージをこれ以上示す場所はないだろう。歴史的にもここは日本軍が朝鮮侵略のために駐屯を始めた場所であり、日帝時代に日本軍司令部がおかれた場所であり、解放後は米軍司令部が現在に至るまで駐屯している場所であり、また鶏龍(忠清南道の南部にある都市)に移転するま

戦争記念館と国連軍参戦国の国旗（撮影:田中博）

で陸軍本部があった場所でもある。

　盧泰愚政権下の一九八八年に、戦争記念館が建てられた時の国防部長官は李相薫《イサンフン》だった。当時、彼は「最近、社会の一角では体制転覆を企む左翼勢力どもが蠢動している。このような時期に戦争記念館を建立し、正しい護国精神を涵養しようというのは、非常に意義深いことだ」と語り、この戦争記念館が「後世、安保の聖域となるだろう」との信念を表明した。彼にとって韓国社会の民主化は、「左翼勢力どもの蠢動」のせいで「国家安保が危ぶまれる」状況と認識されていたのである。おそらく国防部の官僚たちだけでなく、この国の守旧・保守勢力の認識は大体にしてそんなものだろう。こうした「国家安保観」を強化する目的で一九九〇年に起工された現在の戦争記念館の建物は、金泳三政権下の九四年にオープンし、彼の言葉通り「安保の聖域」となった。

　龍山戦争記念館は国内唯一の記念施設ではない。朝鮮戦争に対する記念施設は朴正熙政権以降、歴代政権で絶え間なく作られた。鄭根埴ほか『戦争の記憶と記念の文化政治』（ソウル大学統一平和研究院、二〇一六年）という書物に、全国の戦争記念施設を整理した鄭鎬基の論文「韓国の戦争記憶と戦争博物館の形成」が収録されている。

　要約すれば以下のとおりだ。朴正熙政権では陸軍、海軍、空軍それぞれの士官学校内に記念館をはじめ、九つの戦争関連の記念施設が作られた。全斗煥政権（一九八〇～八七年）では多富洞戦跡記念館[註4]、仁川上陸作戦（本書七三頁註〈26〉参照）記念館など四施設、盧泰愚政権（一九八八～九二年）では白馬高地戦跡（白馬高地戦闘については本書八七頁参照）記念館など六つの施設が作られた。金泳三政権（一九九三～九七年）では龍山戦争記念館（起工は盧泰愚政権下の一九九〇年）、花津浦歴史安保展示館（花津浦は東海岸に面した江原道高城郡の潟湖の名称。軍事分界線が間近にある）など二施設、金大中政権（一九九八～二〇〇二年）では楊口[註5]戦争記念館など八施設が、盧武鉉政権（二〇〇三～〇七年）では迫真[註6]戦争記念館など四施設、李明博政権（二〇〇八～一二年）ではベトナム参戦記念館（江原道華川郡所在）など六つの戦争記念施設が作られた。

　ところで右記の地方施設が主として特定の戦闘の勝利を記念しようとする部分的な内容だとすれば、龍山戦争記念館は総合的な記念館であり、全国にある朝鮮戦争記念施設の中心をなしている。龍山戦争記念館の展示内容が全国の朝鮮戦争記念施設の指針となっているので、この記念館ひとつを変えれば、それが全国の戦争記念施設すべてを変えることにもなる。

隠された戦争の裏側

　戦争記念館の建物はアテネのパルテノン神殿を思わせるような外観である。おそらく国連軍の参戦

戦争記念館の外観、外側から見た回廊（撮影：田中博）

を称える意図から、こうした西洋風の建築物が作られたのだろう。左右に巨大な柱が並び立つ回廊があり、左右の回廊の先はそれぞれ池に向かって伸びている。その回廊には朝鮮戦争の戦死者たちの名が刻まれた碑銘がある。数多くの名前が刻まれた柱に沿って進むと、中央入口に至る。そこを入って正面が護国追慕室である。天井から壁、床に至るまで見事な彫刻とレリーフが刻み込まれているが、真ん中の天井から垂直に降りてくる一筋の光が、丸いお椀の形をした大きな器に届く。ちょうどその場所に泉が湧いている。追慕の感情が泉のように絶えず湧きおこるさまを表現しているのである。

記念館の導入部にあたる「戦争歴史室」は飛ばしてもかまわない。先史時代からの戦争の歴史を描いている場所で、歴史教科書レベルの内容だ。そういうのはこの記念館でなくとも見ることができる。戦争記念館には一万坪余りの規模に、九千点余りの戦争記録が展示されているが、そのうち七〇％以上が朝鮮戦争に関する内容であり、朝鮮戦争を通して護国精神を示そうと建立されたものだと見なしてよい。

次の「韓国戦争室」はのっけから北朝鮮の侵略と、それが

朝鮮戦争の戦死者の名が刻まれた碑銘が並ぶ回廊

いかに悪意に満ちていたかに関する記録で埋まっている。だがそのような断片的な説明では、朝鮮戦争が起きた歴史的文脈を総体的に認識することができない。当時は世界的に、共産主義と資本主義の両陣営が甚大な衝突を起こすと予告されていたし、朝鮮半島もまた内部的に理念対立の激戦場となっていたのだ。

一九四五年九月の米ソ分割以降、ソ連の支援をバックに金日成《キムイルソン》政権は半島北部を掌握し、自身の政治権力を形成しつつあった。一方、南側の社会では一九四八年五月の単独選挙を通して李承晩が政権を握ったが、内部的には深刻な混乱の様相を見せていた。そして南北政府はどちらも互いに力による統一を追求していた。李承晩は政権を握る前から北進統一を主要政策として宣伝し、上海や重慶で大韓民国臨時政府を掲げて抗日運動をしてきた金九《キムグ》たちとの差別化を通じて自身の勢力図を押し広げていった。[註7] 執権後はより強硬に北進統一を主張した。

いずれにせよ、朝鮮戦争は金日成の南侵から始まった。だが当時の時代状況を見ると、南と北のどちらが先に侵略したかより、朝鮮半島で戦争が勃発することになった世界情勢や、複雑な社会政治的状況に注目する必要があるにもかかわらず、戦争記念館の展示はひたすら南侵の野望に突き動かされた金日成による計画された戦争だったという説明に終始している。もともと戦争記念館が作られた目的がそれだったのだから致し方ないとはいえ、その説明の仕方はかつての反共教科書レベルで単純に過ぎる。

朝鮮戦争の初期段階は朝鮮人民軍による一方的攻勢で展開した。戦争記念館に展示された記録では、人民軍が保有する軍事力は韓国軍より劣っており、一方の李承晩政権は口では北進統一を叫んでいたが、実戦を遂行する準備と能力が不足していたとされる。だが、当時の南北の軍事力に関しては異なった見解もある。開戦当時の韓国政府による公式戦史である『韓国戦争史』によれば、韓国軍の兵力は常備軍が一〇万以上、警察兵力と予備軍を含めると一八万九千余りだったという。他方、人民軍の兵力規模は資料不足により正確には把握できない状況だが、旧ソ連の秘密資料が公開されたことでおよその推定が可能となった。それによれば開戦当時の人民軍総兵力は一八〜二〇万で、韓国軍と特に差がない。

世界の戦争史で、朝鮮戦争ほど反転に次ぐ反転の戦が他にあっただろうか。領土を奪取されては奪い返すを交互に繰り返す中で大規模虐殺が起こった。李承晩はソウルを収復（「奪還」の意味）してからは、何をさておいても人民軍統治下で賦役した者たちを探し出しては、処刑することに熱中した。左翼勢力を根絶やしにすべきというのだった。同様の現象は人民軍においても見られた。韓国軍統治下で賦役した者たちは、人民軍が領土を取り返した時に殺されたのである。勝者も敗者もない戦争で、無辜の民間人だけがありえない理由で殺戮された。

戦争記念館で強調されるのは朝鮮人民軍による虐殺のみである。南側で起きた民間人虐殺についてはいくつかの説があるが、全数調査がなされたことがないため、全て推定値でしかない。民間人虐殺の遺族たちは第五代国会（一九六〇年七月の第五代総選挙で成立した国会のこと。第六代総選挙は六三年一一月実施）の調査に依拠して約一〇〇万人が虐殺されたとするが、研究者たちは六〇～八〇万と推定している。その大多数は韓国軍と米軍による殺戮と見られるが、専門家による研究成果を総合すると、南側地域の方ではるかに多くの虐殺事件が起こっており、はなはだしくは朝鮮人民軍に占領されたことのない地域において、より多くの虐殺が行われていたという。しかし戦争記念館の展示では、このような事実についても言及がなされていない。

戦争はゲームではない

一九五一年一月に中国義勇軍が介入したことで国連軍と韓国軍は一気に後退し、一月四日にはソウルが奪還された（1・4後退）。しかし同年六月、戦争勃発後一年余りで、戦線はふたたび元の三八度線周辺まで押し戻された。互いに相手を完全制圧できないと認識した軍上層部は休戦協定に着手した。その過程で軍人ではない李承晩だけが本物の〝妨害者〟だった。戦争が勃発して二〇日後にマッカーサーに軍統帥権を渡してからも、依然として北進統一を主張した。軍事指揮権もないのに、休戦協定を妨害するために「反共捕虜」（共産主義に反対していた朝鮮人民軍出身の戦争捕虜）たちを国連軍の頭越しに釈放し、そのために協定が一時中断される事態にまで陥った。結局、彼は休戦協定の当事者にもなれなかった。

しかし戦争は終わらなかった。その後、休戦協定が結ばれるまでの二年間、互いに領土を奪い合い、戦闘をやめようとしなかったのだ。それは「高地戦」と呼ばれ、二〇一二年に映画化された（韓国映画の中で戦争犠牲者の観点から作られた数少ない作品が張動《チャンフン》監督の「高地戦」である）。二年にわたる高地戦で、南北両軍は押しては押し戻されるを繰り返した。現在、休戦ライン（軍事分界線）が引かれた南北の非武装地帯は東から西まで一五五マイル（二四九・四五キロメートル）にも及ぶが、かつてそこは死体で埋め尽くされていた。

高地戦を代表する闘いが、一九五二年に鉄原（三八度線で南北に分断された江原道の行政地域）一帯で繰り広げられた白馬高地戦闘である。その戦闘を再現するシミュレーションは戦争記念館の目玉の一つである。黄色い火花になった兵士たちが険しい山をよじ登る。朝鮮人民軍の反撃で何度も挫折し、兵士の何人かは死んでいくが、それでも最後は人民軍を撃退して高地を占領する英雄たち……。だが白馬高地で最終勝利を勝ち取るまでには奪い奪われを繰り返し、その中で多くの若者たちが死んでいったという事実は、戦争記念館ではうかがうことができない。その代わり、子どもたちがこれをワクワクするゲームのように楽しめるようになっている。血が噴き出し、肉がちぎれ飛ぶ恐ろしい戦争は、そのように再現されていた。

高地戦の解説のすぐ近くには、かつて射撃練習場があった。初めて訪れた時、もっとも仰天させられた場所である。シミュレーション技法でK-2小銃の射撃練習までできるようになっていた。何を期待してのことなのか。戦争を〝記念〟するという場所で、子どもたちが一発一発、小銃射撃を命中させるごとに何を感じ取れというのだろうか。記念館には別途「子ども博物館」があって、子どもたちに戦争英雄について教えている。「壊れた漢江の橋」というコーナーでは、漢江人道橋爆破（一九五〇年六月二八日、後述）の場面をバックに記念写真も撮れるようになっていた。そして「子ども遊撃場」といって、毎年夏になると子どもたちを軍人精神で武装させる海兵隊キャンプの催しが、今もって盛んだという現実と相まっているようだ。その後、射撃練習場はあちこちに移動させられた末、幸いなことに最近は表示が残っているだけで、実際には運営されていないようである。

李承晩の本性が赤裸々に暴かれたのは開戦直後だった。戦争が勃発し、戦線が破竹の勢いで迫ってくると、首都ソウルはわずか三日で陥落した。李承晩は陥落前にいち早くソウルを脱出しており、自分はソウルから南に約一四〇キロの大田に逃れながら、ソウル市民たちには政府と韓国軍を信じて動揺しないようラジオ放送を流した。そして彼はさらに木浦へ大邱へと、まるで逃亡するかのように南へと下って行った。最近明らかになった資料によれば、李承晩は釜山で臨時首都を率いていた当時、韓国を捨てて、日本に亡命政府を樹立することまで考えていたという。

そうした史実の記録は戦争記念館には存在しない。ただただ漢江鉄橋を爆破して人民軍の南下を六日間も防いだという〝英雄的〟な戦闘についての記録ばかりだ。また、そこには勝利する韓国軍のイメージしかない。この「漢江人道橋爆破」は軍事的には成功した作戦だったかもしれないが、突然の漢江鉄橋の爆破で多くの市民が巻き添えになって死んだことや、戦争から逃れて避難する人々の経路が絶たれたことについては何の説明もないのである。

続く「6・25戦争室Ⅰ」〈註8〉は「戦死者遺骨発掘象徴ゾーン」から始まる。朝鮮戦争の映像がメディア・ファサード（media facade）技法（建築物の外壁にLED照明を設置して映像を表現する技法）で繰り広げられるが、足元に照明が灯って、そこには戦死者たちの遺体が土に埋まっているのが見える。そして「自由はただでは与えられない（Freedom is not free）」との一文が、なんと味わい深い言葉だろうか。祖国のために生命を捧げた者たちへの追慕の念がおのずと湧き上がってくるではないか。戦争記念館の中では、当時の犠牲者たちを想起させる数少ない展示方法である。だが韓国全域に散在し、今も地中に埋もれている虐殺された民間人たちの遺骸は、そこには登場しないのだ。

戦争記念館での観覧は、決められた導線に沿ってなされるようになっている。いったん中に入ったら順路通りに回らなくてはならない。仁川上陸作戦で収復（奪還）された後のソウルを再現した空間には、当時の暮らしを垣間見させる場面がある。廃墟と化した都市、粗末なテント暮らし、そして救援物資を投下してくれ、家も修復してくれ、勉強も教えてくれる米軍と韓国軍の姿。戦時中でも国民生活を再建してくれる温かなイメージだ。実際、米軍と韓国軍は再建活動もしたであろうが、それは一部でしかない。米軍と韓国軍はいつでも銃を取って住民を殺せる恐ろしい存在であり、朝鮮人民軍の手に落ちてもソウルを脱出できなかった市民たちは、人民軍に賦役に駆り出されたとして、殺されたのではなかったか。ソウルが奪還された時期の市民たちの困窮ぶりを説明する空間は、それでもまだ事実に即しているだけましである。だが、すぐ次の展示空間に移動すると、李承晩の命令が壁面にこう刻まれている。

私がこの国の最高統帥権者であるから、私の命令に従い北進せよ！

――大統領　李承晩

この命令に従って三八度線を越えたのが一九五〇年一〇月一日であり、五六年に政府はこの日を「国軍の日」と定め、記念している（一九九一年まで祝日だったが、その後除外）。だが厳密にいって、李承晩は韓国軍の統帥権者ではなかった。すでに統帥権は国連軍司令部、正確には米軍のマッカーサーに移されており、戦争の指揮はマッカーサーが執っていた。形式的な軍統帥権者の虚勢を張っている李承晩の姿は、見ているこちらの方が恥ずかしくなる。

国連軍旗のもと、朝鮮戦争に参戦したのは一六か国。そこに戦闘兵力は送らなかったが医療支援で加わった国まで含めると、二一か国である。戦争記念館では入口にある巨大な青銅剣と生命木が天を衝いてそそり立つオブジェ「6・25塔」周辺、および「兄弟の像」が建つドームのたもとで、これら参戦国の部隊マークと参戦内容が説明されており、記念館正面には二一の国旗が掲げられている。

国連軍の結成と関連して、当時の状況を見ておく必要がある。一九四五年一〇月に国際連合が創設されて以来、朝鮮戦争は国連軍が初めて派兵された戦争となった。国連軍とは名ばかりで、実際は兵力の大多数を米軍でまかなっていたが、国連軍の名称を用いることで、北朝鮮と中国を国際社会の敵国に仕立てる効果があった。逆に、米軍は正当な戦争を遂行している、という政治的意味を獲得することができた。

当時も現在と同様、国連における主要な決定は、戦勝国である五つの常任理事国（アメリカ、ソ連、イギリス、フランス、中国）を中心とした協議体である国連安全保障理事会（国連安保理）を通じてなされた。朝鮮戦争に反対する可能性のあるソ連と中国には特殊な事情があった。ソ連は国連安保理の決定過程には不参加だった。その理由についてはいくつかの解釈があるが、その一つはソ連が北朝鮮の背後にいて、朝鮮戦争の当事者だったという点である。金日成が南侵を決定する過程でスターリンとの協議が行われたという事情から、ソ連には朝鮮戦争の不当性を論じる席に着くことが負担であったという説である。もう一つの解釈は、ソ連は中国の国連安保理における地位をめぐって他の国々と葛藤関係にあったため、すでに朝鮮戦争が問題となる以前から安保理会議をボイコットしており、その延長線で朝鮮戦争関連の会議にも参加しなかったという説である。

中国の場合、ソ連が安保理会議をボイコットした件と関連するのだが、当時、国連において中国を代表する勢力は蒋介石の国民党政府であった。国民党は当時すでに中国共産党に追われて台湾に敗走している状況だったが、国連での代表性はいまだ国民党政府の方にあった。結局、当時の国連安保理にはアメリカによる朝鮮戦争参戦決定に反対しうる強い勢力が不在であり、アメリカの要求通りに国連軍が結成されることになったのである。何か国もがアメリカとともに参戦したが、主に支援兵としてであり、戦闘部隊はほとんど全て米軍であった。

「6・25戦争室」に続く「国連室」の展示は、国連軍の活躍が主要なテーマとなっている。参戦国の軍人たちの感動的ストーリーと、彼らの遺品が展示されている。アメリカ海兵隊を主力とした国連軍による一九五〇年一一～一二月の長津湖戦闘〈註9〉については格別な解説がなされており、同年一二月の興南埠頭撤収〈註10〉にあたり、避難民を一人でも多く南に避難する軍艦に乗せようとした努力についても紹介される。参戦国による支援状況については国別に詳しい説明がなされており、国連記念公園〈註11〉を再現した部屋に入ると荘厳な鎮魂曲が流れてくる。

国連軍の犠牲によって〝自由大韓〟が守られ、その後も自由主義陣営の支援のおかげで、貧しかった国が今や支援する側の国に発展できたことに対し、無限の感謝を伝えるという内容は、一面では同意するとしても、あまりに一方的であり、みっともない。朝鮮戦争の勃発と展開、そして休戦へと至る国際政治的な脈絡が全く考慮されず、不義に立ち向かうために喜んで犠牲となる善良な〝我が軍〟のイメージでのみ説明されているからだ。

それでも、この展示が終わる地点に感動的な作品がある。「涙のしずく」というオブジェだが、丸い壁面に映像が映し出され、見知らぬ国で自由のために戦った国連軍の活動が説明される。壁面の映像が終わると、底に水滴が一つ、二つとしたたり落ち、水が溜まるとその中に参戦国の将兵たちの認識票が一つ、二つと浮かび上がる。そして天井に吊るされた一三〇〇余りの実際の認識票。底に溜まった水からは、血のように赤い椿の花が咲き誇り、彼らの高貴な犠牲を永遠に称えようという映像が、極めて鮮明に浮かび上がる。彼らが命を捧げて戦い、その血の上に自由があることを強調する作品に、深い感動をそそられるのはどうしようもない。それが誰であれ、残忍な戦争で死んでいった者たちに対し、心から追悼させられる。

記憶すべき私たちの過ち

アメリカが朝鮮戦争に介入したように、韓国もアメリカの要請に従ってベトナム戦争に参戦した。戦争記念館「海外派兵室」の最初にある「ベトナム戦争」は、韓国が初めて海外に派兵した戦争だった。周知のように北ベトナムのゲリラ戦に苦戦していた米軍は、ついにジャングルを焦土化しようとした。そこでナパーム弾、枯葉剤などを無差別使用した。ベトナムに派兵された韓国軍には、さらに「ベトコンどもの拠点」〈註12〉を一掃することが求められた。この作戦は「堅壁清野《けんぺきせいや》」と呼ばれるが、文字通り城を築いて堅固にし、その周囲をきれいに一掃してしまうという意味である。韓国軍はベトナムのジャングルの中に基地を作り、その周辺を全て焼き払った後、近隣の村々までをも焦土化する作戦を展開した。村の住民たちに基地の中に入るよう強制し、これを拒否する者たちは虐殺した。こうした韓国軍の残忍な軍事作戦は朝鮮戦争当時、またその前後にも、すでに行われていた方法であった。

一九五一年、智異山《チリサン》（慶尚南道と全羅南・北道にまたがる一九一五メートルの山で、韓国では済州島の漢拏山に次ぐ高さである）で繰り広げられた「共匪（共産ゲリラを意味する蔑称）討伐」当時、韓国軍一一師団九連隊が慶尚北道居昌、咸陽、山清地域で「堅壁清野」作戦を遂行し、民間人七〇〇人余りを虐殺した事件はよく知られている。また朝鮮戦争の直前、一九四八年に済州島で起こった4・3事件（前章参照）でも漢拏山の中山間村の住民たちを海岸村に連行し、大規模虐殺を行ったりしていた。韓国軍はこうした経験をベトナム戦争で存分に活用したのである。「ベトコン」とベトナム民衆にとっ

ベトナム戦争当時、現地住民にテコンドーを教える韓国軍のジオラマ

て韓国軍は恐怖と憎悪の対象だった。韓国民の大多数はこれを勇猛なこととして記憶しており、戦争記念館もまた、当時ベトナムに派兵された白馬部隊（陸軍第九歩兵師団）、猛虎部隊（陸軍首都防衛師団）、青龍部隊（海兵隊第二旅団）といった韓国軍精鋭部隊の勝利と、現地住民たちを助けた善行ばかりを展示している。まるで記念館のあちこちで、米軍の助けと支援がなかったら我々は自由を失い、死ぬしかなかったとでも強弁するように。

続いて、ベトナム戦争に臨む韓国軍の原則を記した掲示板が写真展示されている。

熱帯気候、ジャングルと険しい砂漠、沼地、誰が味方か敵かわからないベトナム戦争で、韓国軍は一つの原則を守り、戦闘に臨んだ。

一〇〇人のベトコンを取り逃がしても一人の良民を保護すること、ベトナム住民の生命と財産を保護し、対民間支援を通じて住民たちに食い込むことだった。

特に「一〇〇人のベトコンを取り逃がしても一人の良民を保護すること」という文言が目に留まる。はなから虚偽によってベトナム参戦を美化するくだりといわざるをえない。

これは韓国軍が派兵されたイラク戦争も同じである。イラク戦争は二〇一六年にイギリス政府が公開した独立調査委員会（Chilcott）報告書（トニー・ブレア政権によるイラク戦争への参戦決定および進行過程を調査し、その妥当性を究明した報告書）などを通して、すでにアメリカが犯した誤った戦争と認定されている。アメリカが戦争を始める理由とした大量破壊兵器は見つからず、しかもアメリカはすでに戦争前からこの事実を知っていたのだ。韓国軍はこのような不当な戦争に、アメリカの圧力に屈して動員されたのである。だが戦争記念館はイラク戦争もまた正しい戦争であり、韓国軍はこの戦争で輝かしい戦果をあげたとして記念する。

これは4・3事件がいまだに暴動と記録されているのと同じ文脈である。4・3事件について、「朝鮮戦争を引き起こすに先立って、まず韓国の戦闘力を消耗させるために左翼とゲリラが展開した武装闘争」とする戦争記念館の説明は、政府の公式的な調査結果を否定するものである。

前述したように、戦争記念館は戦争の暗面を隠している。民間人虐殺という歴史的事実を意図的に排除するとともに、戦争の狂気が呼び起こした社会の破壊という側面は、用心深く縮小されている。戦争が起きれば、事実、女性たちがより深刻な被害者となる。だが女性たちは戦争の付随的な被害者、あるいは戦争に動員される対象としてのみ描かれる。たとえば、女性の存在は看護将校として服務したり、後方で軍服を縫ったりといった補給活動を行うなどの役割としてのみ語られる。そして戦争の後、家父長制が強化され、そうした制度のもとで犠牲にされる問題についても、徹底的に目を背ける。女性たちに対する性暴力についても沈黙する。さらに女性たちが戦火から守り続けた子どもや老人の戦争被害にも言及しない。戦争記念館において女性と弱者は、男性たちの戦争のため犠牲になっても大きく問題視されない、虫けらのような存在でしかない。

もう一つ、私たちは日本軍慰安婦問題について日本政府に謝罪を要求しているが、最近になって『米軍慰安婦基地村の隠された真実』（金正子証言、キム・ヒョンソン編。ハンウル、二〇一九年）といった本を通じて明らかにされたように、朝鮮戦争の全期間を通して、そして戦後も運営されていた米軍慰安婦、韓国軍慰安婦の問題については沈黙している。韓国軍は、日本軍出身者たちが軍上層部を掌握していたためか、旧日本軍式の軍運営と戦争遂行のやり方を引き継いだ。おそらく現在まで続いている軍隊内での暴力も同様であろう。休戦後、戦時中の米軍慰安婦基地村が形成されており、それを国家が管理していた事実についても一切触れられていない。

朝鮮戦争は分断された南側に凄まじいばかりの反共国家を完成させた。李承晩をはじめとする独裁者たちは、朝鮮戦争を折に触れては召喚し、権力維持の方便として利用した。社会学者の金東椿《キムドンチュン》（聖公会大学教授）が「戦争政治」[註13]と名付けたように、朝鮮戦争は独裁者たちが民主主義の発展を抑圧する主要メカニズムとして用いられた。大韓民国の黒歴史を形成する凄まじい反人権体制は、分断体制を固着させた朝鮮戦争にその遠因があるのだ。

ひいては、朝鮮戦争が生んだ国家と社会の変化に対しても、ひたすら戦争の惨禍を踏み越え、「漢江の奇跡」と呼ばれる経済成長〈註14〉を成し遂げたという点、それもアメリカをはじめとする友好国の助けによってなされたという点ばかりが強調される。現在の韓国社会の著しく理念偏向的な保守政治の枠組みは、朝鮮戦争によって完成されたものである。反対勢力を効果的に抑圧する道具としての「戦争政治」を通して不正腐敗が蔓延する社会構造は、朝鮮戦争から強固になってきたのであり、今でも韓国という社会の発展を妨げている点に対する省察もない。

戦争を記憶するために

平和と人権の観点がどこにもない場所、それゆえ戦争を近しく感じさせ、内面化させる場所が、すなわち現在の戦争記念館である。この絶大な記憶の空間が歪曲されている事実と、古臭いイデオロギーで満たされているにもかかわらず、多くの人たちがここを訪れ、何かを学んで行く今の状況が憂慮される。その名が示す通り戦争を記念し、その戦争の主役たちを英雄視するこの意図された視角が、真の平和に対する認識を妨げているからだ。加えて戦争をゲームのように受け入れさせるようスマートな各種技法を動員しての展示形式は、根本的に修正すべきである。戦争はゲームではない。

戦争記念館が公認した「戦争の記憶」から意図的に排除された者たちは、忘却の対象となる。建築家の鄭《チョン》奇《ギ》鎔《ヨン》はこうした問題について次のように述べている。

戦争を記念するよりも重要なことは、生き残った者たちが死者たちの生命に負った借りを厳粛にはたすことである。それは黙禱や、単に形式的な哀悼の行事に終わるのではなく、真摯で持続的な連帯でしかありえない。これはまた軍人の死と民間人の死を分けるのではなく、全ての死に対する敬虔な心持ちである。

（鄭奇鎔『ソウル・イヤギ』より）

誰かを排除し、誰かを忘却させるような戦争の記憶ではなく、全ての生命に対する敬虔さを持ちうるまでには、私たちはなおも、あまりに遠い道を行かなくてはならないようだ。鄭奇鎔が称賛してやまないドイツ・ハンブルクにある「消える記念碑」のようなモニュメントや記憶館、記憶公園は、私たちには不可能なのだろうか。この記念碑は第二次世界大戦の悲劇を記憶する者たちが、亜鉛で覆われた四角柱の碑の表面に平和への願いを込めて書いた文字がいっぱいになると、下に移動して視野から消えるように作られている。下に移動した文字は地下に行って確認することができる。この記念碑は市民たちの参与を引き出し、そうやって思いを集めるということだけを取ってみても、並みの記念碑とは異なる格別さがある。

一九九五年にアメリカ・ワシントンに建立されたベトナム戦争参戦勇士記念公園にある「追慕の壁」といったモニュメントについても考えてみよう。そこにはベトナム戦争に参戦した米軍兵士など四万四千余りの名が刻まれている。その壁面には、正面に立った者の姿が照射される。そうした効果を通じ、人々は壁に写った自分の姿を見ながら、指揮官や英雄中心の戦争ではなく、戦死者一人一人を想うものとして再び戦争を省察することになる。これは龍山戦争記念館にはない機能である。

ソウル市内の真ん中にそそり立つあの戦争記念館は、時代の変化を反映する記念館へと、民主主義と平和統一を志向する、そんな平和記念館へと生まれ変わるべき時が来ている。そのためにはまず、現実としての戦争記念館に立ち寄ってみる必要がある。そして、そこでは語られず記憶もされない朝鮮戦争やその他の戦争について、それらの災禍について、より多くの人々が多様な声で語り続けなくてはならない。

【註】

〈1〉日本語訳 https://www.ohchr.org/EN/UDHR/Documents/UDHR_Translations/jpn.pdf

〈2〉後述のように「開かれた軍隊のための市民連帯」代表をつとめる著者は、二〇一九年六月から戦争記念館を平和祈念館にしようという運動を始めており、二〇一九年と二〇年の六月二五日に記者会見を行っている。本書刊行が二〇二〇年五月であるので、この記述は一九年に行われた「敵対と歪曲の展示をやめろ」と題した記者会見をさす。なお二〇年には記者会見とあわせて、戦争記念館の向かいで、六月二五〜二七日に「戦争記念館が語らない話」というタイトルで写真展を行った。

〈3〉延坪島は仁川港から約八〇キロ離れた黄海上に位置する大延坪島と小延坪島からなり、仁川市に属する。北朝鮮との北方限界線（NLL）まで最短で一・五キロ地点にある延坪島付近では、一九九九年六月一五日の第一延坪海戦に続き、二〇〇二年六月二九日に勃発した北朝鮮との銃撃戦（第二延坪海戦）では韓国海軍の六人が死亡、一九人が負傷した。さらに二〇一〇年一一月二三日には北朝鮮が突然、延坪島へ向けて砲撃を始めた。砲弾約一七〇発中、約八〇発が延坪島に着弾し、兵士二人および、軍の施設で働いていた民間人二人が死亡した。また付近の住宅地にも着弾して、民間人三人を含む一九人が負傷した。延坪島で民間人の死者が出たのは朝鮮戦争以来だったという（笹島康仁「海の向こうは北朝鮮—砲撃された韓国・延坪島の〝日常と平和〟」二〇一八年一〇月五日付 https://news.yahoo.co.jp/

feature/1I03/)。

〈4〉多富洞戦闘（一九五〇年九月）は、洛東江防衛線をめぐって慶尚北道漆谷郡加山一帯を戦場とした闘いのこと。

〈5〉楊口郡は江原道中央に位置し、北端は軍事分界線に接している。この一帯では一九五一年に九つの激しい戦闘が繰り広げられた。兜率山戦闘（六月）、大愚山戦闘（七月）、血の尾根戦闘（八〜九月）、パンチボウル戦闘（八〜九月）、白石山戦闘（八〜一〇月）、断腸の尾根戦闘（九〜一〇月）、加七峰戦闘（九〜一〇月）、九四九高地戦闘（一一月）、クリスマス高地戦闘（一二月）である。これらの戦場は非武装地帯（DMZ）に所在するため、じかに訪ねることはできない。

〈6〉迫真は大邱市の南側、慶尚南道昌寧郡に所在する町。一九五〇年八〜九月、米軍第二歩兵師団を中心とする国連軍が迫真での戦闘により洛東江防衛線を死守したとして戦争記念館が建てられ、二〇二一年九月には韓米親善軍民協議会の寄贈による記念碑が建立された。

〈7〉没落王孫の末裔に生まれ、科挙に失敗した李承晩（一八七五〜一九六五年）は一八九五年にアペンゼラー宣教師が開いた培材学堂（現・延世大学）に入学して英語を学び、キリスト教に入信。一九〇四年に渡米してプリンストン大学で博士号を取得（一九一〇年）後、主にアメリカで独立運動を行った。そうした背景から、政権を握る前から徹底した親米反共路線で一貫していた。一方、貧農の家に生まれた金九（一八七六〜一九四九年）は科挙に失敗して後、天道教をへて一九〇三年にキリスト教に入信した。3・1独立運動後、中国に亡命し、上海大韓民国臨時政府設立に参加。一九四五年一一月に臨時政府主席として帰国し、李承晩が強行しようとした南朝鮮単独選挙（一九四八年五月）に反対。統一政府の樹立をめざして四八年四月に平壌へ赴き、南北政党社会団体連席会議に出席して朝鮮分断を回避しようと努めたが不調に終わった。四九年、陸軍少尉の安斗熙によって暗殺された。米軍政期、同郷（黄海道）で同年代の二人は政局主導権をめぐって暗闘したが、話し合いによる民族協調をめざした金九ら臨時政府出身者に対し、米軍政をバックにした李承晩は、アメリカ帰りや、共産党を嫌って三八度線を越えてきた「越南派」などを重用して国土分断を既成事実化し、その後の韓国の親米反共路線のレールを敷いた。

〈8〉「6・25戦争室」はⅠとⅡに区分され、Ⅰでは朝鮮の独立と分断、金日成の戦争準備に関する資料などが展示され、Ⅱでは朝鮮戦争の戦況と兵士たちの姿がジオラマを使って展示されている。

〈9〉長津湖戦闘は一九五〇年一一～一二月、北朝鮮の咸鏡南道長津郡長津湖一帯で行われた米軍を中心とする国連軍三万人と中国義勇軍一二万人との戦闘をいう。共同通信の古畑康雄記者によれば、氷点下四〇～五〇度の極寒で双方ともに兵力が消耗し、国連軍は四三八五人が戦死し、七三八八人が凍死したとされる（古畑康雄「悲惨な勝ち戦「長津湖」―中国が戦意高揚狙う朝鮮戦争映画のきな臭さ」二〇二一年一一月三日 https://gendai.ismedia.jp/articles/-/88847?imp=0）。この戦闘により、中国義勇軍は国連軍の撤退に成功した。

〈10〉中国義勇軍の参戦により、咸鏡南道北東部でも劣勢となった米軍が展開した撤退作戦。一九五〇年一二月二三日、「メロディス・ビクトリー号」（七六〇〇トン）のレナード・ラルー船長が積み荷の武器を全て廃棄して、避難民をできるだけ多く乗せるよう指示し、定員六〇名の貨物船に約一万四〇〇〇人の避難民を乗せて東海岸の興南港を出航し、二四日に釜山、二五日に巨済島（釜山から南西約五二キロにある、済州島に次いで二番目に大きい島）に到着した。一人の犠牲者も出さずに避難民を降ろすことができ、「クリスマスの奇跡」と呼ばれる。「メロディス・ビクトリー号」には後に大統領となる文在寅の両親も乗船しており、文氏は一九五三年一月に巨済島で生まれている。

〈11〉在韓国連記念公園のこと。これは釜山にある世界唯一の国連軍戦死者のための記念墓地で、一九五一年四月に国連軍司令部によって戦死者埋葬のために作られた。一九五五年一一月に、大韓民国国会はこの土地を国連に永久に寄贈し、聖地とすることを決定し、一二月一五日には国連総会でここを恒久的に管理することが決議された。詳しくは在韓国連記念公園HPを参照（https://www.unmck.or.kr/kor/main/）。

〈12〉「ベトコン（Vietcong）」は「ベトナム共産党（Viet Nam Cong san Dang）」の略称で、「南ベトナム解放民族戦線（National Front for the Liberation of the South Vietnam）」に対するアメリカと南ベトナムからの蔑称である。戦争記念館の展示解説では、そのまま「ベトコン」の蔑称が使用されている。

〈13〉金東椿には『戦争政治—韓国政治のメカニズムと国家』（キル、二〇一三年）という著書がある。「戦争政治」とは、国家が戦争や内乱などの危機に陥った際、非常事態として発動される戦争遂行の論理が、国内政治に適用されることをいう。

〈14〉開発独裁を推進した朴正熙大統領は、日韓基本条約（一九六五年）による日本からの経済支援と、ベトナム戦争への派兵がもたらす特需を足掛かりとし、一九六〇年代半ばから工業化と観光化を軸とした経済政策を展開した。その結果、七〇〜八〇年代に著しい経済成長が実現された。それを「漢江の奇跡」と称するのは、工業化による戦後西ドイツの経済急成長が「ライン川の奇跡」と呼ばれたことにちなむ。

III 孤島に生きてきた人々——小鹿島

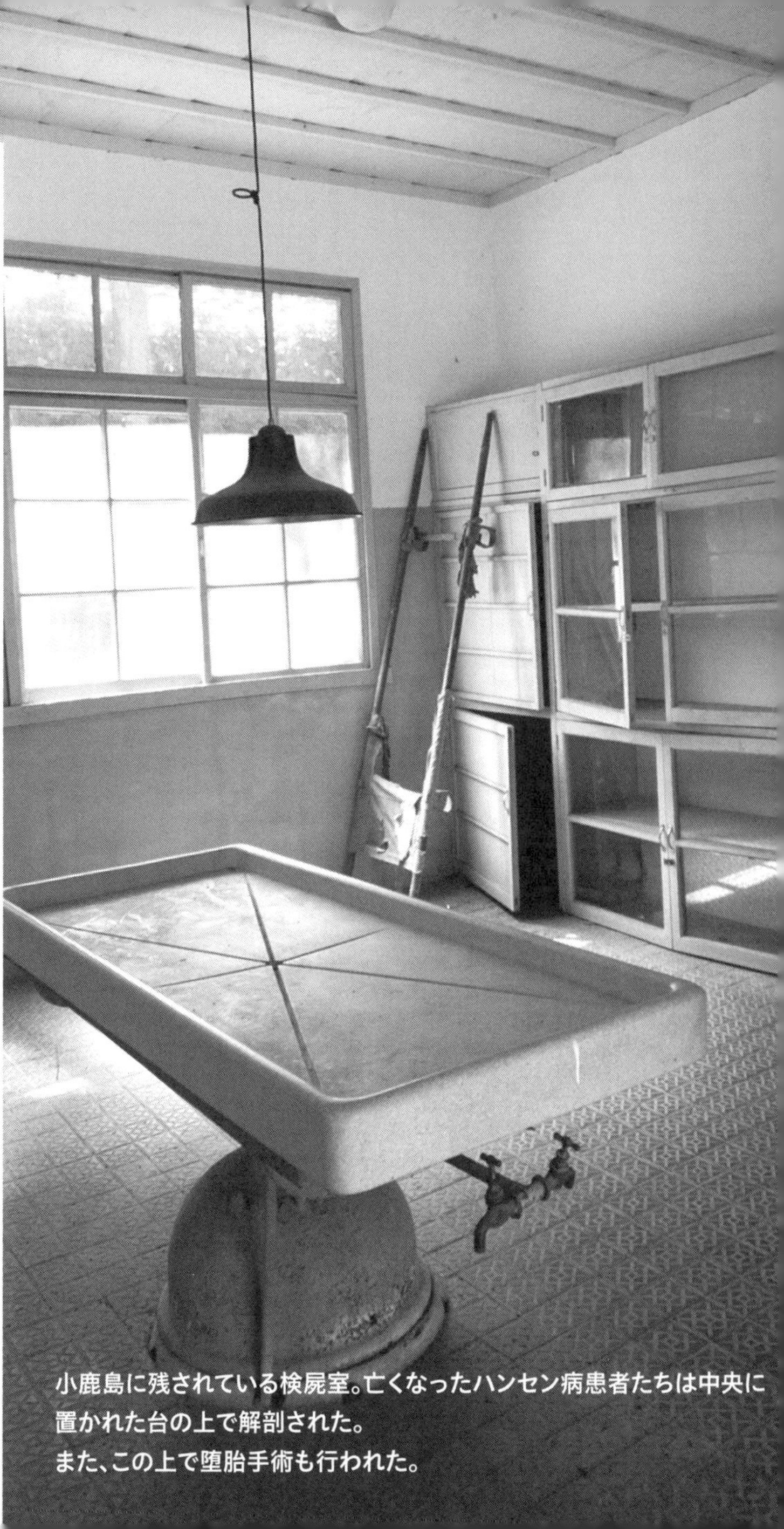

小鹿島に残されている検屍室。亡くなったハンセン病患者たちは中央に置かれた台の上で解剖された。
また、この上で堕胎手術も行われた。

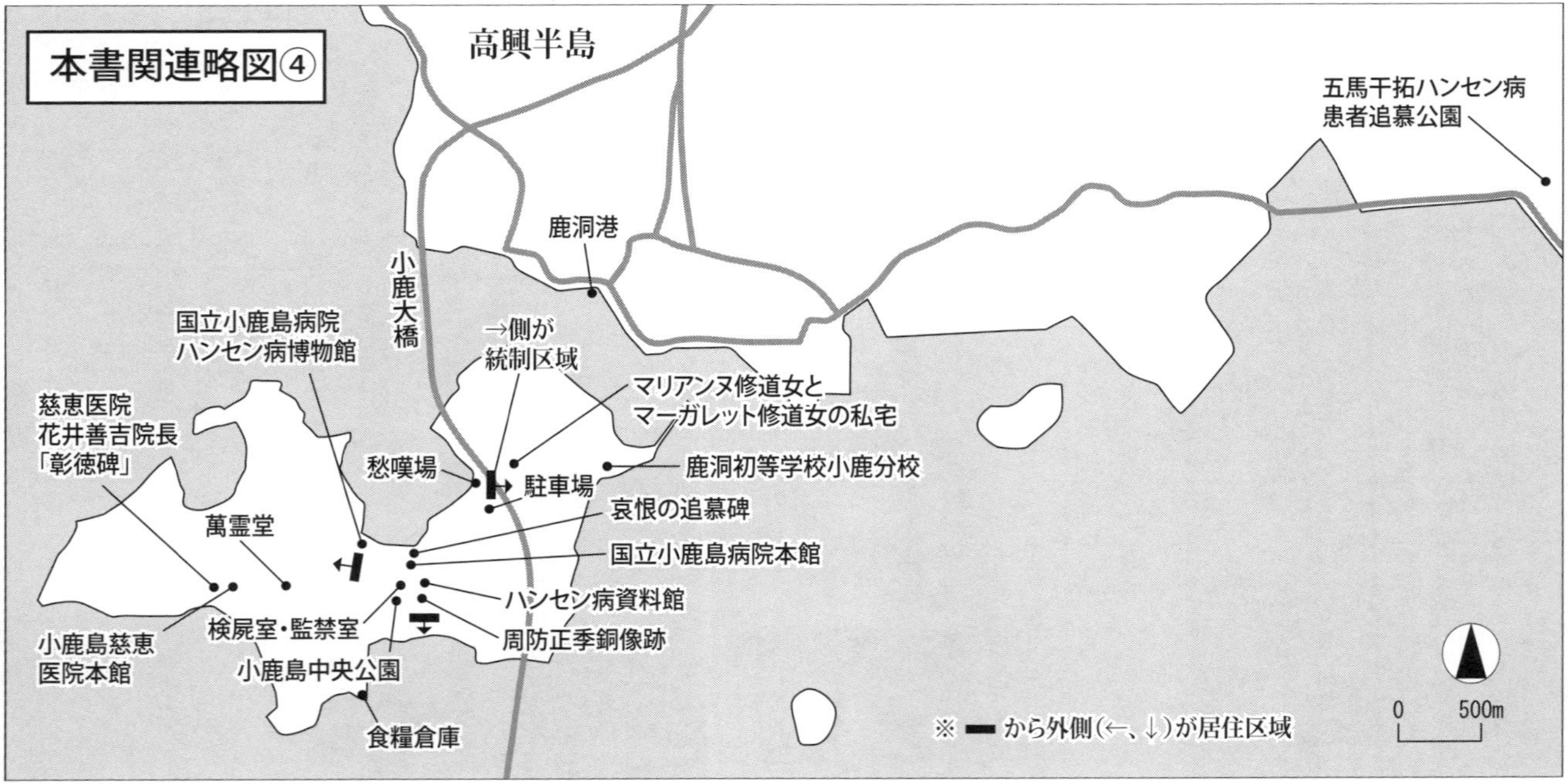
本書関連略図④
高興半島
五馬干拓ハンセン病
患者追慕公園
鹿洞港
小鹿大橋
国立小鹿島病院
ハンセン病博物館
→側が
統制区域
マリアンヌ修道女と
マーガレット修道女の私宅
慈恵医院
花井善吉院長
「彰徳碑」
愁嘆場
駐車場
鹿洞初等学校小鹿分校
哀恨の追慕碑
萬霊堂
国立小鹿島病院本館
ハンセン病資料館
検屍室・監禁室
周防正季銅像跡
小鹿島慈恵
医院本館
小鹿島中央公園
食糧倉庫
※ ▬ から外側（←、↓）が居住区域
0
500m

差別される人々の島

私は人権活動家として恥ずかしいことに、二〇〇五年に国家人権委員会〈註1〉からハンセン病実態調査報告書が発表されるまで、「ハンセン人」（韓国語でハンセン病患者のこと）という言葉を知らなかった。数十年前までは全て、「らい病―らい患者」（ムンドゥン病―ムンドゥンイ）と呼んでいた。私が幼かった一九六〇〜七〇年代の田舎では、「らい」（ムンドゥンイ）は非常に恐ろしい存在だった。「麦畑を通る時は一人で通るな。〝らい〟どもが麦畑に潜んでいて、いきなり出てきて捕まえられる。〝らい〟どもは子どもの肝が病気に効くからと、子どもを捕まえて肝を取って食う」。そんなことをしょっちゅう聞かされて育ったので、幼心に麦畑を通る時はいつもあたりをチラチラとうかがいながら、小走りで通り過ぎたりした。

長じて〝らい〟の存在は忘れてしまっていたが、いつだったか偶然にも韓何雲《ハンハウン》（一九一九〜七五年）の詩を読んで衝撃を受けた。

麦笛吹いて
春の丘
ふるさと恋し
ピルリルリリ

麦笛吹いて
花の山
幼き日恋し
ピルリルリリ〈註2〉

彼の代表作「麦笛」の一部である。この詩が私に与えた衝撃は、おそらく彼が「らいの詩人」だったからだろう。幼い頃から彼らへの差別意識が深く根付いていたが、彼らにもこんな美しい詩が書けることに驚かされたのだろう。

韓何雲は故郷を追われ、あらゆる世事から追い払われ、物乞いをしながら放浪する自分の身の上を呪い、いっそ死んでしまいたいと切々と吐露した。彼の詩の世界がそうだった。

靴をぬげば
柳の木の下で　地下足袋をぬげば
足の指がまた一つない
これからさき　残った二本の足指がなくなるまで
行けど行けど　はるか遠い全羅道みち〈註3〉

（韓何雲「全羅道の道―小鹿島へ行く道」より）

実際、ハンセン病は今も正確な感染経路が明らかになっていないが、感染力は極めて弱く、遺伝もしない。また早期に治療すれば完治する病気である。だが、昔はハンセン病に対して無知であり、治療薬もなかったため、皮膚と外見が変形する症状のせいで、患者たちにとっては「天刑」(註4)にほかならなかった。

ハンセン病にかかった者たちに加えられた人権侵害は執拗だった。きちんと治療を受けられずに不治の障害を得て、後遺症に苛まれなくてはならなかったのは無知ゆえだったが、人々から受ける差別は現在の常識からは想像を絶するほどだった。患者たちは家から追い出され、村の中でも生きることを許されず、穴蔵や橋の下でくらさなくてはならなかった。家族たちが食べ物を運んでくれて延命できれば、それは幸運なことだった。村の人々は彼らに石を投げ、村から追放した。結局、物乞いをしながら流浪する運命にあった彼らは、韓国社会における「不可触賤民」だった。

小鹿島にハンセン病患者を隔離した背景には、人種主義の論理が作用していた。もっとも古くからある伝染病と認識されていたハンセン病は、ヨーロッパでは一七世紀に消滅していた。その後、植民地支配に乗り出した帝国主義ヨーロッパ諸国は、なおもハンセン病が流布するアジア人、アフリカ人を未開人として扱った。人種主義の根拠となった優生学が、しばし脚光を浴びたというわけだ。ヨーロッパ人たちは占領した植民地にハンセン病隔離施設を建て、そこに患者たちを収容した。ハンセン病から社会を守るというのが理由だった。

小鹿島内に掲げられた横断幕「保健福祉部は差別を解消し、労働環境を改善せよ！」（撮影：田中博）

日帝がヨーロッパに倣って、日本本土でハンセン病患者たちを孤島に隔離し始めたのは一九一〇年代のことである。それに伴い植民地朝鮮でも小鹿島という孤島に慈恵医院を作り、患者たちを隔離したのが一九一六年だった。解放後の戦乱期をへて六〇年代以降、政府の施策でハンセン病快復者のための「定着村」〈註5〉作りが始まった。一時期は一〇〇か所にまで達したが、定着村の外ではいかなる安全も保障されなかった。

ハンセン病患者はいってみれば、二〇世紀の韓国社会で行われた少数者差別の見本にほかならぬ存在だった。疾病に対する無知に起因する差別を国家は傍観するか、容認し、はなはだしくは長期的に制度化した。それゆえ小鹿島は、韓国人権史において重要な場所である。解放後、ことに朝鮮戦争後は、戦争孤児たちを収容する社会福祉施設がいくつも作られた。障害者、浮浪者など、社会的弱者たちを長期収容したが、収容された人たちの人権は徹底的に無視されてきた。小鹿島がその典型であった。死ぬまで強制労働に就かせられ、断種と堕胎が強要された小鹿島の経験は、おおむね韓国社会の社会福祉施設で起こったことと本質的に変わりがない。小鹿島とそこにくらす人々、そして彼らをめぐる大小の出来事は、少数者に対する国家と社会の態度を露骨かつ集約的に表している。

美しい自然に埋もれた悲劇

全羅南道高興郡の鹿洞港から小鹿島東側の船着き場までは、わずか一キロメートル余りである。だが二〇〇九年に小鹿大橋が開通するまで、心の距離は数千キロメートルだった。

上:小鹿大橋／下:小鹿三叉路（撮影:田中博）

小鹿大橋に入ると、高興半島の突端から車で五分程度の距離である。小鹿トンネル手前にある、小鹿三叉路を右に入って下ったところに駐車場があり、そこがこの島の入口の役割をしている。駐車場の前が第二案内所だ。第一案内所は別にある。

小鹿島は第二案内所を中心に、二つの区域に分かれている。一九六〇年代までは、その間に鉄条網が設置されていた。

右側の区域、つまり島の東側は未感染者たちの地域である官舎地帯だ。そこには小鹿島病院の職員たちの官舎があり、かつては「未感児」（ハンセン病の両親から生まれ

非開放区域の表示「車両侵入遮断施設」と書かれている（撮影：田中博）

た未感染の子ども）の保育院があった。四三年間、献身的に奉仕をしたマリアンヌ修道女とマーガレット修道女の記念館があるのも、この区域である。東側の山に上ってみると、日帝の神社がとても滑稽な形で復元されていた。神社を過ぎて船着き場へ向かうと、鹿洞初等学校小鹿分校があり、小鹿島聖堂（カトリック教会）と小鹿治安センターがある。そこに第一案内所がある。案内所横の船着き場が、かつて一般人たちが出入りした小鹿島の公的な出入り口だった。

ハンセン病患者たちは小鹿島の西側、病院と居住地域からなる病舎地帯にしか住むことができなかった。二〇〇〇年代以前は、その地域から出る際には外出証や許諾を受けなくてはならなかった。外部者たちは今でも病舎地帯の全域には立ち入りができない。近年は外部者からの差別的な視線を遮断することと、自然環境保護がより大きな目的となっている。ただし、奉仕者や許可を得た者たちに限っては出入りを許されている。病舎地帯は開放区域と非開放区域とに分けられている。外部者たちは開放区域のうち、手入れの行き届いた中央公園までは入ることが許されている。二〇一六年には小鹿島病院一〇〇周年を記念してハンセン病博物館もオープンした。ハンセン病博物館は、かつて出入り禁止区域であった病院前の海辺に作られた。

第二駐車場に麦笛休憩所があり、ここから先、海辺に沿って木のデッキで舗装された道が作られて

中央公園に続く道から望む海

いる。海辺の道には年輪を重ねた松並木があり、海はたいてい穏やかである。南海岸多島海のいつもの海のように、美しく静かだ。ゆるやかな曲線を描く海岸の道をゆっくり歩いてみると、美しくて静かな小島の風景に酔いしれる。

海辺の道が始まる地点、現在の第二案内所があるそこには「愁嘆場」があった。もう少し上っていくと、「ツバメ船着き所」がある。ハンセン病患者たちだけを乗せた船が入港する場所だった。動力船の名を「ツバメ号」といった。やがて、この船が破損すると、その後は患者たちがみずから制作した「クラ号」を運営した。しかし一九八四年に教皇ヨハネ・パウロ二世が小鹿島を訪問してからは、この船着き場は無なくなった。以後、患者とそうでない人々は、ともに第一案内所があるプクチャンへ同じ船で入港するようになった。

憂い嘆くという意味で「愁嘆場」と名付けられた、官舎地帯と病舎地帯を分かつ境界は、涙の場であった。私たちは小鹿島に入ったその瞬間から、ハンセン病患者たちの涙に出合うはずだ。この世から徹底的に見捨てられた患者たちが来ることを許された場所は、ここしかなかった。病が癒えるよう願う気持ちでやって来た島、あるいは、強制的な隔離措置のため鹿洞港から渡し舟に乗り、ひとたび入れば死んでも出ることのできない島であった。

感染していない子どもたちは両親から引き離され、官舎地帯の保育院に送られた。ひと月に一回巡ってくる面会日には、道を挟んで手を握り合うこともできず、ただ見つめ合うしかできなかった父母と子。その瞬間ですら、感染者の父母たちは風を抱きながら立っていた。そのようにすれば病原菌が風に乗ってわが子に移ることはないだろう、という荒唐無稽な考えからだった。ハンセン病菌は感染力が極めて低く、空気中では数秒で死滅してしまうが、長い年月、世の人々、またハンセン病患者すらも、そうした事実を知らなかった。このように、ひと月にたった数分間だけの、もどかしい涙の面会をして帰ってくると、子どもたちはひょっとしたら病原菌に感染したかもしれないと、消毒を施されなくてはならなかった。

海辺の道に沿って上って行くと、病院の入口に、虐殺された八四人の患者を追悼する追慕塔が立っている。「哀恨の追慕碑」だ。解放直後、日帝に弾圧されたハンセン病患者たちは自治権を要求したが、当時、小鹿島の運営権を掌握しようとした職員たちが、外部から治安隊を呼び込んで患者たちを虐殺したという。犠牲者は八四名とされるが、もっといたのではないかともいわれる。国家人権委員会によれば、これと似た虐殺事件が七件あったことが確認されている。その中でもっとも有名なハンセン病患者虐殺事件は、一九五七年に慶尚南道泗川で起きた飛兎里島虐殺事件である。後述する小鹿島の五馬島干拓事業のように、飛兎里島を干拓していた患者たちを地域住民たちが虐殺した事件だが、二八人が殺され、七〇人余りが大小の負傷を負ったと伝えられる。小鹿島の八四人虐殺事件も六〇年後の二〇〇五年八月二二日になってようやく、初の追慕式が行われ、虐殺死体が焼かれて埋められた場所に追慕碑が作られた。

追慕碑を過ぎると病院がある。外部者は立ち入ることができない非開放地域である。ただしハンセン病博物館までは許されている。病院前からまっすぐ進むと博物館があり、さらに右手に寄ると中央公園である。中央公園に上る道の右手には、ハンセン病患者たちへの差別と苦痛の象徴ともいえる検屍室と監禁室がある。この二つの建物は文化財に登録されている。壁面が蔦で覆われ、見ようによっては懐かしいとさえ感じられる建物だ。しかし中に入った瞬間、大きな衝撃に包まれる場所、そこでは患者たちがこうむった受難の歴史の断面がそのまま保存されている。

哀恨の追慕碑

検屍室は二間に分かれている。真ん中に解剖台が置かれ、壁には取り出された臓器を保管する収納場があり、その横に日帝時代に使われたのか、布地の傷んだ担架が置かれている。日帝はハンセン病患者が死ぬと死体を解剖して、実験用に使うか、そのまま火葬場に送るかした。家族の同意はもちろんない。当時、小鹿島の患者たちは三度死ぬといわれた。最初はハンセン病を発症した時、二度目は死んで死体を解剖される時、そして三度目は火葬される時だ。彼らが病気になったその時から死んだ命でしかないと言われたのは、決して誇張ではないだろう。

検屍室の小さな部屋の真ん中には小さな手術台がある。石製手術台の四角と両脇から六本の溝が掘られ、真ん中の穴に集まるようになっている。手術の最中、血がそこに溜まって流れ出るよう考案されている。そこで堕胎手術が行われた。それは無資格者によって行われ、手術を受けた女性たちは後遺症に苦しんだという。子どもを持ちたければ小鹿島を出なくてはならなかったが、そうすると小鹿島よりさらなる地獄が待っているので、あえて出産したい気にはなれなかったであろう。堕胎された胎児は瓶の中にアルコール漬けで保管されたともいわれる。ハンセン病は遺伝すると考えられており、胎児によってこれを確認するためとされたが、実に恐ろしいことといわざるをえない。一九九〇年代まで胎児をアルコール漬けしたガラス瓶がここにあったという。

検屍室の内部に付属する部屋の中央に「断種台」が置かれている。日帝はハンセン病を根絶やしにするとして、男性患者たちを去勢した。その数がどれほどだったかは不明だが、斜めに起こされた木製手術台の上に縛り付けられ、手術が施された。堕胎と断種の手術を強制され、苦しみながら生きたハンセン病患者たちは、どれほど多かったことか。二五歳で強制断種された李東《イドン》の詩が壁に掛けられ

検屍室の手術台。ここで多くの中絶手術が行われた

ている。

その昔、思春期に夢見た
愛の夢は　破れたり
今、この二五の若さを
破滅させゆく手術台の上で
わが青春を慟哭しつつ横たわる〈註6〉
（李東「断種台」より）

検屍室のすぐ上に、監禁室の建物がある。小鹿島での抵抗は、すなわち監禁室行きを意味した。並び立つ二棟の建物は回廊で結ばれ、H字型に配置されている。監禁室、そこで激しく鞭打たれて死ぬか、小鹿島病院長が意のままに下す懲罰に耐えなくてはならなかった。

この中で、神経痛でひどい痛みに苦しむ時
あまりに辛くて布団の布を剥ぎ取り

首をくくって死のうとしたが
（中略）
私たちは、反省文を書けと毎日毎日要求されても
良心を欺く反省文は書くことができない
（キム・チョンギュン「監禁室」より）

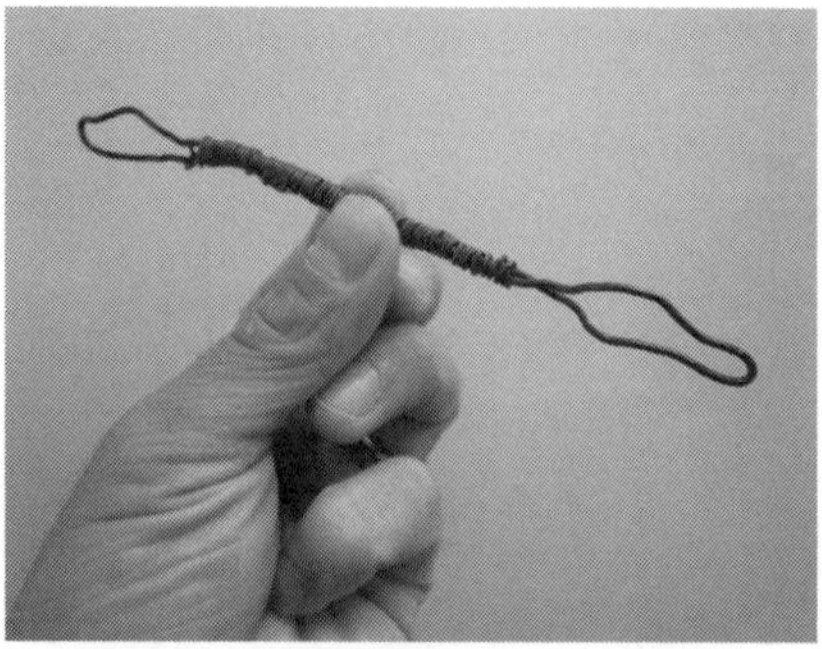
国立療養所大島青松園（香川県）で使用されていた、針金で作られたボタン嵌め（写真提供：高橋伸行）

監禁室の壁に掛けられたこの詩に、胸が詰まる。どんなに苦しめば、布団を引きちぎって紐を作り、それで首をくくりたいとまで願うだろうか。床が敷かれた部屋には、苦痛を訴える患者たちの書き残した文字が、うっすらと残っている。また部屋には穴をくりぬいただけの便所があり、それはかつての監獄とそっくりである。

検屍室と監禁室という二つの苦しみの染みついた施設の向かいには、ハンセン病資料館と志願奉仕センターが前後して並んでいる。どちらも赤い壁の建物である。資料館にはハンセン病の根絶をめざした人類の歴史、それに小鹿島病院の治療手順などが時代順に展示されている。今はハンセン病博物館でもっと詳しい説明が展示されているが、博物館ができるまではこの資料館が唯一だった。資料館には、ハンセン病患者たちが小鹿島でどのように暮らしていたかを伝える各種展示物がある。その中で、針金で作られたボタン嵌めが記憶に残っている。ハンセン病で壊死した手先ではボタンをはずしたり嵌めたりできないために、作られたものだ。

もう少し道を上ると、観光客たちの目的地である中央公園に着く。見事なまでの大木がいっぱい植わった最高の公園である。棕櫚《しゅろ》、ヒノキ、赤松、茶の木、イブキ、柊《ひいらぎ》、ヒマラヤ杉、各種カエデ、エノキなどの木々、そして上品な雪松も見ることができる。急ごしらえではなく、長きにわたり、よく手入れされた庭園であることがわかる。ハンセン病患者たちが受けた苦しみの歴史とは隔たった、極めて異質な風景がそこに広がっている。しかし公園の真ん中に立つと、そこには銅像が取り払われた後の台座だけが残されており、そこにこの公園が造成された悲劇的な歴史が刻まれている。

中央公園に建てられた「救癩塔」。天使が槍でハンセン軍を突き刺そうとする姿

一九三三年、小鹿島病院の四代院長として赴任した周防正季は、患者たちを強制労役に動員した。手指が崩れた患者たちを動員して、煉瓦工場を作らせて煉瓦を焼かせ〈註7〉、装備もなしに素手で四キロメートルにも及ぶ海岸道路を二〇日で開通させた。重労働をさせられる患者たちには、容赦なく鞭が振るわれた。

また周防は、一九四二年六月二〇日に二七歳のハンセン病患者・李春相《イチュンサン》に殺害されるまでの三年四か月にわたり、延べ六万人の患者を動員して、六千坪規模の公園を作らせた。李春相は周防院長の悪行を暴き、仲間たちの恨みを晴らそうと、その日、車から降りる院長の心臓に刀を突き立てた。当時の日本で、李春相は「第二の安重根《アンジュングン》」としてテロリスト呼ばわりされ、この事件が大きく報じられた〈註8〉。小鹿島では彼をめぐる逸話が今でも広く伝わっており、患者たちの間では李春相の記念事業をしようという話も出ている〈註9〉。

中央公園を作るために高興や海南などから奇岩怪石を、日本や東南アジアなどから稀少樹木を輸入し、港まで運んでくると、その岩や木を患者たちが背負って運搬したというが、その過酷さは斟酌して余りある。周防は九メートルにも及ぶ自分の銅像を建てさせて、毎月二〇日には患者たちに拝礼させ、個人崇拝まで強要した。殺害後、彼の銅像は太平洋戦争の軍事物資として運ばれていった。

かつて周防の銅像が立っていた台座の前には大きな平らな石が置かれ、そこに韓何雲の詩「麦笛」が刻まれている。写真資料によって確認されるのは、その石を縄でくくり、そこに通した担ぎ棒を数人で運んでいるところに、その荷の上に日本軍の軍服を着けた人間が公然と鞭を手に立ち上がっている姿である。「担ぎ棒を負うと腰が砕けて死に、担ぎ棒を下ろせば殺される」と言われたほどだ。そこで、この石の名は「負って死に、下ろして死ぬ岩」と呼ばれた。そんな苦しみと哀しみの石に韓何雲の詩を刻んだのは、なかなか良い選択だったようだ。

悲しみの霊たちが眠る萬霊堂

外部者に許されたコースはそこまでだ。病院から先は許可なく立ち入ることができない。ハンセン病患者たちのために志願奉仕をしない限りは。だが非開放地域に入ってみなければ、本当の小鹿島を見ることはできない。「小鹿」という島の名のように、人の手垢の付いていない自然が保持されている。私は幸いハンセン病患者人権侵害弁護団の曺永鮮《チョヨンソン》弁護士の紹介により、二〇一二年と一四年に島の隅々まで入って見ることができた。

病院を過ぎると七つの村がある。住民たちはここで生活している。これらの村は、患者たちがみずからの手で作った循環道路に沿って並んでいる。最初に作られた村である書生里には現在住民がおらず、かつて人が住んでいた痕跡だけが残され、廃墟となっている。

夜九時になると消灯し、狭い部屋で背を丸めて眠り、夜明けとともに起床しなくてならなかった、疲弊しきった患者たちがここで生活していた。彼らは共同住宅で、ごくわずかな食べ物で食卓をともにしたという。大釜で炊いたご飯を銘々の椀に分け合って食べたが、おかずが不足しすぎていつも空腹だったと、当時の話を聞かせてもらった。敷地内の畑で野菜でも育てれば、せめてキムチくらいは作って食べられたというが、こうも栄養状態が不良では病気を治すにも役立たなかっただろう。

ノクセンリなどの村には一戸建ての家もあるが、たいていは共同生活が可能な長屋式の住居形態である。かつては独身者たちが八人一部屋で生活した独身舎と、既婚者が暮らす家庭舎があったという。知人の家を訪問したが、普通の家庭となんら変わりはなかった。彼は、一九八〇年代までは蚤と南京虫が湧き、冬になると部屋の中が凍りつくほど、住居環境が劣悪だったと語ってくれた。

村に入ったら、住民たちを近くから撮影するのは控えなくてはならない。もしどうしても撮りたければ事前に許諾を得る必要がある。村はきれいによく手入れされている。海岸と松林をバックにした村の姿は、とても平和そのものに見えた。

村を過ぎると山の中腹に、とんがり屋根の円筒型の建物が見えてくる。クブクリにある焼き場で火葬された死者を祀る、いわゆる納骨堂である。名付けて「萬霊堂」。昔から「萬」という字が〝一つ

萬霊堂。小鹿島の納骨堂である

一つ数えられないほど多い〟という意味で使われてきたように、ここを通り過ぎていった悲しみの霊たちは数万を数えるだろう。

円筒形の萬霊堂の周囲を赤壁がなだらかな円を描いて囲んでいる。これに沿って後ろに回ると出入り口があり、そこを入ると遺骨箱が見える。それは陶器の小さな器ではなく、桐の箱である。箱ごとに、そこに入っている死者の名前と生没年月日が記されている。死者がここにいられる期限は一〇年である。一〇年を過ぎると萬霊堂の後方にある大きな墓地に遺骨を撒く。毎年一〇月にその儀式が行われる。小鹿島のハンセン病患者たちは島の中に閉じ込められて一生を暮らし、死んでからも、ここ小鹿島の萬霊堂に留まってから小鹿島の土に還る。もし島外に家族がいれば、まれに出かけて行くこともあるが、そんなことはめったにない。ハンセン病にかかったら、まず家族たちから顔を背けられるのが運命と考えられていたからだ。

一時期、小鹿島には六千人ほどの患者がくらしていたが、二〇一六年の統計によれば生存者は五三四人となっている。だが、その平均年齢は七三歳である。進む高齢化で、毎年少なくとも三〇～四〇人、多い年では七〇人も亡くなっている。よって今後一〇年間で、遺骨箱に入る人の方が生きている人よりも多くなる、と言われるほどだ。そして、二〇年後には小鹿島からハンセン病患者がいなくなる、ともいわれている。

二〇一四年に出会った小鹿島住民は、いちばん不足していたのは何だったかという私の問いに、「特に専門技術をもった医者が来ないし、医療機器もない」と答えた。実際、ハンセン病が完治してからも合併症を患う高齢の住民が多いのである。彼は、「看護師たちは献身的だが、今はまだ病院というより療養所のレベル」だという。事実、小鹿島は島全体が病院であり、療養所である。

最近の口述資料集を見ると、ハンセン病の老人たちが小鹿島に帰還するケースもある。今や患者たちにとって小鹿島は、社会のどこよりも安全な場所と認識されている。何といっても小鹿島にはハンセン病を診てくれる医療機関があり、人員と施設が不足しているとはいえ、治療を拒否されることはないからだ。また死ぬまでケア・サービスを受けることもできる。今、小鹿島は過去の苦痛と悲劇の島から、ハンセン病患者が安全に生涯を終えられる島へと、変わりつつあるのかもしれない。

萬霊堂の後方には鬱蒼とした針葉樹林が広がっている。夏でも涼しいくらい鬱蒼とした森がよく保全されている。森の道に沿って歩くと、見え隠れしていた海景色が再び開ける。心安らぐ道である。この道を西に進むと行き止まりだ。森に囲まれたひっそりとした雰囲気の中に、昔の刑務所の建物が見えてくる。まるで白雪姫が七人の小人と暮らしていた、童話の中に出てくる建物のようだ。

監禁室は規律に違反した患者たちを監禁した場所だが、ここは罪を犯した者たちを収監した場所である。彼らがどのように裁かれたのかは知らないが、ハンセン病の犯罪者たちを収監するための監獄だった。患者たちは罪を犯しても、陸地の刑務所ではなく、ここに隔離されたのである。徹底した隔離と孤立がハンセン病患者たちの運命であったことを、改めて感じさせる場所である。残念ながら、今もこの建物には入ることができない。鉄扉は固く閉ざされ、中に入ることを拒んでいる。内部を覗き込んでみると、中庭には、まるで誰かが管理しているかのように青芝が敷かれていた。だが、小さな建物はどれも荒れ果てていた。

次に機会があればこの監獄の内部に入り、陸地の刑務所と比較してみたい。さらに、ハンセン病の犯罪者たちがどのように扱われたかについても調べてみたいと思う。

楽園と廃墟

小鹿島はひっそりとしている。いつ行っても、静かな森の道を歩くと、おのずと心が癒されるようだ。公会堂(現在のウチョン福祉館)を過ぎるとスンバグ通りに出る。パク・スナムという患者が道を開拓し、病院の発展のために輝かしい功績をなしたとして、その石碑まで残されている。

この道に沿って西に下って行くと、きれいに復元された慈恵医院(慈恵院とも呼ばれた)が現れる。ここが小鹿島病院の始まりである。日本の総督府から、ハンセン病患者たちの隔離に適した場所として小鹿島が指名された。一九一六年六月のことだった。以来、小鹿島はハンセン病患者たちの島、外

復元された慈恵医院。本来の姿はほとんど残されていない

地から隔離された島となった。

慈恵医院を起点として海岸に沿って続く周回路は「治癒の道」と美しい言葉で呼ばれるが、この道もまた周防院長が延べ六千人の患者たちを動員して作らせたものである。この道を作った目的は治癒とは全く無関係に、強制労役や暴行などから逃れて島を脱出しようとする患者たちを摘発するためだった、と伝えられている。一九三八年一月の極寒期に患者たちを動員して四キロメートルにも及ぶ道を作らせたというから、その時の苦労はこの上もなかったろうに、この道のせいで自分たちの島でのくらしが、むしろさらなる監獄のようにさせられたのだ。

慈恵医院は島で最初にできた村である書生里にある。もともと日本が作った建物が復元されているが、形態がとても不自然だ。写真資料で調べてみたところ、おそらくもとの姿が大きく損なわれた状態で保存されたのだろう、どこかの駅舎を移築してきたかのようだ。

慈恵医院ができる以前、外国人宣教師たちが運営していたいくつかの病院でハンセン病患者の治療がなされたが、とても手に負えなかったため、体系的治療のために小鹿島に慈恵医院が作られたという。当初は約一〇〇人収容の規模だったが、やがて日帝が全国のハンセン病患者全てを小鹿島に隔離する方針を打ち出したことで、規模が大きくなった。

復元された慈恵医院は小規模だが、病院長と職員たちが持っていた権力は絶大だった。誰しもその言葉に逆らうことができなかった。彼らはいつでも患者たちを集めて強制労働をさせ、規律を破る者たちを摘発しては監禁室に閉じ込めた。隔離と監禁を基本として徹底した規律を強要する、韓国の社会福祉施設ではおなじみの光景である。一九八四年のローマ教皇訪韓を機に、初めてハンセン病患者と非患者とが同じ船を利用できるようになり、患者たちの島外への外出が許されるなど、反人権的な実態が一定部分は改善された。

書生里から下って行くと、小鹿島の海の真髄を見ることができる。南海の多島海の風景が目に入ってくるが、人の気配はない。そこには狭い道があるだけで、海辺には砂浜が広がり、海は穏やかに波打っている。松や柳の木々、全てが自然のままの姿である。人の手が入らなくても、こんなに美しいのかと思う。陽光に照り輝く波に乗って、そのまま遠くへ遠くへと行きたくさせる場所である。だがこんな海辺で、暴風の吹き付ける真夜中に、あまりに過酷な強制労役と体罰、それよりも酷い差別を逃れて、島からの脱出を敢行した患者たちがいたという。ここのどのあたりで、もっとも人目につきにくい閑散とした場所を選んで、一隻の丸木舟を頼りに脱出したのだろうか。あるいは、脱出はしたものの手に余り、結局、波濤に巻き込まれてしまっただろうか。脱出にしくじった患者たちはおそらく監禁室に連行され、ひどい暴行を受けたであろう。

そんな思いにふけりながら海岸を歩いていくと、南生里に着く。ここは島でいちばん南にある村である。どこかの漁村に来たかのようだ。村の会館の壁にかわいい花の絵が描かれている。ちらほらと壊れかけた家々も見えるが、人が住んでいる家はきれいに管理されている。すらりと伸びた天を衝く

日帝時代に作られた食糧倉庫。船で直接建物内に入ることができるようになっている

ように背の高い、姿かたちの整った松林の木陰の道を歩きながら、波の音を聞く。あまりにも平和な島の周回路だ。

やがて風景とはまるでそぐわない、変わった形の建物が現れる。これも日帝強占期に建てられたもので、食糧倉庫だったという。海路、運ばれてきた食糧を貯蔵したというが、目の前に見える居金島まで行き、山から木を切り出してここに保管しておくこともあったという。

建物は切妻屋根の平屋建てだが、長い横の面の一方だけが陸地に着いていて、もう片方は軒下の通し柱が海面に刺さっている。このように設計された理由がわかるような気がする。建物のすぐ下まで船が入って来て、そのまま床に荷揚げできるよう設計されたのだ。ここで荷揚げできない大きな荷物は、倉庫の横にある船着き場を通して運び込まれた。

ところで村を歩き回りながら、ふと気が付いた。島のどこにも繋留された船がないのだ。船は、この島では脱出を意味する。小鹿島の入口には、近海に養殖場があることを示すブイがあるが、住民たちがくらす村の側の海にはそれもない。海は、小鹿島のハンセン病患者にとって、近づいてはならない禁止区域だったのである。

宗教と美談の島

小鹿島は宗教の島でもある。閉ざされた島の中にあっても幸せを約束してくれるプロテスタントやカトリックなど、いくつかの宗教関連施設に行き当たる。村ごとに教会のない所はなく、中央公園のそばには小鹿島カトリック教会と圓佛教《ウォンブル》〈註10〉の教堂がある。

患者たちは自分たちが受けている「天刑」が信仰によって救われるよう、がむしゃらに宗教にすがりついた。今でもそうである。プロテスタントの教会では朝方三時四五分に早天礼拝、午前七時に午前礼拝、午後一時に夕拝と、日に三度礼拝を捧げる。午後一時を夕拝と呼ぶのは変ではないかと何度も確認したが、夕拝で合っていた。ここの人たちは夜早く眠りに就く。夜九時に消灯しなくてはならなかった日帝時代からの伝統が、現在もこのように引き継がれている。村人たちは暗闇がもっとも薄まる明け方三時に起床し、教会へ行く。そうやって礼拝堂で跪き、捧げられるその祈りは切々たるものといわざるをえない。それゆえ教会は村人たちの生活を絶対的に支配している。全ての日程は教会の礼拝時間と病院の診療時間に合わせて立てられる。

宗教施設はプロテスタントの教会がはるかに多いが、献身的な美談としては、主にカトリックの神

小鹿島で生涯奉仕した修道女たちを称える「功績碑」

父と修道女たちの話が伝えられている。マリアンヌ修道女とマーガレット修道女がその代表である。彼女たちが尊敬される理由は、二〇代の若さでこの島にやって来て、いかなる対価もなしに生涯を奉仕に生きたことだけではない。彼女たちは手袋もしない素手で、患者たちの傷をさすった。あえて誰もが真似できることではない。それが一九六〇年代のことだったという事実に照らして考えてみる必要がある。患者たちのオモニと呼んでもいいような、そんな姿に人々は感動した。彼女たちは老いて癌を患うと、ひっそりと島を去った。患者たちに悟られないように。その他、医師や看護師たちの中にも美しい逸話を残した者が多くいた。こんな僻地で働くこと自体が尊敬されるべきことだった。

そうした中には日本人の院長もいた。今でもその功績碑が残っている二代院長・花井善吉院長は、「一九二一年から一九二九年まで八年間在職し、患者たちのために善政を行い、ここで死亡」した。彼は初代院長とは違って患者たちの願いを積極的に受け入れ、宗教の自由も許容した。生前、患者たちは功績碑を建てようとしたが、院長自身の反対で叶わず、院長が亡くなった翌年の一九三〇年に、患者たちが自発的に金を集めて「彰徳碑」を慈恵医院の横に建立した。「解放後、自由党政権の日帝残滓清算政策によって、碑石が廃棄される危機に処するや、患者たちがひそかに地中に埋めておいたものを、5・16以後〈註11〉に発掘し、中央公園入口に再建して後、一九八八年にもとの場所に移築した」と、記録は伝えている。

このような善行と美徳に溢れる島が小鹿島であるが、いざハンセン病患者たち自身の話となると、これといったものがない。ただ被害者としてのハンセン病患者がいるだけだ。患者たちは主体的に何かができる人間として見なされなかったのだ。いつも恩恵を受ける側か、収奪と搾取をこうむる立場でしかなかった。彼らには権利がなかった。患者たちの自治会があるにはあったが、病院の強大な権限に比べれば、行使できる権限は微々たるものでしかなかった。

それでも患者たちは、厳しい迫害と屈辱に耐えているばかりではなかった。ひどい悲しみに苛まれる者たちは家族をもった。妊娠すれば追い出されるという厳しい掟ゆえ、島で夫婦がともにくらそうとすれば堕胎手術を受けるしかなかった。そうまでしても夫婦でいたいという人々は、ハンセン病患者の中から養子・養女を迎え入れた。血縁で結ばれた家族ではなかったが、彼らはそのようにして家族となり、困難な歳月を互いに寄り添いながら耐えてきた。こうして小鹿島の中でも村単位の自治共同体が成熟し、互いに経済的困窮を解決しようとする努力がなされてきた。こうした小鹿島での努力は一九六〇年代以降、全国の「定着村」のモデルとして引き継がれた。島外において、厳しい隔離と孤立を克服しようとした小鹿島の意志が、差別を乗り超えて経済的自立と成功につながったケースもある。たとえば後に結成された「ハンソン協働会」という団体では、自分たちの権利を伸張するために尽力した。

このように小鹿島のハンセン病患者たちは、ただ従順に生きてきただけではなかったのである。ここで人が生きる条件を作り出すために払われた甚大な努力について、これからもう少し歩み寄り、耳を傾けなくてはならないようだ。

あなたたちの天国

小鹿島を出て鹿洞港には戻らず、道陽邑外郭に沿って国道七七号線を二〇分ほど進むと、五馬三叉路（追慕公園三叉路）に着く。そこには五馬干拓ハンセン病患者追慕公園がある。李清俊《イチョンジュン》の小説『あなたたちの天国』の舞台、五馬島干拓事業が行われた場所である。五馬三叉路から公園を背にして見ると防潮堤があり、その横に道路が伸びている。右側の広大な野原のようになっている一帯が五つの無人島（五馬島、古發島、梧桐島、粉梅島、マンジェ島）を結んで作られた干拓地で、面積は実に三三〇〇万坪である。

小鹿島病院の院長職は、大体は一年未満の任期の間だけ留まるような地位であったが、軍医官出身の趙昌源《チョチャンウォン》院長は一九六一年から六四年までの四年間と、一九七〇年から七四年までの五年間の、計九年間も在任した人物である。李清俊の小説は、患者たちが自尊感情を確立し、自立心を育てるために涙ぐましい努力をした人物として、趙院長を描いている。小鹿島内で患者たちのサッカー大会を開き、他地域まで遠征試合にも出かけた。こうしてハンセン病患者たちに自尊感情を持たせてから、次に経済的自立のための基盤事業として干拓事業を構想し、実行する過程を感動的に描いている。

五馬島干拓事業について知らない人たちが多いようなので、追慕公園に掲示された説明文を以下に書き写す。五馬島に対するもっとも公式的な解説と思われる。

五馬干拓地（防潮堤）の造成

ここ五馬干拓地造成事業は一九六二年に保健社会部を主たる管理者として、小鹿島の陰性ハンセン病患者たちの定着を目的とし、同年六月一日付で政府より事業認可を得て始められた。

それに伴い、当時、小鹿島園生を主体（当時病院長・趙昌源）として防潮堤の築造のために「五馬島干拓団」が創設され、防潮堤築造工事は同年七月一〇日に着工、一九六四年六月に五六・七％の工程を終えたところで、本事業は保健社会部から全羅南道に移管された。

防潮堤を築造する過程には数多くのハンセン病患者たちの犠牲と労働力が伴ったが、本事業権の移管および、当時、地域住民たちがここでのハンセン病患者の定着に反対したことで、患者たちは防潮堤の完工を待たずに撤収した。

その後、防潮堤の防潮事業は全羅南道において完工され、干拓地造成事業は農林部より公有水面埋立免許を得て、一九八八年一二月三〇日に高興郡にて完工された。

これで見ると二六年六か月にも及ぶ全工事期間で二七五三メートルの防潮堤が完成され、そこから三三〇〇万坪の農地が作られ、地域住民たちに分譲されたのである。だが、ここには当時の政治家たちの欺瞞があった。二年六か月間のもっとも難しい工程を、ほとんど素手で行ったハンセン病患者たちの存在を排除して、結局は彼らを追い出したのだ。国家による裏切りだった。高興郡の住民たちは、自分たちの地域にハンセン病患者たちが「定着村」を作るのではないかと工事現場に押し寄せ、機械を壊したり暴行したりした。

小鹿島の人々はこの小説のように趙昌源院長の献身や、彼に従った患者たちの自発的な努力によって干拓事業がなされたとは思っていない。現在まで小鹿島に暮らしながら、島の移り変わりを覚えているチャン・インシムさんは、趙昌源院長を「私たち患者をいちばん泣かせた人」として記憶する。また彼は「毎日拳銃をもって歩いていた」軍人出身で、運動場への集合に遅刻したと松葉杖をついてきたおじいさんに、運動場を「グルグル」回らせ、断りもなく家の中に入って来ては無理やり釜の中を開けて見るような人物だったという。

五馬島干拓事業は結局、詐欺に近いようなものだった。患者たちにはちゃんとした賃金も支払われず、代わりに伝票が渡されたが、その伝票はただの紙切れになってしまった。もちろん当時の住民たちのハンセン病患者に対する差別も問題だっただろうが、趙昌源院長による小鹿島管理のやり方は、独裁者のそれと異なるところがなかったのではないか。

五馬島追慕公園は打ち捨てられた公園だ。ハンセン病患者たちの憤懣やるかたない心をなだめるために作られたのかもしれないが、そこに展示されたいくつかの写真は色褪せ、展示物やオブジェなども水準以下のものが大半である。この公園を見て、ハンセン病患者たちがちょっとでも慰めを得ることがあるだろうか。ここを訪れた人々がそこここに残している感想文を見ると、そこから眺める夕陽が「物寂しい美しさ」と表現されている。いつかまた、そこを訪ねたら、沈む夕陽を見てみたい。自分たちの自立した空間を夢見たハンセン病患者たち、彼らの恨が秘められたその場所で、「あなたたちの天国」のために、ハンセン病患者たちの夢をとことん裏切った、私たちのことを考えてみたい。

【註】

〈1〉金大中政権期の二〇〇一年四月三〇日に制定された「国家人権委員会法」に基づき、同年一〇月より施行。同法は第一章（総則）から第六章（罰則）まで六三条よりなる。国家人権委員会は政治からの独立性、中立性を保障され、委員は三権分立の原則により選任される。つまり立法（国会）から四名、行政（大統領府）から四名、司法（大法院）から三名の一一名からなる。国家人権委員会の業務は多岐にわたるが、本書との関連において特に重要な任務は、人権侵害による犠牲者に関する調査と救済である。「国家人権委員会法」では、「委員会が調査した結果人権侵害が発生したと判断するときは、被陳情人、その所属機関・団体又は監督機関（以下「所属機関等」という）の長に対し」（第四四条一項）、犠牲者に対する救済措置、法令・制度・政策・慣行の是正または改善（第四〇条四項）を、被陳情人とその所属機関等に勧告することができるとする（金東勲「韓国の『国家人権委員会法』を概観する」『部落解放研究』一四三、二〇〇一年参照）。国家人権委員会法により、ハンセン病患者に対する差別と暴力の問題だけでなく、刑務所内での服役者に対する処遇問題や、光州抗争に参加した女性たちに振るわれた軍警による性暴行事件などに光が当てられることになった。

〈2〉若生みすずの訳による（滝尾英二『朝鮮ハンセン病史―日本植民地下の小鹿島』未来社、二〇〇一年、一四―一五頁参照）。

〈3〉崔碩義の訳による（同右書、二三頁参照）。

〈4〉天罰の意。ハンセン病は患者たちの外貌と感染に対する恐れとから古今東西の古い文書の中で天刑、業病、呪いなどと記され、忌み嫌われてきた。

〈5〉日本統治下ではハンセン病患者・快復者の「隔離」政策がとられたのに対し、「定着村」とは快復者が政策的に入植し、形成された村をいう。住民たちはそれぞれ家庭を営み、子や孫と暮らしながら、生産者として牧畜業などを営み、自主自立の生活を送る。

〈6〉滝尾、前掲書、一八八頁参照。

〈7〉一九三三年に始まった小鹿島更生園拡張工事の六か年計画で建造物は全て煉瓦造りとされ、そのために膨大な煉瓦が必要となった。しかし近隣には生産地がなく、遠隔地から買い入れるには莫大な日数と輸送費がかかる。また島内には豊富な原料土があることも判明したため、工場を設置して煉瓦の自給自足をめざした。煉瓦製造には軽症患者があてられた。小鹿島における患者の強制労働は煉瓦だけではなく、土木、製炭、叺《かます》の製織作業、松脂の採取、兎毛皮の生産など多岐に及んだ（同右書、二五九―二六二頁参照）。

〈8〉滝尾英二によれば、当時の日本の報道は李春相について「生来兇暴」（東京毎日、中国新聞）、「前科者たる一不良患者」（大阪毎日）などと書き立てた。李を安重根にたとえたのは長島愛生園長・光田健輔である。周防への追悼文で、光田は李を「生来兇暴」「不良の徒」とし、「伊藤公は朝鮮人の為めによく計られたが、終に『ハルピン』駅頭無知の兇漢安重根の為めに倒れた」と記している。詳しくは、同右書、二六六―二七七頁を参照のこと。

〈9〉李春相の「義挙」から八〇周年にあたる二〇二二年六月二〇日、小鹿島中央公園に記念碑（洪成潭作）が建立された。

〈10〉圓佛教は一九一六年に創設された朝鮮独自の仏教系新宗教。創始者は朴重彬で、全羅北道益山に本部をおく。信徒数は仏教、プロテスタント、カトリックに次いで四番目に多い。

〈11〉一九六一年五月一六日に起きた軍事クーデターのこと。帝国陸軍士官学校を出た「親日」の朴正熙による政変で、花井善吉院長「彰徳碑」がもはや「日帝残滓清算」には当たらなくなったとの判断が働いたのだろう。

Ⅳ　処罰されない者たちの国

——光州5・18抗争の現場（1）

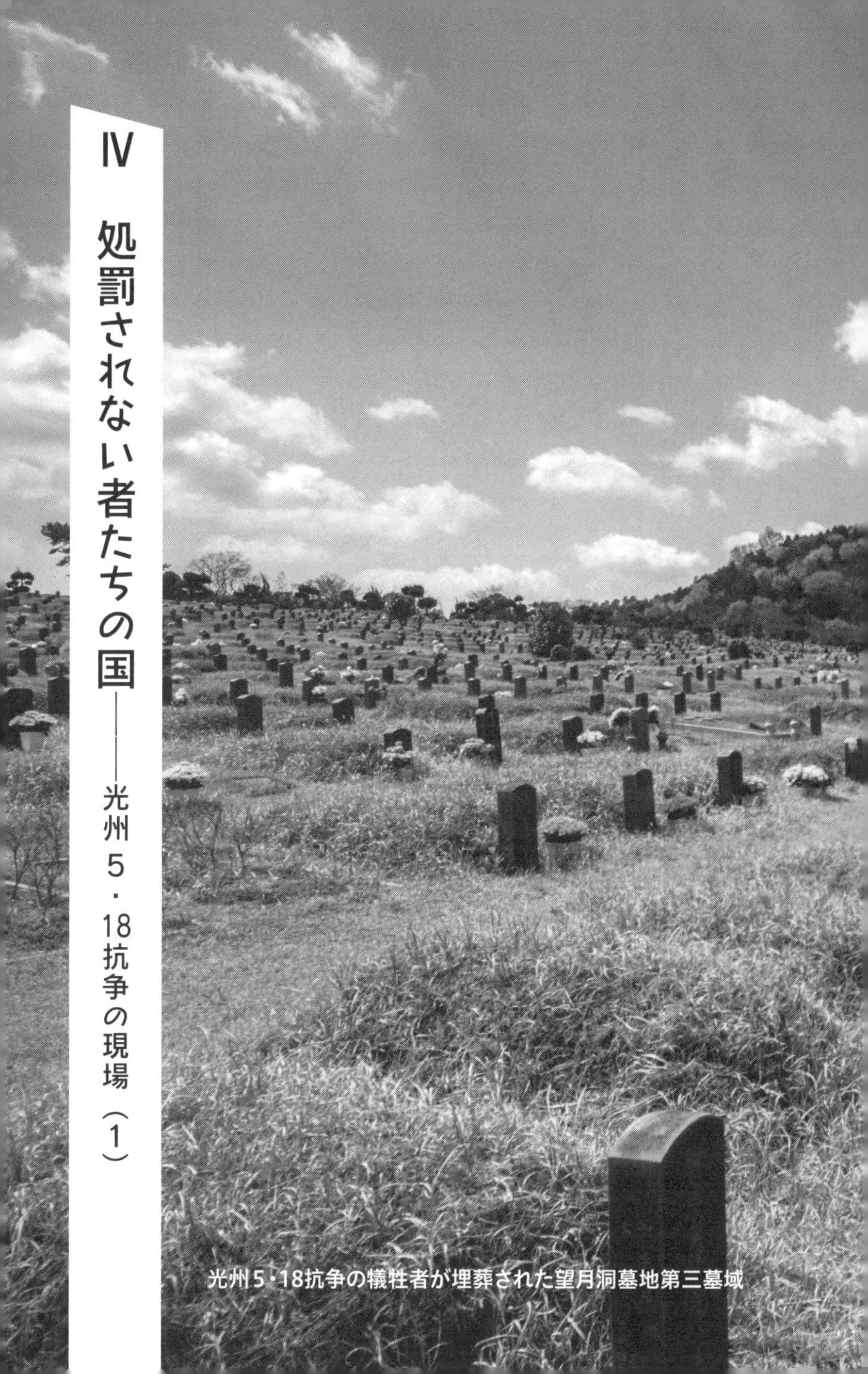

光州5・18抗争の犠牲者が埋葬された望月洞墓地第三墓域

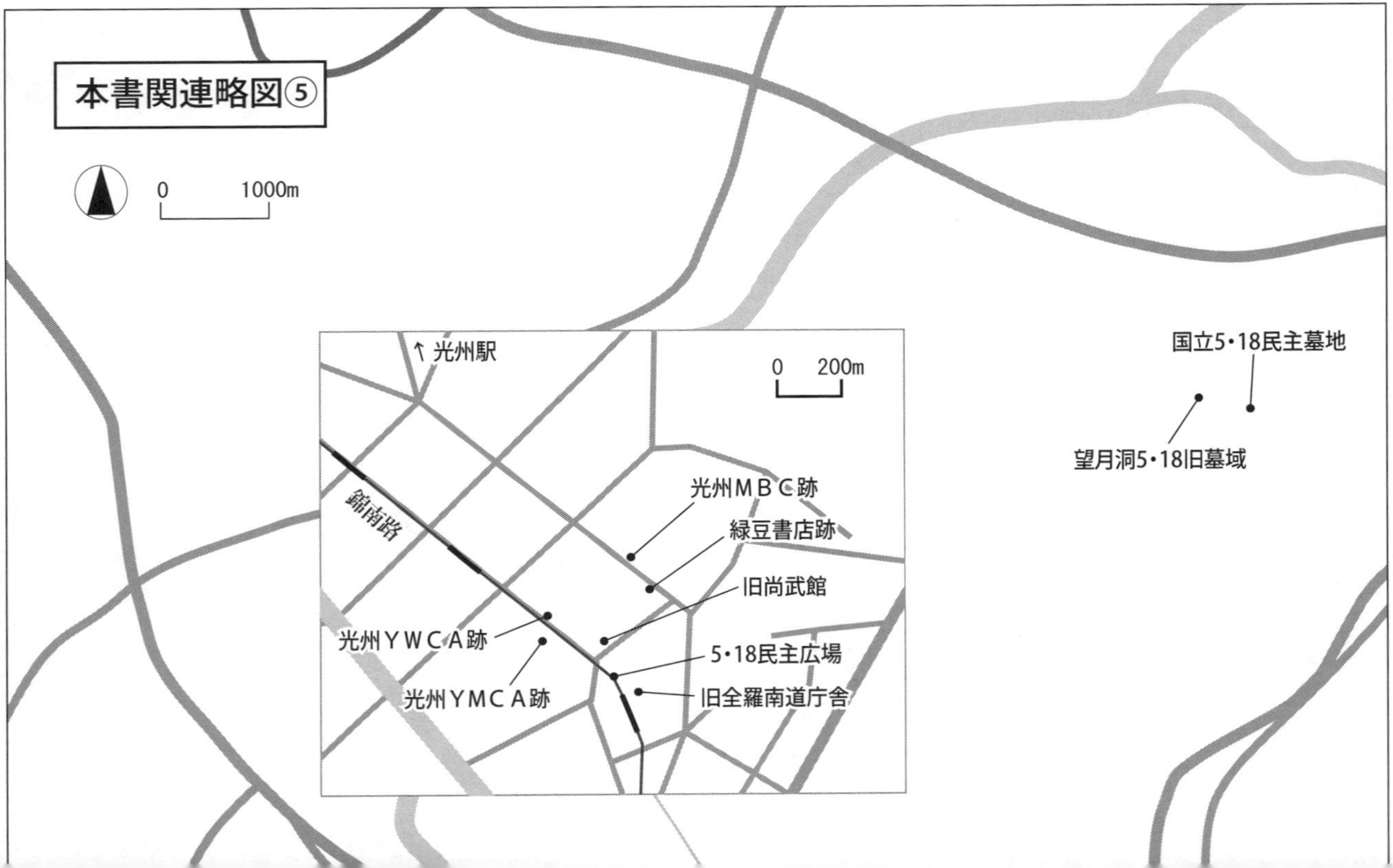
本書関連略図⑤
0
1000m
↑ 光州駅
0
200m
錦南路
光州ＭＢＣ跡
緑豆書店跡
旧尚武館
光州ＹＷＣＡ跡
5・18民主広場
光州ＹＭＣＡ跡
旧全羅南道庁舎
国立5・18民主墓地
望月洞5・18旧墓域

旧光州矯導所
極楽江駅
光川洞聖堂
光川市民アパート
無等競技場正門
全南大学校
光州駅
良洞市場
光州川
5・18記念公園
旧尚武台
旧国軍光州病院
光州橋
農城広場（激戦地）
5・18自由公園
旧505保安部隊
光州公園
朝鮮大学校
旧光州赤十字病院
南洞聖堂
五月オモニの家
全南大学病院
元池橋
光州基督病院
楊林橋
ペゴプン橋
一帯
周南村
↓
西光州駅

独裁者の末裔でなければ

二〇一九年五月一八日、光州は雨に濡れそぼっていた。午前一〇時から始まる「5・18(オー・イルパル)民主化運動(註1)三九周忌」の記念式。文在寅《ムンジェイン》大統領と黄教安《ファンギョアン》自由韓国党代表(自由韓国党は現在の与党「国民の力」の前身)がともに列席したことで、緊張感がいや増していた。空はいつ雨が降り出してもおかしくないほどどんよりと重たかったが、記念式の間は全く降らなかった。

国立5・18民主墓地へ向かう道の両脇にはヒトツバタゴの花々が咲き乱れていた。風に揺らされた白い花びらが舞い散り、路面を覆いつくしている。その様子がまるでライスシャワーのように見え、5・18抗争の当時、お握りを作って分かち合った光州の人々を思い浮かべた。

この日、記念式では一九八〇年五月二七日未明、道庁から最後の放送をした朴永順《パクヨンスン》が再びマイクを握った。五月一八日から始まった戒厳軍の暴力と蛮行で多くの人々が死んでゆき、これに立ち向かい市民たちが銃をとって闘った、その一〇日間の最後の日の明け方、空挺特殊作戦旅団をはじめとする大韓民国精鋭部隊の鎮圧作戦が開始された。

市民の皆さん、いま戒厳軍が攻め込んで来ています。愛するわが兄弟、わが姉妹たちが戒厳軍の銃剣に斃れていきました。私たちはみな、戒厳軍と最後まで戦いましょう。私たちは光州を死守します。私たちは最期まで戦います。私たちを忘れないでください……

迫りくる戒厳軍を待ち受ける緊迫した状況が再現された。当時の映像をバックに、朴永順の最後の訴えが式典会場に響き渡った。そして道庁にいた市民軍参加者たちが殺されたり連行されたりする場面になると、会場全体が粛然となった。

続いて、当時高校生だった安鍾必《アンジョンピル》君の母にまつわる話が紹介され〈註2〉、顔も知らない鍾必叔父さんが亡くなった後のことを甥が手紙で読み上げると、場内は涙の海と化した。また文在寅大統領は式辞の中でいっとき言葉を詰まらせた。「独裁者の末裔でなければ、５・18を異なる目で見ることはできません」。独裁者の末裔政党代表である黄教安〈註3〉の面前で直撃弾を飛ばした格好だった。

私は二〇一七年の三七周忌の記念式にも出席していた。その席で文在寅大統領は「五月の死と光州の痛みを我がこととし、世の中に知らしめようとした多くの方々の犠牲と献身もともに称えたい」として、一九八二年に光州矯導所で光州虐殺の真相究明のために四〇日間のハンストの末に獄死した二九歳の全南大生・朴寛賢《パククワンヒョン》、一九八七年に「光州虐殺責任者処罰」を叫んで焼身自殺した二五歳の労働者・表正斗《ピョジョンドゥ》、一九八八年に「光州虐殺真相究明」を主張して明洞聖堂《ミョンドンソンダン》〈註4〉の教育館四階から投身自殺した二四歳のソウル大生・趙城晩《チョソンマン》、そして一九八八年に「光州は生きている」と叫びながら崇実大学生会館の屋上で焼身自殺した二五歳の崇実大生・朴來佺《パクレジョン》の名を呼んだ。

大統領は一九八〇年の５・18抗争当時に亡くなった者たちだけでなく、その後、光州５・18抗争の真実を伝えようと自らの命を投げ打った者たちまで、ともに称えようと語りかけた。５・18抗争は一九八〇年五月で終わったのではなく、その後もこの国の民主主義の巨大な流れを作ってきたと力説した。熱い感動が胸に押し寄せてきた。5・18抗争は光州だけのものではないことが、つまり5・18抗争の真実を伝え、問題解決のために命まで捧げた者たちがいたことが、初めて公に認定された瞬間であった。

だが四〇年が過ぎた現在まで、光州5・18抗争の問題はいまだ解決されていない。最近になってようやく行方不明者の遺体発掘作業が再開されている。光州矯導所近くの共同墓地から身元不明の遺骨が多数発見されたためだ。そして今なお、全斗煥《チョンドゥファン》（一九三一～二〇二一年）による死者に対する名誉毀損裁判も進行中だ。〈註5〉全斗煥は健康上の問題を理由に法廷には現れないのに、ゴルフ場でゴルフに興じる姿が目撃されたかと思えば、二〇一九年一二月一二日には12・12クーデター〈註6〉の立役者たちと記念の午餐を開いた様子も露見している。真相究明も責任者処罰もなされていない現在、「独裁者とその末裔たち」が、いまだに道を塞いでいるのである。

「尹祥源《ユンサンウォン》たち」の死

5・18抗争の現場を見ようとすれば、全南道庁前ロータリー、今の5・18民主広場から始めなくてはならない。そこが抗争の核となる場所だった。戒厳軍の残忍な虐殺に抗議して光州市民たちが集まった場所、そして戒厳軍が去った後、毎日数千から二〇万の市民たちが集まり、決起大会を行った場所である。今ではあまりにも変貌している。ロータリーの中心にあった噴水台はそのまま残されているが、その周囲をバスや自動車が走っていた道路は、現在は広場になっている。

向かって左手前が旧全南道庁本館。渡り廊下で連結されていた別館が切り離され、中央に国立アジア文化殿堂のエントランスが建造された（鉄骨でできた透明の建物）。現在は右側部分だけが旧道庁別館として残されている。

錦南路から噴水台を臨むと、右手に正面だけが切り取られた旧全南道庁の建物が見える。その後方に全南道警があった。左手には尚武館という小さな体育館がある。光州の各地区で殺された人々の遺体はまず道庁内に設置された状況室（対策本部）に移され、そこで湯灌をしてから納棺された。棺の蓋を半分ほどずらして開けておき、家族を探してやって来る人々が身元を確認できるようにした。そこには人相と着衣についても記されていた。人々が痛哭する中、身元確認された遺体は、棺に蓋をして尚武館に送られた。そうして、ここに集められた遺体は六〇体に及んだ。

こうしたことは市民たちが自発的に行ったというが、ハン・ガンの小説『少年が来る』〈註7〉（二〇一四年）にも描かれるように、そこには女子高生たちもいた。小説のシーンは実際にあった話である。凄惨に殺された遺体を洗って湯灌をし、棺に納める作業を彼女たちがやったとは信じがたいことだが、当時の光州ではありえたのである。

旧全南道庁は湖南《ホナム》地域（韓国南西部を占める全羅道《チョルラド》の別称）の権力を象徴する場所だった。一九六〇年四月一九日の四月革命（本書一一頁参照）の時も群衆は道庁をめざして行進した。一九八〇年五月一四日、すなわち戒厳軍が殺戮劇を展開する直前にも、光州地域の学生や教授といった知識人たち、そして市民たちはここに向かって行進してきて「民族民主化大聖会」と銘打った集会を催した。抗争期間中は噴水台を中心に集まり座り込みをしたが、噴水台はこの時、舞台としても活用された。

一九三〇年代に建てられた全南道庁とその後方にある全南道警の建物は、市民軍が掌握し、闘争の拠点として使われた場所である。道庁には状況室（対策本部）が置かれ、そこで抗争指導部が活動した。同じ建物の中には、光州地域の元老たちで構成された市民収拾対策委員会〈註8〉が設置された。現在の全南道庁と全南道警の建物に昔の面影はない。地下四階まで掘り進めて巨大な広場と建造物が造成され、そこに国立アジア文化殿堂が入っている。この地下空間では各種の展示会や文化行事が引きも切らない。そうやって活用されるのは結構なことだが、現場保全からはかけ離れている。原型そのままの保全ばかりが最善とはいえないだろうが、原状の毀損があまりにも深刻で、もとの姿を想像することすら困難なのは問題ではないだろうか。全南道庁は本来、本館と別館に分かれており、本館には道庁会議室（通称「会議室」）と呼ばれる地上二階地下一階の建物が付属していた。そこは、かつて本館二階と連絡通路でつながっていた。

幸いにして、「会議室」の建物は本館からは切り離されてしまったものの、そのままの姿で残されている。現在の「会議室」は、当時も会議室・状況室として使用され、また食堂としても使われていた。そこでお握りをお腹いっぱい食べたという証言もあり、状況が急迫する中、ここで眠りこけたという人もいた。

「会議室」二階フロアの前方には特設ステージが取りつけられており、その舞台裏は待機スペースとなっている。そこを出た所にある廊下の突き当たりのドアを開くと木製の外階段につながっており、ここに立つと建物の後方を一望できる。市民軍スポークスマンの尹祥源《ユンサンウォン》は、この階段から外部の状況を窺っていて戒厳軍に銃撃された。彼の死体は床におかれていたが、戒厳軍がこれを損壊したという。そこには、この出来事について、何の説明も付されていない。

二〇一八年秋、尹祥源が斃れたその場所に、私は三八年ぶりに立っていた。一九八〇年代以降に民主主義が始まった、すなわちその地点である。彼の死の上に、そして「尹祥源たち」の死の上に、この国の民主主義は始まったのだ。一九八〇年代初めに大学で学生運動をしていた私のような者たちは、尹祥源たちの死を思い浮かべながら幾度となく自問した。死の瞬間が訪れようとも、自分は逃げずに立ち向かえるのか、と。

尹祥源は５・18抗争の核心的な人物である。一九五〇年に光州市光山区林谷洞で生まれた彼は、全南大で学生運動の指導的役割をはたした。卒業後は、一九七八年にソウルで銀行に就職した。安定した職業だったが、それが却って窮屈に感じられた。結局、半年で退職して光州に戻り、工場に偽装就労した。[註9]そうした中、夜学運動[註10]をしていた朴琪順《パクキスン》と出会い、野火《トゥルブル》夜学に参加する。一九八〇年の光州５・18抗争を迎え、彼は全ての言論が封鎖されていた状況の中、野火夜学の仲間たちと「闘士会報」を作った。「闘士会報」は当時、新聞、テレビ、ラジオといったマスコミが戒厳当局の発表のみをそのまま引き写している事態の中、市民たちのおかれた状況を正確に伝える必要性から作られたのである。コピー機ではなくガリ版で刷られた、藁半紙の会報である。九号と一〇号では「民主市民会報」と改称されている。

皆さん！　我々は彼らに立ち向かい、戦わねばなりません。むざむざと道庁を明け渡せば、我々が戦ってきたこれまでの闘争は徒労となり、死んでいった無数の英霊たちと歴史の前に罪人となります。死を恐れず、戦いに臨みましょう。たとえ我々が彼らの銃弾に斃れようとも、それが我々が永遠に生きる道です。この国の民主主義のために最期まで団結して闘わなくてはなりません。そうして、我々みなが不義に対抗して最期まで戦ったという誇らしい記録を残しましょう。この夜明けを越えれば、まもなく朝が訪れます。

（全南大構内にある尹祥源烈士の記念碑に刻まれた碑文より）

尹祥源は道庁を占拠した市民軍抗争指導部のスポークスマンを務めたが、これが彼の最後の演説だった。彼は戒厳軍が道庁鎮圧を敢行するであろうことを知っていた。五月二六日夜、彼は女性たちと未成年の学生たちを道庁から押し出した。おまえたちは生きて歴史の証人となれ、と言いながら。こうして道庁から出された者たちは大泣きしたという。道庁に残って「永遠に生きる道」を選んだのは貧しい人々だった。大学生や知識人というよりは名もなき民草たち、民衆が主軸となった。

最後に道庁を死守して死んだ「尹祥源たち」、彼らの死は生き残った者たちの心臓に突き刺さる棘となった。

突然、女性の声が静寂を破った……彼女の声は黒々とした都市に響き渡っていた……私は耳を傾けた。そして待った。扉が開かれる音、通りを踏みしめる足音は全く聞こえてこなかった。光州の人々はみんなどこへ行ったのか？　家の中に入り、扉を閉ざしていた。扉の引き手を開く音、通りを歩く足音は、どこからも聞こえなかった。

(金正仁ほか、５・18記念財団企画『あなたと私の５・18』より)

その日、明け方の三時三〇分から戒厳軍は鎮圧作戦を開始した。光州全域を掌握するために動員された戒厳軍は全部で二万を超えた。道庁は空挺部隊が担った。四方から攻め込んで包囲した後、ヘリコプターからロープを伝って突入し、道庁を容易く掌握した。その時、道庁だけでも市民軍二〇〇人余りが残っていたが、まともに応戦できなかった。銃で人を撃つというのは、そんなに簡単なことではなかっただろう。道庁で少なく見積もっても一七人が死んだ。戒厳軍はその死体を毛布などでぐるぐる巻きにし、トラックに載せて立ち去った。戒厳軍は生き残った者たちの衣服の背に「暴徒」「激烈分子」と書き入れて区分した。逮捕された者たちは、死のような苦しみが待ち受ける尚武台営倉（本書一七一—一七四頁参照）へと移送された。朝方五時二〇分に鎮圧作戦は終了した。

道庁で「尹祥源たち」が死んだ。その日の明け方、死ぬことのできなかった人々に、永遠に消すことのできない恥、罪責感、負い目が残された。それは光州で、だけではなかった。遅れて知らせを伝え聞いた者たちには誰であれ、全身が震えるような苦しみが与えられた。だが道庁で戒厳軍に銃殺された人々は、尹祥源の言葉通り永遠に生き、多くの人々を、民主主義を求める闘いへと導いた。一九八〇年代、あれほどの凄まじい独裁に立ち向かい、闘い抜くことのできた勇気と力はそこからわき出てきたのである。一九六〇年の四月革命が、早くも翌年には5・16クーデター勢力、つまり朴正煕一派によって蝕まれたのとは違って（本書一一頁参照）、一九八〇年五月二七日の全南道庁は一九八〇〜九〇年代の青年たちに、自分の命でさえ引き換えにできるほどの、民主主義に対する渇望を植え付けた。光州の道庁はこのようにして、生きている者たちの中に生き残っているのである。

墓地にも残された不処罰の痕跡

5・18抗争の現場での死者は一六五名である。鎮圧作戦を終えた戒厳軍が彼らを清掃トラックに載せてきて、大急ぎで埋葬した。一九九七年に現在の国立5・18民主墓地に移葬する際、遺体を包んでいたビニールや血のこびりついた太極旗が出てきた。虐殺された「暴徒」たちは、最小限の畏敬も払われないまま、慌ててここに埋められたのだ。

望月洞《マンウォルドン》墓地は光州市立墓地の一画にある。そこの第三墓域が、私たちが望月洞・旧墓域と呼んでいる場所である。ここに光州5・18抗争で死んだ市民たち一二六体が埋められた。これほど多くの人々が埋葬されたことで、そこは民主化運動の聖域となった。すると全斗煥政権は遺族たちを脅迫して懐

5·18抗争で亡くなった光州市民が葬られた望月洞・旧墓域

柔し、二七体を他の場所に移葬させた。物理的な力をもっては望月洞墓地への道を塞げないので、最初から墓域じたいを解体しようとしたのである。

一九九七年に5・18抗争の犠牲者たちの遺体が国立5・18民主墓地に移葬された後も、墓地の形態はそのままに残された。したがって、現在の旧墓域にある5・18抗争犠牲者たちの墓は、どれも空の墓である。一九八七年の六月抗争（本書一五頁参照）で催涙弾に直撃されて死亡した光州出身の延世大生・李韓烈《イハニョル》〈註11〉がここに埋葬されたのが、同年七月九日だった。光州市民たちは道庁前ロータリーで「光州の息子」を迎え入れ、夜、たいまつを灯しながら埋葬した。その後は光州地域だけでなく、全国の民主化運動の中で死亡した学生、労働者、社会運動指導者、活動家など五〇名ほどがここに埋葬された。その中には詩人の金南柱《キムナムジュ》〈註12〉もいれば、二〇一五年に警察の放水銃を浴びて死亡した農民の白南基《ペクナムギ》〈註13〉もいる。わざわざそのように作られたわけでもないのだが、5・18抗

高さ40メートルの国立5・18民主抗争追慕塔

争とその後に続く民主化運動の歴史が、ここ望月洞墓域でおのずと交わっている。

旧墓域は哀悼と追慕の現場である。墓域の中央に大型の太極旗が弔旗として掲げられているが、騒々しい官主導の行事はない。平時には心静かに墓所を巡ることができる。ここに来ると、墓のそばに座って雑草を抜いたりしながら、今やまみえることの叶わない故人たちと対話をしていた、そうしてやがて墓の上に突っ伏して泣いたりしていた白装束のオモニたちの姿が思い起こされたりもする。

ここには映画「タクシー運転手」（張勲監督、二〇一七年）でその名が広く知れ渡ったドイツ人記者ユルゲン・ヒンツペーターを追慕する碑も造成されている。彼が持ち帰った映像によって、戒厳軍による光州市民の虐殺と5・18抗争の状況は世界中に伝えられた。私たちの世代は、彼が現場で撮影した写真と映像によって、光州5・18抗争の実態を知ることになった。秘密集会でそのビデオを見ながら憤りを噛みしめた時代が思い起こされる。ヒンツペーターは自分が死んだら光州に葬ってほしいと語っていたが、旧墓域入口の一画にある碑に彼の遺髪と爪が納められている。

旧墓域の入口には、全斗煥夫妻が民泊で滞在した村に建立された碑石が敷かれている。人々が、全斗煥という名を踏みつけて行くようにしたのである。全斗煥は無数の足に踏みつけられ、凌辱されている。にもかかわらず、彼は今なお自分の犯した罪を認めていない（本書一六四頁註〈18〉参照）。

旧墓域を越えて続く道に沿って歩くと、国立５・18民主墓地である。政府の記念式典が開かれる場所である。他の国立墓地がそうであるように、一律的かつ権威的な構成と配置になっている。高さ四〇メートルの追慕塔に何の感動があるだろうか。塀の後ろに一列横隊に整列したような５・18烈士たちの墓も同様だ。画一的な墓地の配置は顕忠院《ヒョンチュンウォン》〈註14〉のそれと似ている。ここは参拝の空間というだけで、おのずとその日の感動を甦らせ、共感させるような場とは程遠い。ただし、国立墓地の右手にある追慕館には立ち寄ってみるべきだ。光州の他の場所では見ることのできない、５・18抗争の全過程が一目瞭然と整理されている。何よりも望月洞・旧墓域の生成過程と歴史を知ることができるからだ。

旧墓域であれ、国立５・18民主墓地であれ、墓の前に立つと、とりわけ一〇代青少年たちの墓、無名烈士たちの墓、行方不明者たちの墓の前に立つと、彼らは無念のうちに亡くなったのに、いまだその死を認定する者がいないという現実に引き戻される。

虐殺者〈註15〉に対する処罰が中断されて以降（本書一五四―一五七頁参照）、韓国社会で正義に向かう道はより険しいものとなった。もし全斗煥やその一派が大法院（日本の最高裁に相当）の判決通り、今も刑務所に服役するという罰を与えられていたならば、彼らの末裔たち、すなわち冷戦反共独裁勢力の力は衰退したことであろう。漠然とした「歴史の断罪」ではなく、具体的な加害者に対する処罰は正義を実現するのに重要な契機となるはずだが、光州５・18虐殺の責任者たちとその命令に従った実行者たちが処罰を免れたことで、私たちは過去の不幸な伝統と断絶しうる好機を逸してしまった。

光州の広場・錦南路で

錦南路《クムナムロ》はソウルでいえば光化門《クワンファムン》のような場所である。市民たちは政治的表現が妨げられると決まって通りに出て、広場に集まった。四月革命（一九六〇年）や六月抗争（一九八七年）、またろうそく集会（二〇一六年一一月～一七年三月）でも、人々が青瓦台へと通ずる光化門に集まったように、光州では全南道庁がある錦南路に人々が集結し、「行こう！　道庁へ」と叫んだ。錦南路の先に噴水台があり、噴水台のすぐ後ろに道庁があったからだ。

錦南路に立つと、命がけで戒厳軍に立ち向かった市民軍闘士たちを想わずにいられない。一八日朝、全南大正門から追い立てられた学生たちが集結したのも錦南路だった。戒厳軍の虐殺蛮行に憤った夕クシーとバスの運転手たちが五月二〇日の夜、無等《ムドゥン》競技場からここまで車両デモを行った。この日の夜の車両デモは光州市民たちに新たな力を与えた。市内各所で想像を絶する戒厳軍の暴力に蹴散らされた市民たちも錦南路に集まってきた。一九八〇年五月二一日は旧暦で釈迦生誕日〈註16〉だった。この日の午後一時に、「愛国歌《エグッカ》」（韓国国歌の名称）が道庁から流されるのを合図に集団発砲がなされ、ヘリコプターからの射撃があった。この時、錦南路に集まっていた市民たちはいったん散り散りになったが、やがて光州およびその近郊の警察署などから武器を奪取して武装した後、再び錦南路へと集結した。その日の夜、戒厳軍は撤収し、夜八時、道庁は市民たちによって占拠された。

以後、五月二二日から戒厳軍が道庁を鎮圧するまでの五日間余り、一時的な市民権力が形成された。

この短い期間に、市民たちは驚くべき市民共同体を作り上げる。戒厳軍によって完全に孤立させられる中、病院には献血しようと市民たちが長い列をなし、良洞《ヤンドン》市場や大仁《テイン》市場などでは女性たちが握り飯をこしらえ市民軍に差し入れた。市民軍は市民たちから拍手と歓迎を受けた。５・18の抗争前夜、光州地域の大学生たちがたいまつを掲げて民族民主化聖会を催した噴水台を取り囲み、毎日、決議集会が開かれた。抑圧権力がいなくなったその場所には、血と握り飯の「絶対共同体」がとってかわった。

病院の扉がはち切れんばかりに人々が集まってくるんですよ……私が血でも、私がこうして抜いて、負傷者たちを治療しないと。私は光州市民だし、これが人倫道徳にかなった行いでしょう。(安聖禮)

誰かが誰かに指示したり頼んだりした事実もないのに、どこからか棺が来て、どこからか太極旗が来て、誰かがその市民の亡くなった方のために湯灌をし、納棺をして、こんなことが自然と行われていたんです。(朴南善)

人間が、人間に対する配慮をこんなに、こんなにまで深く広く行うことができるんだなあ。こんなこと全て、私たち皆が共有することになったのです。(鄭賢愛)

(金正仁ほか、５・18記念財団企画『あなたと私の５・18』より)

苛烈な暴力の果てに訪れた、いや、市民たちが自発的に作り出した共同体。ゆえに、ある市民軍参加者は、この人たちのためなら死ぬこともできると思うようになった。

行く先々にあふれる市民たちからの励ましと支援は、いつしか私の両目に涙をにじませた。どんなに涙を流すまいとこらえても、そうすればするほど胸が熱くなり、まつ毛が濡れ、しまいに涙は頬を伝って流れ出た。そこにいかなる意味も付与する必要はなかった。私はおのずと死さえも覚悟していた。（李世栄）

（金正仁ほか、5・18記念財団企画『あなたと私の5・18』より）

5・18抗争後も錦南路は熱かった。全斗煥政権に対峙する集会やデモは、主にここで繰り広げられた。催涙弾と棍棒で武装した戦闘警察（日本の機動隊に相当）と、火炎瓶と角材で武装した学生のデモ隊が鋭くぶつかり合った場所である。学生運動は一九八〇年五月、この街路で「全斗煥処断」を叫んだ市民たちの熱望を実践する中で成長した。一九九〇年代の初めまで、学生運動の中心にはいつも5・18抗争の末裔たちがいた。

一九八九年に変死体で発見された中央大総学生会長の李来昌《イネチャン》、朝鮮大生の李哲揆《イチョルギュ》、一九九一年に盧泰愚政権の白骨団《ペッコルダン》（民主化運動弾圧を目的とした戦闘警察の俗称）によって殴殺された明知大生の姜慶《カンギョン》大《デ》、そしてその死に続き、抗議の焼身自殺をした全南大生の朴勝熙《パクスンヒ》といった烈士たちの葬儀のコースには、必ず錦南路での路祭[註17]が含まれていた。一進一退の攻防を展開し、どんなことがあっても死守しようと光州市民たちが決意を込めていた場所が、ここである。「解放の地・錦南路」、このように記憶された時代があった。

旧全南道庁前から望む全日ビル

錦南路から道庁へと向かう途中、噴水台に至る手前、左手に全日ビルがある。ここは報道関係者たちの取材の拠点であり、五月二七日未明、市民軍が最期の闘いを繰り広げた場所でもある。二〇一六年一二月一三日、全日ビル一〇階でヘリコプターから撃ちこまれた銃痕が見つかった。光州市ではこの建物を買収して解体し、5・18広場を拡張しようという計画があった。しかしヘリコプター射撃の証拠が発見されたことで計画は変更となり、弾痕が見つかった九階と一〇階を原形のまま保存し、「5・18記念空間」として使うこととなった。撤去により失われる寸前だった5・18抗争の重要な現場が生き残ったのは幸いなことであった。

これまで5・18抗争を起こした責任者たちは物証がないとしてヘリコプター射撃を否認してきた。だが全斗煥が回顧録で、「5・18当時、ヘリコプターからの機銃掃射はなかったのに、趙ピオ神父がヘリコプター射撃を目撃したと言ったのは虚言」だとして、すでに故人となった趙ピオ神父（一九三八～二〇一六年）を「破廉恥な嘘つき」だとか「サタン」といって非難していたことこそが、ようやく虚偽であったと露呈されるきっかけとなった。こうして全斗煥に対し、死者への名誉棄損罪を問う裁判が行われることになった〈註18〉。

一九九三年、光州5・18遺族会、負傷者会をはじめとする複数の「五月団体〈註19〉」および光州の市民社会運動諸団体は、人権の見地から極めて意味ある重要な決断を下した。盧泰愚《ノテウ》に続いて大統領に当選した金泳三《キムヨンサム》は、光州5・18抗争にかかわる責任者処罰を避け、「歴史の審判」に委ねようと述べたが、これを拒否したのである。この年、五月団体などは複数回の議論をへて、光州5・18抗争の問題解決原則を明らかにした。「①真相究明、②責任者処罰、③賠償、④名誉回復、⑤記念事業」という光州5・18抗争解決の五原則である。この原則に沿って、光州5・18虐殺責任者処罰のための闘いが展開された。続いてこれら諸団体は、一九九四年には全斗煥一派による12・12クーデター（本書一六二頁註〈6〉参照）と5・18虐殺に対する告訴告発運動を展開する。この時、検察は不起訴の決定を下し、「成功したクーデターは処罰できない〈註20〉」とした。

だが、こうした検察の不起訴決定に対し、光州の五月団体のみならず、全国民的な抗議運動が沸き起こった。一九九五年一二月、国会は「憲政秩序破壊犯罪の控訴時効等に関する特別法」と「5・18民主化運動等に関する特別法」を通過させ、ただちに法が制定され施行された。これにより、全斗煥、盧泰愚など、いわゆる「新軍部」（自分たちは朴正煕が掌握していた軍部＝旧軍部を改革する立場だとして「新軍部」と自称した）の核心メンバー一六人が起訴されて法廷に立ち、うち一五人に対し、一九九七年四月、大法院は有罪を確定した。全斗煥は無期懲役と追徴金二二〇五億ウォン、盧泰愚は懲役一七年と追徴金二六二八億ウォンが課されるなどした。こうして彼らは5・18抗争から一七年後に12・12クーデターと5・18虐殺の主謀者と認定され、光州市民たちはようやく暴徒の汚名を拭うことができた。

ところが一九九七年一二月に一五代大統領選挙で勝利した金大中《キムデジュン》は、金泳三大統領と面会して全・盧赦免を協議した。嶺湖南地域葛藤[註21]の解消、国民統合という名分だった。これにより、同年のクリスマス特赦[註22]で、全斗煥、盧泰愚など有罪が確定していた新軍部の幹部たち全員が釈放された。この時の政治的行為は、その後、韓国の民主主義の歴史に不吉な気運をもたらした。期待に反して嶺湖南の地域感情は解消されず、国民統合もなされなかった。むしろ全斗煥は絶えず現実の政治に介入しては、自分たちの犯罪を否認してきた。政治的な論議に基づく誤った決定は、以後、韓国の民主主義を歪曲する重要な要素として機能するようになる[註23]。

韓国では「過去清算」と呼ばれるが、国際人権法では「不処罰（impunity）」という概念を使って処罰の重要性が強調される。過去清算の核心は反人権的行為をした責任者たちを処罰する点にあるとしたのだ。国連は一九九三年六月、オーストリアのウィーンで開かれた世界人権大会で「ウィーン人権宣言および行動計画（Vienna Declaration and Program of Action）」を採択するなどの手続きを通し、反人倫的な犯罪をした者たちを処罰する行動を支持した。

国連人権委員会の「差別防止および少数者保護小委員会」の決議（第一九九五／三五号）である「人権侵害者の不処罰に対する闘いを通じて人権を保護し、伸張するための一連の原則」は、国家暴力清算に関する国際人権法の発展現況を示している。

小委員会の決議を要約すると、①被害者のみならず、国民全体が真実を知る権利、②公正な調査委員会の構成とその活動の保障、③真相調査記録の保存と公開、④責任者処罰に対する要求、⑤国際裁判所・外国裁判所に対する管轄権の保障、⑥控訴記念事業等の象徴的措置、⑨官製暴力集団の解体、非常立法と非常法院の廃止等、と要約できる。

（李在承『国家犯罪』より）

このような原則を明らかにする作業を主導したのは国連人権特別報告官のルイス・ジョイナー(Louis Joiner)で、そこからこの原則を盛り込んだ報告書は「ルイス・ジョイナー報告書」と呼ばれることもある。光州の五月団体などが作成した五原則は、こうした国際人権法の内容とも符合する。

それに照らしてみると、5・18民主化運動はどこまで解決したといえるだろうか。過去七回にわたり真相究明の作業が進められたというが、最初の二回は全斗煥政権時代のことで、真実を究明するよりは隠蔽することに焦点が当てられていた。その後、一九八八年に国会の5・18抗争聴聞会、一九九五年に検察および国防部の調査、一九九六〜九七年に検察の起訴と大法院判決、二〇〇七年に国防部過去事真相調査委員会による調査、二〇一七年に国防部特別調査などのプロセスを踏んでいる。だが、いまだに真実は究明されていない。最近になってヘリコプター射撃の事実が明らかになり、また犠牲者たちの遺体を空軍輸送機で移動させたという複数の証言が出てきており、女性たちに対する性暴力問題も明らかになっている。処罰されるべき国家犯罪をきちんと断罪できなかったツケを韓国社会は今なお支払っている。全斗煥と盧泰愚は前職国家元首としての礼遇〈註24〉は剥奪されたが、ともに二〇二一年に死去するまで警護を受け続けてきた。虐殺を主導した勢力に対しては調査もなされ、一部責任を問われもしたが、当時、新軍部の命令に服従して虐殺業務に従事した多くの軍人や警察を含む公務員たちを排除することはできなかった。当時、陸軍保安隊に勤務しながら拷問に携わった者たちの名前と足取りについては、正確な調査すら行われなかった。

そうこうするうちに、全斗煥の夫人・李順子《イスンジャ》は回顧録（二〇一七年）の中で全斗煥を「民主主義の父」と称え、当時の自由韓国党議員たちは池万元《チマンウォン》の主張（本書一八七—一八八頁参照）を真に受けて光州への朝鮮人民軍浸透説を主張したり、５・18有功者〈註25〉リストの公開などを主張したりすることで、５・18抗争関連者たちの名誉を毀損した。「５・18民主化運動を否認・誹謗・歪曲・捏造したり、５・18に関連した虚偽の事実を流布した者は七年以下の懲役、または七千万ウォン以下の罰金に処する」などの内容が追加された「５・18民主化運動等に関する特別法改正案」が二〇一九年に通常国会で議論されたが、立法化にまでは至らなかった。幸い「５・18民主化運動真相究明調査委員会」が組織され、活動が開始された。

「赦しがあるとすれば、まず正義の具現と懺悔が先行すべきである」というルイス・ジョイナー報告書の指摘が、今なお錦南路のそこかしこから聞こえてくる。

記録の力

錦南路の中間地点にある旧カトリックセンターに、二〇一五年、５・18民主化運動記録館がオープンした。当館は観覧に訪れる学生たちでいつも混み合っている。ここでは学生たちに対し、５・18抗争だけでなく、人権教育も熱心に行っている。

この建物に入ると全身が緊張する。一階では、5・18抗争の背景から、抗争過程を詳細に紹介している。目を引く展示品の中には、光州共用ターミナル（高速道路で長距離を行く高速バス、近郊に行く市外バス、市内バスなどのバスターミナルが一か所に集められている場所をいう）で発見された二体の死体を載せたリヤカーの実物大の模型がある。市民たちは遺体の上に太極旗をかぶせて市内を回ってから、錦南路にやって来た。憤慨した市民たちがリヤカーの後ろをついて来て集まり、その後、戒厳軍を相手に徹底抗戦した。このリヤカーの登場により、噂に聞いていた戒厳軍の残忍な殺戮を、この目でしかと確認したからだ。

それとともに、当時用いられた大きな盥《たらい》も目に留まる。市民たちが道庁前に集まり、市民軍が形成され、戒厳軍と戦うさなか、そして戒厳軍が撤収した後も、良洞市場や大仁市場などで握り飯が作られた、その盥だ。握り飯は5・18抗争の精神、光州のシンボルとして、しばしば取り上げられる。握り飯の精神とは「大同世上《テドンセサン》（自治共同体）」である。差別がなく皆が一つになる世の中の夢が一時的ではあれ、市民たちの闘いによって作り上げられた光州を意味する。光州は血の共同体であり、飯の共同体であった。この「大同世上」への志向は、以後の民主化運動へと受け継がれた。

二階へ上がると、5・18抗争の過程が日を追って展示される。さらに光州抗争が全羅南道全域へと拡大していく過程や、5・18抗争が八〇年代以降の民主化運動へと発展していく過程も見ることができる。何より目につくのは抗争当時の宣言文だ。黄色く変色した紙に刻まれた文字。ここで「ニムのための行進曲」〈註26〉の楽譜原本にも出合うことができる。

三階は、ユネスコ世界記憶遺産に登録された５・18抗争に関する記録物を展示したスペースだ。政府、国会といった公共機関が作成したものだけでなく、市民たちの口述・証言資料、抗争当時の各種宣言文や決議文、市民たちの当時の日記などがある。さらに現場で苦労して撮影した写真とフィルム資料もある。

光州は記録の作業でも先駆的だった。複数の民間団体が抗争直後から記録と資料の収集に着手しており、また一九九四年に作られた５・18記念財団と光州市も本格的に調査に乗り出して、その成果を根気強く資料集に編んで発刊した。こうして二〇一〇年にユネスコに登録申請を行い、一年に及ぶ審議の結果、人権分野の世界記憶遺産に登録されることになった。国際社会も５・18抗争の重要性を認識し、認めたことを意味する。

抗争初期からこれらの記録が粘り強く収集され、保管されてこなかったら、国権を掌握した新軍部の指導者たちは、自分たちの記録として5・18抗争の歴史を正反対に記述したであろう。そこでは「暴徒たちの反乱」「正当な公権力による出来事」という論理が公告されたにちがいない。

記録館の中でぜひとも立ち寄ってもらいたいのが、六階である。廊下の壁に「司祭は貧しく疎外された人々に寄り添わなくてなりません。私はそのように生きることができなくて、今なお反省しながら生きています」という文章が、英訳とともに書かれている。一九八〇年当時の尹恭熙《ユンゴンヒ》大主教(一九二四年〜)の執務室が復元された場所である。尹恭熙大主教は一九七三年から二〇〇〇年まで光州のカトリック指導者として、５・18抗争の平和的解決のために尽力した人物である。この執務室からは錦南路が一望できる。尹恭熙大主教はここから、戒厳軍に追われる青年たちも目にしただろう。その姿を見守りながらも何もできなかった、彼の惨憺たる心情も感じ取れる気がする。そうした点では、この建物もまた、あの日の目撃者なのである。

全斗煥ら新軍部は一九八〇年の光州で虐殺による鎮圧に成功し、国家権力の掌握には成功したが、光州を屈服させることはできなかった。君臨はできても支配できなかった権力は、光州が発する力によって、また5・18抗争を継承した民主化闘争の結果、崩壊した。民主主義の荘厳な歴史はそのように、ここ錦南路に始まって、今なお進行中である。

四〇年が過ぎた今でも光州は5・18抗争を歪曲し、中傷しようとする勢力に立ち向かい、真相究明と責任者処罰のために闘っている。おそらくこの闘いは中断された虐殺者処罰が果たされるまで、すなわち正義が立ち上げられるまで続けられることだろう。

【註】

〈1〉一般に知られている「光州事件」というのは日本独自の呼称であり、韓国では使用しない。韓国ではこの出来事をどのように呼ぶかで政治的指向が判別される。まず一九八〇年代の体制側、すなわち軍事独裁政府や保守言論などは混乱をもたらす好ましくない状態という意味で「光州事態」と呼んだ。一方、八七年の六月抗争をはさんで、歴史学者の姜萬吉は、光州の出来事は圧政に対する未完の民主革命だとして、八八年に初めて「光州民衆抗争」という呼び方を提案した。同年、盧泰愚大統領はこれを「民主化運動」として評価し、九〇年代半ばの金泳三による光州聖域化および五月一八日の国家記念日制定にかけて「光州民主化運動」(Gwangju Democratic Movement) という呼び名が定着していった。一方、八〇年当時から運動勢力の間では「光州蜂起」「光州虐殺」という言い方もなされており、欧米の文献でもGwangju Uprising、Gwangju Massacreといった表記がなされることもある。他方、この出来事は情報統制下で秘匿され、国会で聴聞会が開かれた八八年一〇月までは公的には「なかったこと」にされてきたため正式な呼称もなく、人々はこのことを話題にする際は隠語のように「5・18（オー・イルパル）」という日付で呼んだ。済州島の事件が4・3（サー・サム）と呼ばれるのも同様の理由からである。ここでは著者の政治的立場にもかんがみて、本書で最も頻繁に使用される「抗争」という表現で統一する。

〈2〉当時、高校一年生だった安鍾必は戒厳軍撤退後、「市民軍の手伝いをする」と言って家を出た。母親は何度も連れ戻そうとしたが、そのたびに家を抜け出した。体の具合が悪くて連れ戻しに出られなかった二五日が、息子を見た最後だった。彼は二七日に道庁で銃殺体となって見つかった。末っ子の安鍾必が三歳の時に父親が亡くなり、母は食堂を営みながら女手一つで子どもたちを育てた。二〇一七年より記念式典が犠牲者とその家族をめぐるストーリーテリングの形式となり、一九年の式典では安鍾必の母親が登場し、貧しさのため息子にひもじい思いをさせたこと、二五日に自分の体調さえ悪くなかったら死なせずにすんだのにという負い目や、息子の死後、軍事政権から弾圧と懐柔を受けて苦労した話や、遺体と一緒に高校の制服を買った時の領収書とお釣りの五〇〇ウォンが見つかったことなど、当時の生々しい状況と母の悲憤の情が吐露された。（https://www.yna.co.kr/view/AKR20190515023900054）

〈3〉朴槿恵政権で国務総理を務めた黄教安は、セヌリ党を再編した自由韓国党（現・国民の力）の代表として列席していた。朴槿恵がもともと所属していた保守政党のハンナラ党（一九九七年結党）を立て直し、二〇一二年に作ったのがセヌリ党である。つまり「独裁者の末裔政党」とは、独裁者＝朴正熙の娘である朴槿恵が作ったセヌリ党の末裔、すなわち自由韓国党をさす。

〈4〉一八九八年に創建され、民主化運動の一大拠点となってきた韓国カトリックの総本山。

〈5〉全斗煥がヘリコプター射撃を証言した故・趙ピオ神父に対して、回顧録の中で「破廉恥なうそつき」などとしたことが死者名誉棄損罪にあたるとされたが、死者への名誉棄損罪は虚偽事実によってしか認められないため、ヘリコプター射撃の有無が主な争点となった。二〇二〇年一一月、光州地裁の一審では有罪判決（懲役八か月、執行猶予二年）が下されたが控訴。翌年八月、全斗煥が光州地裁での控訴審裁判に出廷した。

〈6〉一九七九年一〇月二六日に朴正熙大統領が暗殺された後、一二月一二日に全斗煥一派が起こした粛軍クーデターをいう。朴正熙時代の軍部に対して「新軍部」を名乗ることで、自分たちの決起の正統性を強調しようとした。

〈7〉ハン・ガン『少年がくる』（二〇一四年）に、道庁で遺体を清拭する女子高生たちの姿が、「襟が広いスピア女子高校の夏服を着た姉さんが、普段着姿の同じ年ぐらいの姉さんと一緒に血の付いた顔をおしぼりで拭い、曲がった腕を何とか伸ばして脇腹にくっつけようと努めている姿」として描写されている（井手俊作訳、クオン、二〇一六年、一七頁）。

〈8〉神父、牧師、弁護士、大学教授、政治家などで構成された市民収拾対策委員会と、学生たちを中心とした学生収拾委員会からなり、戒厳司令部との交渉と光州市内の自治活動が行われた（5・18民主化運動記録館HPによる。https://www.518archives.go.kr/jpn/?PID=003）

〈9〉一九七〇～八〇年代、大卒者、中退者、休学中の学生などが、労働現場の意識化と労働運動の組織化などを目的とし、学歴を高卒以下と詐称して工場労働者になったことをいう。

〈10〉一九六〇年代以降、プロテスタントは主に都市部で、カトリックは主に農村部で、労働者や農民を対象とした夜学運動を展開し始め、七〇年代以降盛んとなった。そこでは識字教育のかたわら社会科学的な教育を行うことで、自らが置かれた状況を客観視できるようにし、生徒たちに対し、社会変革に向けた意識化を促すことが目的とされた。七八年七月二三日に第一期入学式が行われた光州の労働夜学は「野火夜学」と名付けられた。「野火」とは「甲午農民戦争で燃え上がった革命の怒涛のごとき炎をもって、燃え上がるような野火になろうとの意味」だという（真鍋祐子『増補・光州事件で読む現代韓国』平凡社、二〇一〇年、三五頁参照）。

〈11〉李韓烈（一九六七～八七年）は、一九八七年一月に起きたソウル大生・朴鍾哲の水拷問死に抗議する反拷問・反独裁デモに参加し、六月九日に催涙弾の直撃を受け、七月五日に死去した。５・18抗争当時、光州の中学生だった彼は、怖気づいて何もできなかった自分を悔やむ罪責感と、小さな子どもまでが無残に殺されたことへの憤りから、学生運動に加わるようになったという。

〈12〉金南柱（一九四六〜九四年）は全羅南道出身の詩人、社会運動家。全南大在学中の一九七〇年代から朴正熙独裁に対する反対運動を行ったことで投獄を繰り返し、八〇年代にかけても長く刑に服した。九三年に文民政権を謳う金泳三大統領の特別指示で釈放された。日本では八七年に『金南柱詩集「農夫の夜」』（凱風社）が刊行されている。

〈13〉農民・白南基（一九四七〜二〇一六年）は、二〇一五年一一月一四日に光化門広場で催された「第一回民衆総決起大会」に全羅南道宝城から参加し、警察から放水銃を集中的に浴びせられて意識不明の重体に陥り、翌年九月に死去した。

〈14〉正式名称を「国立ソウル顕忠院」という。一九五五年に朝鮮戦争の戦死者を埋葬するために造営された国軍墓地が前身で、六五年に国立墓地に昇格。日本統治時代の抗日運動家たちや朝鮮戦争、ベトナム戦争の戦死者、歴代大統領などが祀られているが、盧武鉉、盧泰愚、全斗煥は顕忠院には埋葬されなかった。

〈15〉「虐殺者」とは赦免された全斗煥と盧泰愚をさす。両者は特赦によって釈放されたが、有罪判決を受けたため、「前職大統領の礼遇に関する法律」に基づき、本人および遺族が身辺警護・警備の対象となった。

〈16〉「釈迦生誕日」は韓国で定められた公休日の一つで、陰暦四月八日である。韓国の宗教人口は仏教徒とキリスト教徒が拮抗しており、一二月二五日の「聖誕節」（クリスマス）も公休日となっている。加えて、現職大統領の弾劾罷免という非常事態で五月に大統領選挙が行われた二〇一七年（文在寅が当選）以前は、一九八七年以来、代々の大統領選挙は一二月に行われ、新大統領による政権発足は翌年二月であった。一二月はそうした政権移行期にもあたっており、イメージの刷新や政治上の思惑といった意図でクリスマス特赦が行われる場合も多かったと思われる。

〈17〉「路祭」とは伝統的な儒教式葬儀において、遺骸を載せた輿が家から墓地へと運ばれる途中の路傍で行われるもので、そこには死者の死を広く社会化させる意味がある。民主化運動における死者のための葬儀は「民主国民葬」と呼ばれ、路祭は、死者が在籍した大学や職場での葬儀を終えて霊柩が墓地に向かう途中、官公庁前広場やロータリーなどで行われる。一般市民にもよく見えるよう霊柩を大きな祭壇の上に安置し、前方舞台で追悼の歌や舞を捧げたり、追悼の詩を朗読したりすることで、その死の社会的意味を顕示し、死者の恨を解くという(真鍋、前掲書、一二四頁参照)。

〈18〉全斗煥の死去(二〇二一年一一月二三日)にともない裁判は終了となったが、光州市民は、彼が真相を明らかにせず謝罪もないまま、老衰で「安らかに死んだ」ことを悲しんだという。

〈19〉5・18抗争に関連した諸団体を「五月団体」、5・18抗争を表現した文学、演劇、歌謡、美術などの活動を一括して「五月文化」と呼ぶなど、「五月」は光州5・18抗争を象徴する語として用いられる。

〈20〉「成功したクーデターは処罰できない」とは、光州に対する新軍部の「内乱」が結果的には新たな政権と憲法秩序を創出する行為だったと見なされたことによる。ソウル地検が不起訴処分とした根拠には、第一に「内乱が未遂の段階を離れて完全に目的を達成したときには、すでに新しい法秩序が確立され、既存の秩序は保護されない」との理由による「成功したクーデター論」と、第二に三権分立に基づく統治機構では、司法部は行政部の領域である「高度の政治性をもつ統治行為」を審判することが禁じられるという「司法審査排除論」がある。政治権力を交替させるクーデターは「高度の政治性をもつ統治行為」であるため、司法部はこれを審判することができないとした。詳しくは漢陽大学刊行の『漢大新聞』二〇二二年一月三一日付の記事「成功したクーデターは処罰できるだろうか?」を参照のこと。(http://www.hynews.ac.kr/news/articleView.html?idxno=8640)

〈21〉嶺南は慶尚道、湖南は全羅道の別称。一九六〇年代以降、開発独裁により推進された工業化・観光化の過程で、朴正熙大統領の地盤である嶺南に偏った政策がとられる一方、湖南は発展から取り残され、そこから両地域間に葛藤が生じるようになったとされる。朴正熙と地盤を同じくする全斗煥の時代になると、粛軍クーデターと光州に対する暴力によって成立した政権の求心力を維持するため、マスコミ操作によって地域葛藤が扇動され、地域感情が深刻化した。

〈22〉韓国では、光復節（八月一五日）、三・一節（三月一日）、聖誕節（一二月二五日）といった公休日や国家記念日に特別赦免を行う慣例がある。聖誕節は釈迦生誕日とともに韓国で優勢を占める宗教上の記念日であり、クリスマス特赦はキリスト教国ならではの慣習と見ることもできるだろう。

〈23〉「政治的な論議に基づく誤った決定」とは、地域感情の解消による和解イメージを演出し、国民統合を図りたいとする政治的な意図から、光州の真相究明をなおざりにしたまま、全斗煥と盧泰愚に対して特赦が下されたことをいう。それにより、民主化運動を否定する権威主義的、軍事的勢力が温存され、ネット右翼とも結託して５・18抗争の歴史的事実を歪曲するような動きが出てきたことをさす。

〈24〉「元国家元首としての礼遇」とは、「前職大統領の礼遇に関する法律」に基づき、本人と遺族に対して付与される身辺警護・警備、年金・遺族年金、秘書・運転手などの特典をいうが、任期中に弾劾・罷免されたり（朴槿恵）、禁固以上の刑が確定したりした場合（李明博）には、礼遇の対象から除外される。

〈25〉二〇〇二年一二月に制定された「光州民主有功者礼遇に関する法律」（通称「５・18有功者法」）により、民主主義の価値を敷衍するべく、５・18民主化運動による死者、行方不明者、負傷者、５・18民主化運動の貢献者および、その遺族または家族に対し、国家が礼遇することとなった。対象となる「５・18有功者」とその遺族・家族には、教育・就労・医療の支援が付与される。

〈26〉５・18抗争を語り伝える運動歌謡の中で、もっとも有名な楽曲の一つ。一九七九年に作家・黄皙暎のもとで結成されたマダン劇のメンバーが光州の黄の家にこもり、密かに作詞作曲して録音した。「ニム」とは思慕する対象としての「あなた」を指す言葉で、ここでは祖国を擬人化された「あなた」として歌っている。「ニムのための行進曲」は八二年二月二〇日に望月洞墓地で営まれた尹祥源と朴琪順の死後結婚式（本書一七六頁参照。全羅道では未婚で死んだ男女の霊魂を結婚させる風習が残っている）で初めて披露され、その八か月後に獄死した朴寛賢の霊安室で歌われた後、またたく間にソウルの学生街を席巻した。同年、韓国を訪れていた香港のキリスト教活動家の学生がこの歌に感銘を受け、八四年に独自の訳詞をつけて歌い始める。八〇年代末までに香港から台湾、中国大陸（メロディのみ）へと飛び火し、二〇〇〇年代以降はMarching for the Belovedという英語タイトルで、カンボジア、タイ、マレーシア、インドネシアにも拡大、さらに二〇二一年二月の国軍クーデター後のミャンマーでも、デモ隊によって歌われている。

Ⅴ　みんなが私たちだったあの日——光州5・18抗争の現場（2）

光州川南岸から望む、5・18民主化運動の激戦地となった旧都心

光州川の南で出会う5・18抗争

外部の人間があまり知られていない5・18抗争の痕跡を訪ねようと思ったら、一度地図を注意深く眺めてみる必要がある。光州は市内を横切る光州川を挟んで、北と南の地域に区分される。北側には全南道庁と全南道警があった。これに面した道路が錦南路と忠奬路で、この一帯が旧都心である。政治的・社会的に重要な出来事のほとんどが、ここで展開された。

一九八〇年の5・18民主化運動の激戦地も光州川の北、旧都心であったため、毎年の5・18抗争の記念行事も主にここで行われる。「五月光州」を訪れる人々は望月洞・旧墓域、全南大と光州駅一帯を経由して、道庁前に来ることが多い。全南道庁前5・18民主広場の周辺に尚武館と全日ビルがあり、付近には緑豆書店跡[註1]、ＹＭＣＡ（キリスト教青年会）とＹＷＣＡ（キリスト教女子青年会）の跡地など、抗争関連現場の跡地が集まっているからだ。

しかし、五月光州は全南道庁と錦南路にのみあったわけではない。抗争の舞台は光州市全域と外郭地域、そして全羅南道一帯にまで及んだのである。ゆえに旧都心の跡地訪問が済んだら、一度くらいは光州川の南の地域も訪ねる方がよい。そこで、これまで見たことのない光州に、新たに出合えるかもしれない。

光州川は無等山に水源を発し、證心寺の前、鶴洞の虹臨橋（通称「空腹橋〈ペゴプン・タリ〉」）と元池橋、楊林洞と良洞市場のあたりをへてから、栄山江に合流する。この光州川に沿って西洋近代文明が入ってきた。近年、光州市で開発ブームが起きている楊林洞は、光州川に沿って上ってきた欧米のキリスト教宣教師たちが多く滞在した場所であった。そして光川洞一帯には紡績工場をはじめ、近代工場が建てられた。旧都心に政治的・文化的拠点が形成されたとすれば、光州川の南には労働者や庶民が密集する生活拠点、生産拠点が作られたといえるだろう。

光州川より南の地域は、抗争の歴史の中にまだ本格的に加えられていない者たちの足跡が確認される場所である。彼らは市民軍の闘士であり、また市民軍に握り飯を差し入れた市民たちだった。それゆえ道庁や錦南路での抗争も、この地域の人々の積極的な参加なくしては不可能であっただろう。

平和な公園になった農城広場

農城広場は、現在の光州地下鉄・農城駅のそばにある。一番出口から出ると三角形をした森が見えるが、そこに5・18抗争の現場だったことを示す、ちょっとした標識が立っている。５・18記念財団ホームページでは、ここを次のように紹介している。

抗争当時、農城交差点広場の一画では、松汀里に向かって伸びる広い路上で、数百人の市民たちが戒厳軍と対峙しつつ、一進一退を重ねていた。戒厳軍兵士たちが投じる催涙弾に立ち向かう市民たちの武器といえば、石と瓦礫のみ。農城交差点広場は、学生や婦人たち、また壮年に至るまで数百人の市民たちが戒厳軍に立ち向かい、戦った場所である。

農城広場にある5·18戦跡の標識

ここは5・18抗争期間中、初期にはそれほど重要な場所ではなかったという。ところが全南道庁から撤収した戒厳軍が、五月二二日よりここに統制線を設置し、市民たちの移動を遮断した。すると市民軍もここにバリケードを築き、戒厳軍と対峙した。戒厳軍が農城に統制線を設置したのは、ここを中心として西に尚武台、五〇五保安部隊、国軍病院などを含む戦教司（戦闘教育司令部）が管轄する軍事地域だったからだろう。戒厳軍としてはこれ以上、引き下がれない地点であった。

一九八〇年五月二六日未明、戒厳軍が戦車を走らせ、光州市外郭から市内への進入を試みた。このまま戒厳軍が進軍していたら、甚大な人命被害が出るところだった。そのことを憂慮した市民収拾対策委員会の金《キム》成鏞《ソンヨン》神父をはじめ、一〇人あまりの代表たちと数百人の市民たちが、戒厳軍に向かって行進を始めた。彼らは戒厳軍の銃撃で死ぬかもしれないと覚悟のうえで、まだ暗い路上を歩き出した。ようやく戒厳軍の指揮部と面会して、戒厳軍の退却を強く求め、戦車を止めることに成功した。

指揮部に面会した市民代表たちは、戒厳軍の作戦が差し迫っていることを見て取り、そのことを道庁の抗争指導部に伝えた。この日、市民たちは道庁前噴水台で二度にわたって決起大会を催し、「戒厳令の即刻解除、全斗煥処断、民主政府樹立」などの内容を盛り込んだ、七項目にわたる「八〇万光州市民の決議」を公表した。市民収拾対策委員会の委員たちは戒厳軍の作戦を阻止し、事態を平和的に解決しようと、あらゆる手を使って尽力したが、全斗煥新軍部は計画通り、五月二七日未明に作戦を敢行した。市内に進入する戦車は市民軍が設置したバリケードを無残に踏みつけ、道庁へと侵攻した。

このように農城は5・18抗争の重要な現場であったが、今では退屈なくらいに静かで平和な公園となっている。四方に伸びる道路を疾走する車だけが、騒音を吐き出しながら、ただひた走っている。

新都心の中の尚武地区と尚武台

農城駅西側は、当時は軍事地域であった。そこには全南地域戒厳司令部のおかれた戦教司があった。そして戦教司の中には尚武台営倉〈註2〉があり、近くには五〇五保安部隊と光州国軍統合病院があった。つまり現在の尚武台地区全体が軍事基地だったのだ。ここは日帝強占期から軍の駐屯地であった。解放後は、そこに国防警備隊第四連隊が創設された。陸軍総合教育機関である尚武台が設置されたのは、朝鮮戦争さなかの一九五一年一〇月頃である。一九九四年に尚武台地区の機能が全羅南道長城へと移転し、跡地には新都心が形成されることになった。現在は、5・18記念公園、5・18自由公園、金大中コンベンションセンターなどが所在する。

今も残る尚武台営倉は、元々あった場所から一〇〇メートル移動させてきたものである。アパート建設工事のために解体されるところを、光州市民たちの抗議により、場所を移して復元したのである。ここは一九八〇年五月一七日の夜半より予備検束〈註3〉されていた人々や、抗争期間中に逮捕された市民たちが、光州矯導所へ移送されるまでの間、収容された営倉である。光州矯導所はここに比べると天国だと言われるほどだったというから、尚武台営倉では想像を絶する人権侵害が行われていたのだろう。

この時期に検挙された者は全部で二五二二人である。そのうち六一六人は軍法裁判に回され、四〇四人が起訴された。一九八〇年八月、急ごしらえの軍法会議で、人々は裁かれた。愛国歌を歌いながら裁判拒否闘争を行ったりもした。戒厳法違反、内乱主要任務従事、殺人などの罪状で法廷に連行されてきた彼らのほとんどが、一九八一年一二月までには刑執行停止で釈放された。

半円型の営倉には六つの部屋が扇状に配置されていた。軍営倉として使われている場所に市民たちが収容された。部屋の床は地面がむき出しで、窓には鉄格子がはめられていた。間違いなく軍隊の営倉である。その狭い部屋に一五〇人以上が押しこまれたというが、ちゃんと横になって眠ることができないほど、あまりにも密になっていた。食事の時には、プレート皿が足りなかったのか、一つのそれを二人で使うようにさせた。ご飯の量は一人に三匙程度で、いつも空腹だった。まともに体を洗うこともできないまま収容されていたので、皮膚病も深刻であった。

しかし、何にもまして深刻なのは暴力だった。「戒厳当局は暴力と拷問を伴う取り調べを行い、捕虜のように扱った」という記録が、光州市と5・18記念財団などが作成した複数の資料集に共通して

尚武台軍事法廷。周囲を新都心のアパート団地に囲まれている

出てくる。ここに収容されていた人々は、朝から晩まで一六時間、胡坐をかき続けていなくてはならなかった。少しでも姿勢が乱れると、呼びつけられて鉄格子に吊るされ、暴行を受けた。女性たちは営倉の外に連れて行かれて、一日中、炎天下に座らされた。男性たちは主に俗称「元山《ウォンサン》爆撃」〈註4〉を強いられた。六つの部屋のうち第一小隊とされる部屋には、男性のマネキンを使って「元山爆撃」が再現され、当時の惨状が再現されているが、粗悪なもので、むしろ見ない方がよかったと行くたびに思わされる。

二〇一九年一〇月に訪ねた時、二三ある展示室の中には、憲兵隊本部事務室や内務班の部屋も再現されていた。主な展示館は5・18抗争の全体過程を伝える内容である。そのうち一五番房は映画「タクシー運転手」の主人公キム・サボクとユルゲン・ヒンツペーターを主題とした「感動の部屋」である。まるでどこかの観光地の土産物屋みたいな発想だ、という感じがした。この空間についてもっと正確に伝えることのできる、この空間にふさわしい展示でないのが惜しまれる。尚武台の歴史とここで行われた蛮行の数々を中心に、展示の再構成がなされることが望ましい。

尚武台には「野火夜学七烈士」[註5]の記念碑もある。七人のうち、はたしてここに謂れのある者がいてのことか。この記念碑は、野火夜学の痕跡が今も残る光川洞にあってしかるべきだろう。

野火《トゥルブル》夜学と光川《クァンチョン》市民アパート

尚武地区にある5・18抗争の現場跡地から光州川方向へ三キロあまり離れたところに光川洞がある。暁光初等学校正門の向かいに光川洞聖堂(カトリック教会)があり、これに接するように光川市民アパートが建っている。そこは昨今、光州地域で再開発の論議がかまびすしい場所でもある。市民アパートは老朽化したので解体して撤去しようとする意見もあるが、五月光州の重要な現場であり、光州で最初に建てられた市民アパートという点からも、これを保存すべきだとする意見の方が、より勝っているようだ。最近になって光川洞聖堂の存続が決まり、これで糸口が掴めたとされるが、しばらくは様子を見守る必要があるだろう。

光川洞聖堂の前庭は芝生になっており、聖母像の背後には竹林がある。閑静で、懐かしい感じのする小さな教会だ。私は当初、野火夜学跡があると聞いていたので、夜学が開かれた建物があるものと思い込んでいた。芝生の前に大きな木が一本立っていて、そのそばに壁が一つ。そこには昔、光川洞聖堂の部屋があったという。壁には「大建アンドレア教育館」という看板が残されている。聖堂本館の建物の前にある大きな松の木の横に、かつて横長の建物があったのだが、これを撤去する際、看板の掲げられていた建物の壁の一部だけが残されたのだ。

野火夜学はここで一九七八年七月二三日に始まり、一九八一年四月に閉鎖された。当時、どのようにして、ここで夜学を開くことになったのだろうか。この時、手を差し伸べたのは趙ピオ神父だった。夜学を開きたいと訪ねてきた青年たちの話を聞いた趙ピオ神父は、光川洞聖堂にアイルランド出身のオ・ミカエル（Michael O'Connor）主任神父を訪ねてお願いをし、主任神父の許可によって、ここを利用できるようになったという。当時、朴正熙政権による弾圧がひしひしと感じられていた韓国人の神父だったら、容易くはなかったはずの決定であった。野火夜学は、近隣の光川工団（工業団地）で働く労働者たちを対象に労働教育を行った、光州最初の労働夜学である。一九七〇〜八〇年代の学生運動出身者たちは労働者を組織化するため読書会を行った

野火夜学が行われた大建アンドレア教育館跡

り、夜学を開講したりした。労働者をはじめとする民衆こそが歴史の主体だと信じていた学生運動家たちが、零細工場が密集し、周辺に貧しい労働者たちが集住する当地に夜学を開いたことは、いわば自然な流れであろう。ここで七人の講師が三五人の労働者たちとともに夜学を始めた。そして、ここで勉強した夜学の生徒は一五〇人余り、講師は二〇人余りにもなるという。

野火夜学は、5・18抗争の主役たちが活動していた場所でもある。野火夜学記念事業会が編纂した『野火の歴史』から彼らの活躍を知ることができる。野火夜学の創設者は朴琪順《パクキスン》である。彼女は光川洞聖堂で夜学を開講すると、すぐに尹祥源《ユンサンウォン》を引き入れた。だが熱心に活動していた彼女は、一九七八年一二月二六日、練炭ガス中毒で惜しくも亡くなった。一九八二年、5・18抗争で死亡した尹祥源との霊魂結婚式が行われ、あの世で夫婦となった。二人の霊魂結婚式で歌われたのが、「ニムのための行進曲」である。

金永哲《キムヨンチョル》は信用協同組合〈註6〉の活動をしていて夜学に合流、5・18抗争では夜学のメンバーとともに「闘士会報」を作った。抗争後に逮捕され取り調べを受ける中で、精神異常の症状が見られ始めた。彼は精神病院に入退院を繰り返しながら治療を続けたが、一九八八年八月に亡くなった。

孤児であった朴勇準《パクヨンジュン》は、信用協同組合活動をしていて金永哲と出会い、夜学に合流、5・18抗争では「闘士会報」制作チームとして活動した。だが一九八〇年五月二七日未明、ＹＷＣＡの二階で戒厳軍に銃撃されて死亡した。

朴寛賢《パククワンヒョン》は夜学講師として活動するかたわら、一九八〇年に全南大学校総学生会長に当選し、五月一四～一六日に道庁前で開かれた「民族民主化大聖会」を主導した。一八日、全斗煥一派による指名手配から逃れて光州を脱出し、潜伏生活を送った末、一九八二年四月に逮捕された。その後、光州矯導所に収監されていた時に光州虐殺の真相究明等を要求する四〇日間のハンストを三回にわたって決行し、獄死した。

申栄日《シンヨンイル》は夜学で活動していたが、その後、一九七九年に学生運動へと活動の軸を移していたため、5・18抗争では積極的な活動ができなかった。しかしその後、光州矯導所に収監されると、朴寛賢とともに光州虐殺の真相究明および、刑務官による収監者への暴力行為の根絶を要求するハンスト闘争を展開し、出所後、その後遺症により死亡した。

朴暁善《パクヒョソン》は光州地域の代表的な文化運動家である。彼は夜学で文化担当講師として働き、5・18抗争では道庁指導部広報部長として活動した。抗争後、「クミの五月」〈註7〉など、5・18抗争をテーマとした多くの戯曲を制作し、公演した。

野火夜学からは講師のみならず、生徒たちも積極的に5・18抗争に参与した。尹祥源の提案で「闘士会報」を作成したり、集会準備をしたりなど、きつい仕事を全て引き受けた。

野火夜学は公安当局の目を避けつつ、夜学生たちを集めて教室を続けようとしたが、結局失敗に終わり、一九八一年に門を閉じた。5・18抗争に伴う被害があまりに大きく、投獄された者だけでも一〇人にもなった。そのため野火夜学に加えられた公安当局の圧力は、想像しても余りある。

野火夜学は光川洞聖堂でだけ開かれたのではない。聖堂の正門へ向かう道の右手にある三棟の古びたアパートが、光川市民アパートである。二〇一九年四月一二日付で光川洞長（町会長）が「訪問客の理解の助けとなるよう資料を整理」し、作成した説明文が貼られてある。その説明によれば、ここは朝鮮

5・18抗争当時の面影を残す光川市民アパートの裏側

戦争後は避難民や貧民たちのバラック集落だったが、一九六九年の都市計画により、光州市が住民たちのくらすテントやバラックを壊してアパートを建てたというものだ。この近くには、今はもうないが、紡績工場や製粉工場、繊維工場などがあり、「工場勤労者たちの光川洞集合村」を形成していた。朴琪順たちがここに夜学を開こうとした所以である。光川洞聖堂で開講された野火夜学は、一九七九年一月に、光川洞アパートのタ（다）棟二階に教室を移したという。

さらに説明文によると、アパートはコの字型三棟の三階建て、一八四世帯の建物として建てられたが、現在は二四世帯ほどしか住んでいない。そこには一番貧しかった時代の光州の風景が、そのままに残されている。かつて野火夜学の闘士たちがいたそこを、記念館に作り替えてはどうだろうかという思いがよぎる。再開発により、ここに整備された高層ビルが建つようなことだけは、どうかないようにと願う。

温かな共同体の記憶、良洞市場

光川洞から光州川に沿って上流へと進むと、良洞市場に着く。良洞市場は三四〇の店舗が軒を並べる、活気ある伝統市場だ。今から一〇〇年以上も前に市が立ち始め、〈註8〉正式に市場として開設されたのは一九七三年だったという。光州・全南地域最大の市場だというが、ここで売り買いされる品物には無いものがない。

ここは五月光州の当時、都心からかなり離れていたので、デモや鎮圧とは縁のない場所であった。ところが一九八〇年五月二〇日、戒厳軍に追われてきた群衆が良洞派出所を占拠するという出来事があった。ここに標識まで設けてその意義を称えようとするのは、当時、市場の商店主たちがお握りを作って市民軍に差し入れをした、その代表的な場所だからだ。店主たちは助け合い、お金と道具を持ち寄って、握り飯、キムパプ、餅、飲み物などを準備したという。光州に対する戒厳軍の殺戮・蛮行を目撃した市民たちによる、自発的な動きであった。

当時、市民軍に握り飯を分け与えた場所は、ここだけではない。大仁市場、南光州市場、豊郷洞の伯林薬局付近など光州全域で、山水一洞奉仕隊、芝山洞奉仕隊などを名乗る市民たちがご飯を炊き、握り飯を作って道庁に届けた。市民軍が食事もできずに闘っているのが気の毒で、まるで家族のような気持ちでご飯を分け与えた、という証言にも多く行き当たる。

戒厳軍という公権力が道庁から撤収した後の空白の期間、市民たちは自治共同体を作って自分たちで運営した。それはあまりにも短い期間だったが、5・18抗争の間、一度も略奪、窃盗がなかったという事実だけをとってみても、市民共同体の規範を示していたのではないかと思う。

だが良洞市場入口の標識を除いては、他にこの場所がもつ意味を説明するものは皆無である。周辺には商人たちがオートバイに商品を積み上げており、標識など目にもつかない。あるドキュメンタリーで、市民たちに5・18抗争をどのように記憶しているかを尋ねる場面があった。当時、握り飯をこしらえたという市民は、質問されるや、手のひらを振って返事を拒んだ。そんな話は持ち出すなと言いたげな彼らの表情と反応を見て、5・18抗争の現在を振り返ってみる必要を感じたことがある。当時は被害者たちの集まりである複数の五月団体が5・18抗争の意味を独占し、政界に入るための足掛かりに利用しようと、「あなたも私も光州の主役だった」とするスタイルがはびこっていたため、うんざりだ、もう懲り懲りだ、といった反応が出てきたようだ。

　何というか、私も5・18のその時、当時そうした精神は高く買って、その方たちが犠牲となったことに胸が痛むと思ってたんですがね。残された人たちが5・18をあまりに使い回しすぎたんじゃないか、そんな気がします……医者がなぜ一種[註9]なのかと訊くわけですよ。5・18負傷者と答えたら、「ああ、5・18」と、とてもうんざりしたみたいに言うんですよ。何度も困らせられたという口ぶりで。でも、そんな方にはたまに出会います。タクシー運転手の中にもそんなことを言う方がいたし、だから私たちがこんなことをしたんだと、わざわざ叫ばなくても皆わかってるのに、わかってほしいと暴れすぎたんじゃないかという気がしてね。（李賢玉）

（李政釪・光州全南女性団体連合企画『光州、女性—たちの胸に埋められた5・18の話』より）

こうした反応を見るたびに、本当に胸が痛くなる。5・18抗争は、数人の指導者たちだけで作り出されたものではなかったはずではないか。四〇年がすぎ、市民たちから遠く離れた5・18抗争ではない、市民たちがその記憶を共有するプロセスが必要だろう。

「五月オモニの家」で

楊林洞は、西洋の宣教師たちが暮らした西洋風建造物があり、昨今、光州でもっとも注目を集める場所となった。光州の市街地から楊林橋を渡り、楊林洞行政福祉センターを過ぎると楊林洞五叉路に行き当たる。そこから右手に、楊林歴史文化村の方向へと進んでいくと、左手に黒い塀に囲まれた二階建ての洋風建築、「五月オモニの家」がある。

「五月オモニの家」は5・18抗争を経験した女性たち、そして遺族や負傷者でもある、5・18抗争に参与した女性たちの集まる場所だ。その始まりは「5・18拘束者家族会」である。「五月オモニの家」の鄭賢愛《チョンヒョンネ》館長は後述するように5・18抗争後に連行されたが、出所後に「5・18拘束者家族会」を結成し、5・18抗争による拘束者たちが死刑に処せられそうな状況の中で、その救命運動を全国的に展開するようになった。その後、二〇〇六年に現在の名称に改称し、東区壮洞に初めて自分たちの集まれる場所を手に入れた。現在の場所に移って来たのは二〇一四年四月である。

五月オモニの家

「五月オモニの家」の会員は一〇〇人を超えるが、その大半が八〇歳以上の高齢女性たちである。彼女たちはここに集まり、講座を開いて勉強したり、カウンセリングなどの治癒プログラムを通して健康面でのケアを受けたりしている。ヨガや歌唱を学ぶ時間もある。専門家たちによるプログラム指導もあるが、何よりも、彼女たちが互いの心を打ち明けて頼り合うことのできる、一種のグループ・カウンセリングがなされている場でもある。

私は二〇一四年一〇月、安山のセウォル号遺族たちとともに、「五月オモニの家」を訪問した。5・18遺族たちは「あんたの気持ちが私には全部わかるよ」と言いながら、セウォル号遺族たちを抱きしめた。こうして抱いてくれるだけでも、セウォル号遺族たちは慰められ、涙を流した。この時、セウォル号遺族の一人が問いかけた。私たちもこれから三〇年、闘わなくてはならないのですか、と。私には何も答えられなかった。これが縁となり、セウォル号遺族たちと五月オモニたちはここで、苦しみをこうむった者たちだけがなしうる連帯をスタートしたのである。

二〇一九年一〇月一日、秋雨がまるで梅雨のように降りしきる日、ここで鄭賢愛《チョンヒョネ》館長に面会して話を聞いた。彼女は学校の教師だったが、「緑豆書店」を経営していた金相允《キムサンユン》の妻でもあった。一九八〇年五月一七日夜、全斗煥新軍部は戒厳令を全国に拡大し、いわゆる「金大中内乱陰謀事件」というものをでっち上げるために、あらかじめ関係者たちを検挙した。この予備検束により、夫の金相允はその日の夜、どこかへと連れ去られた。その後、緑豆書店は５・18抗争の闘いの拠点となった。そこは野火夜学の人々と抗争指導部とを結ぶ中継地でもあった。全南大の学生運動に甚大な影響を及ぼした金相允がやっているというので、野火夜学の人々や光州地域の社会運動家たちがおのずと緑豆書店に集まるようになり、そこでさまざまな情報が共有された。鄭賢愛館長は夫がいなくなった緑豆書店を守りながら、抗争を援助するためにいろんなことをやった。そのため戒厳軍による鎮圧後、義弟や妹とともに連行され拘束される。予備検束されていた夫とは尚武台営倉で再会した。家族全員が５・18抗争の主役として活躍したわけである。釈放後は夫とともに、拘束者たちの釈放のために飛び回らねばならなかった。

鄭賢愛館長の個人史に見るように、光州の女性たちは５・18抗争を全身で経験したのである。戒厳軍の残忍な暴力に対峙して街頭デモにも参加し、負傷者のために献血をし、看護をし、遺体に湯灌を施し、お握りを作って分け与え、街頭放送をし、記録も残すなど、鄭賢愛館長の言葉通り、５・18抗争の中で女性たちは「銃を取らなかっただけで」、男性たちに全く引けを取らない闘いの主役だった。

だが、その後の5・18抗争関連諸団体の主軸は男性たちであり、男性を中心に団体運営がなされたことで、5・18抗争における女性たちの役割は補助線としてしか記述されてこなかった。毎年五月になると5・18抗争の記念行事が催されるが、女性たちの行事には全体予算の中のほんのわずかな額しか配分されない。そのたびに女性たちは疎外感を抱くという。

だが鄭賢愛館長は、それは女性たちだけではないと強調する。当時、ひどく苦しい経験をした学生や青年たちのことも忘れられているという。館長は彼らが学校に通えなくなるケースも多かったと言い、直接被害をこうむった人たちだけを中心に5・18抗争を語ることから脱すべき時が来ていると述べた。遺族や負傷者、拘束者が中心の5・18抗争ではなく、市民たちがともに語り合える5・18抗争へと発展させるべきだと語ってくれた。

5・18抗争後、女性たちは負傷した夫たちの治療にあたった。「暴徒」といって追い出されるのではないかと、病院へ行くにも恐れをなしていた時代のことだ。精神を病んだ夫の世話をするために、自分が受けたトラウマはじっと抑え込んでいなくてはならなかった。負傷した夫に代わって生計を負わねばならず、義父母や子どもたちまで扶養しなくてはならなかった。その全てをはたさなくてはならなかった女性たちに対し、その後の光州は、そして世の中は、きちんと評価をしたであろうか。当時の女性たちの証言を見ると、朝鮮戦争の時に女性たちが背負わされたのと同じ、過酷な人生の重荷に彼女たちが耐えていたことがわかる。

「五月のオンマたちは胸に火を抱いて生きる」

五月オモニたちの生きざまについて問うと、鄭賢愛館長はこう言った。胸に火を抱きつつ生きた歳月は、四〇年だ。

「光州の女性たちが生きてきたさまは過酷でしょう。オモニたちはトラウマのために火のごとく怒り狂うこともあります。火を抱いて生きてきた人たちだから、理解しないといけませんよね」

折よく鄭賢愛館長に訊いてみたいことがあった。二〇一八年五月、複数の女性が性暴力被害にあったことを三八年後に証言するや、国家人権委員会、女性家族部、国防部などが半年間にわたって調査を行い、一七件の性暴行を含む三五件の猥褻行為と性的虐待が確認され、国防部長官と国務総理がこれについて謝罪したが、その後はどうなっているのだろうか。

二〇一八年五月八日付の『ハンギョレ』は、５・18抗争当時、全南道庁で案内放送を行っていた金《キム》善玉《ソノク》さんの話を紹介した。その時、彼女は全南大で音楽を専攻する四年生だった。

暴行と拷問を取り混ぜての取り調べが終わる頃の九月四日、少佐の階級章をつけ、係長と呼ばれていたその捜査官は金氏を外に連れ出した。そしてピビンパブを一杯食べさせた。久々に目にした陽射しが眩しかったその日、金氏は近所の旅館に連れて行かれ、真っ昼間にその捜査官から暴行されたのである。「それ以前にひどく殴られていたことよりも、私が抵抗できず、なされるがままだったことのゆえに、今もなおこのうえもなく惨めです。自尊心と言葉にならない羞恥心……」。九月五日までの丸六日間、拘禁されていた彼女は、起訴猶予で釈放された。

(『ハンギョレ』二〇一八年五月八日付「〝拷問後に釈放、前日に性暴行〟―五月抗争三八年後にMe Too」より)

鄭賢愛館長によれば、5・18抗争当時の尚武台営倉や、光山警察署留置場では暴行が横行し、性的暴言も投げつけられたと、当時の雰囲気について語ってくれた。

「私に対しても、捜査官が服を全部脱がして軍人たちの部屋に放り込んでやると、脅しをかけてきたりしました。留置場には一〇〇人余りの女性がいましたが、暴行を受けた話は出ても、性暴力の話は聞きませんでした」

性暴力を受けた女性たちは、どうしてもそのことを口にできず、精神病院に入退院を繰り返したり、心に澱を抱きながら生きてきた。鄭賢愛館長も認めているように、当時は「そんな雰囲気ではなかった」。彼女は、女性たちが勇気を奮って性暴力のことを証言するや、言論は先頭に立ってその事件を報道し、政府諸機関も調査すると述べた時に、二次被害を心配したという。どうであったか？

「女性たちには陰に陽に脅迫電話や尾行もあったそうです。今頃になってなぜそんな話をするのか、疑わしい、などと言われ、傷ついたのです。私と連絡を取り合っていた人たちからの連絡が完全に途切れたのです」

イルベ〈註10〉をはじめとする保守勢力がＳＮＳに悪質な書き込みをし、身元が晒され、脅迫電話などが続いた結果、当事者たちはその苦痛に耐えかねて、身を潜めてしまったのだ。

「私たちのようなトラウマには真相究明が特効薬だと思います。オモニたちも同様です。治療によって、いっとき忘れることができるでしょう？」

四〇年も待ちわびた真相究明。鄭賢愛館長の話に二時間以上、耳を傾けている最中にも、窓の外では秋雨が降り続けていた。空模様は冬の始まりのように冷たくなっていた。

元池橋の「金君」の話

二〇二〇年二月、光州川南岸を歩きながら最後に訪れた場所が元池橋だった。和順から光州市内への入口、鶴洞にある元池橋には巨大な弓の形をした鉄のモニュメントが立っている。證心寺の方角から流れてくる川と、無等山から流れ込んでくる光州川の交わるところに元池一橋があり、その横の道路が拡張される際に作られた元池二橋がある。そこを下りて行ってみよう。川の周囲には自転車道や遊歩道がきれいに整備されている。真冬にもかかわらず、人工滝が流れ落ちている。橋の欄干とフェンスには雑草が伝い、冬になると枯れたまま垂れ下がっている。おそらく夏になれば、また万緑を取り戻すのだろう。

元池橋に行ったのはドキュメンタリー映画「金君」を鑑賞後、主人公の金君が住んでいたという場所を見てみたくなったからだ。５・18抗争で市民軍の話が出るたびに、決まって登場するイメージがある。車のタイヤをぶら下げた軍用トラックの上で銃を手にした、鋭いまなざしの青年。この青年の行方を追跡したドキュメンタリーが「金君」である。

ドキュメンタリー映画「金君」を初めて見たのは二〇一八年一一月、仁川人権映画祭で、である。他の５・18抗争関連の作品とは異なるアプローチをしていた。冒頭、池万元《チマンウォン》という極右の人物が主張する朝鮮人民軍だとされる「光殊」（「光州に投入された北韓軍特殊部隊」を指す語）たちを探し出すシーンから始まるが、本作には、これまでの五月光州にまつわる語りから、意図的にせよ、そうではないにせよ排除されてきた、名もなき市民軍たちをめぐるエピソードが盛り込まれていた。

本章をまとめるにあたって、このドキュメンタリーを見直してみた。池万元は、5・18抗争は北韓特殊部隊五〇〇人が侵入して引き起した暴動だと主張し、その根拠として銃を手にした市民軍たちの存在をあげた。もし市民軍が北韓特殊部隊でなければ、なぜその正体を明かさないのか、というのである。彼らが一様に覆面をしていたのも面が割れてはいけない朝鮮人民軍だったからである。そして、自分が開発した顔面認識プログラムによって「光殊」たちを見つけ出したと確信した、という。

「金君」を製作した姜尚宇《カンサンウ》監督はそのことに疑問を抱き、「光殊」と名指しされた人たちを尋ねては、身元を明らかにしていった。誰それは家具を作る労働者、誰それは日雇い労働者で、また誰それは、とある工場の労働者だった。そのほとんどが貧民層の労働者だったのだ。彼らは今さら5・18抗争の

2019 새롭게 목도하게 될 5·18
김군
그대, 진실의 방아쇠를 당겨라!
2019.05.23 공개수배
ドキュメンタリー映画「金君」のポスター

話など蒸し返されたくないとでもいうように、ためらった末にようやく一言一言、語り出した。５・18抗争の記憶を抱いて生きてはいるが、誇ってはいなかった。

追跡は続いたが、軍用トラックの上で銃を握る目つきの鋭いその青年、「第一光殊」は、とうとう現れなかった。追跡の結果、生前の彼をよく知っているという住民に出会う。その頃、元池橋の下にテントを張って一八人の仲間たちと生活しながら、屑鉄拾いなどの仕事をしていたらしい。周辺住民たちは彼の名を知らず、「金君」とだけ呼んでいた。彼らが道庁で銃を取り、市民軍となっているのを目にして、住民たちは、用心しろ、生きていろよ、と呼びかけたが、５・18抗争後、彼らは姿を消し、そこにあったテントはやがて撤去されたという。金君のような屑鉄拾いや、無等更生園〈註11〉に収容されていた孤児たちも、市民軍に加わったと、映画は伝えている。

貴賤なく一つになり戒厳軍に立ち向かった人々は、その後、姿を消したり、身を潜めたりした。５・18抗争後は出て来て口も開けないような、殺伐とした独裁の空気が覆っていた。ある人は、５・18抗争の記念行事にも出かけられなかった、という。

彼らはどこへ行ったのか。映画によれば、金君は農城駅付近でトラックに乗り、松巌洞へ行って、そこで戒厳軍からの銃撃を受けて死亡した。その後、戒厳軍の死体処理班がその遺体を仮埋葬したが、その後掘り返されたという〈註12〉。

名も残さないまま、銃を手に闘った末に死んでいったり、抗争後に姿を消してしまった者たち。彼らこそが市民軍の中で最強の武装闘争勢力を形成していたことを、映画は国会聴聞会のワンカットを使って暗示する。５・18抗争当時、市民収拾対策委員であった故・尹永奎《ユンヨンギュ》先生が銃を置くよう勧めると、彼らの一人が次のように応酬した。
「すいません、あなただけが愛国者なんですか。我々だって、いっぺん愛国をやってみましょう。我々みたいに無教養で無学な奴らだって愛国できる」
映画「金君」に登場する「金君たち」、名もなく身を捧げた彼ら、そのおかげで韓国の民主主義も人権も前進できたのに、私たちはこれまで彼らのことをすっかり忘れていたのではないか。元池橋の下では、二つの方角から流れてくる二つの川が合流し、より大きな流れをなしながら、栄山江へと流れ込む。今こそ5・18抗争の流れの中に、名もなく献身した者たちの居場所を作るべき時が来たのではないか。その水が、取り返しがつかないくらいに流れ去ってしまう前に。

【註】

〈1〉書店名の「緑豆」は、東学の地方幹部で、暴政に対する蜂起を率いた全琫準（一八五四〜九五年）の愛称だった「緑豆将軍」に由来する。東学は一八六〇年に創始された朝鮮独自の新宗教で、平等思想と終末思想を特徴とする。全琫準の民衆蜂起はそうした思想的基盤の上になされ、甲午農民戦争（一八九四〜九五年）のきっかけを作ったが、彼は日本軍に捕らえられ、王朝政府により処刑される。東学の蜂起は全羅道から起こり、全土に波及した。東学が全羅道における「抵抗の伝統」の原点とされたことから、民主化運動への思いを込めて書店名に使われたのだろう。緑豆書店は後出の鄭賢愛「五月オモニの家」館長の夫・金相允が一九七七年に開業し、八〇年一月に道庁近くに移転した。金相允は一九七四年の民青学連（全国民主青年学生総連盟）事件で全南大を除籍になった後、緑豆書店に学生、労働者、農民などを集めて社会科学系の禁書を普及し、読書会を開くなどして社会運動への意識化の拠点とした。

〈2〉営倉とは規則違反をした下士官兵を閉じ込める懲罰部屋のことで、大日本帝国陸軍に由来する。

〈3〉予想される望ましからぬ事態に備え、あらかじめリスクがあると思われる人たちを拘束すること。4・3事件での「保導連盟員虐殺事件」が代表的な例である。五月一七日に予備検束された人たちの中に、当時民主化運動の活動家であった文在寅前大統領が含まれていたことは、よく知られている。

〈4〉朴正熙時代から一九九〇年代にかけて韓国軍隊で広く行われたリンチ、拷問の一種。両手を後ろ手に組んだ姿勢で、頭と両足のつま先を地面につけて尻を持ち上げ、くの字型の姿勢のまま静止させる。この俗称は朝鮮戦争期、元山（現・北朝鮮領。東海岸に面した都市）をめぐる攻防が激しかったことに由来するが、この姿勢が「元山爆撃」と呼ばれるようになった経緯は不明である。

〈5〉「野火夜学七烈士」とは野火夜学で活動し、民主化運動に殉じた死者を指す。すなわち、朴琪順、尹祥源、金永哲、朴勇準、朴寛賢、申栄日、朴暁善の七名である。

〈6〉地域、団体、職業ごとに運営される非営利の相互金融機関。

〈7〉「クミの五月」（一九八八年）は、市民軍として道庁で銃殺された全南大二年生の李正然をモデルとし、その妹が書いた手記をもとに女子高生クミの視点から5・18抗争を描いた朴暁善の戯曲。

〈8〉光州橋の下の河原に毎月二日と七日に市が立つようになった一九一〇年が始まりとされる。一九四〇年に現在地に移転した。

〈9〉韓国では国民基礎生活保障制度に基づき、基礎生活保障対象者として受けられる医療補助の等級には一種と二種が設けられている。一種の方が障害や病気が重い状態で、より多くの補助が受けられる。

〈10〉「イルベ」（일베）とは韓国のネット掲示板サイト「日刊ベスト（일간베스트）貯蔵所」のことで、日刊（韓国語でイルガン）の「イル」とベストの「ベ」を合わせた略称である。イルベは韓国版ネット右翼の代名詞となっている。

〈11〉朴正熙時代、「社会浄化」と称して、社会秩序を害する予備軍として浮浪者などを街から一掃する「街清掃」が強行された。この時、犯罪実行の有無に関係なく連行された者たちを強制収容した施設を

「更生園」と呼ぶ。

〈12〉二〇二二年五月、「金君」とされた人物が、実は生きていたことが報じられた。五・一八民主化運動真相究明調査委員会による半年間の調査をへて、それまで極右勢力によって「光殊一号」とされてきた人物が、当時二〇歳のチャ・ボックァン氏（六二歳）であったことが明らかにされた。チャ氏は八〇年二月に実兄を頼って光州に出てきて工場で働いていた時、光州抗争に遭遇した。道庁周辺で市民が戒厳軍兵士に暴行されるのを目撃したのがきっかけで、二一日から市民軍に加わった。だが、まだ軍隊経験がなかった彼は銃をうまく扱えず、まもなく市民軍を離脱し、家族の世話をするため兄の家に帰った。写真の中で手にしていたのは空砲で、ハチマキに手ずから書いた「釈放せよ、金君」の「金君」とは「金大中」のことだったという。これが「金君写真」の真相である。鎮圧から数日して、道庁で市民軍たちの遺体の棺が並んでいるのを目にして以降、最後まで戦えなかったことへの罪責感に苦しんできた。自分が「金君」とされていたことを知ったのは、一年前の五月にテレビ放映された映画「金君」を偶然見た妻から指摘されたのがきっかけだったという（『韓国日報』二〇二二年五月一二日付、https://www.hankookilbo.com/News/Read/A2022051017080001164）。

Ⅵ 狭い窓、小さな部屋、秘密階段——南山安企部と南営洞対共分室

ソウルの中心街「明洞」からほど近い南営洞対共分室の外壁。
軍事独裁政権はここで政治的反対勢力と見なした人びとを拷問した。

私たちの身近にあった拷問

　若い世代にとって、拷問は日帝の蛮行といった遠い昔のことのように感じられるだろうが、わずか二〇年余り前でさえ、それはたびたび起こっていたことである。そうした時代を生きてきた人たちは、拷問といえば安企部〈註1〉や保安司〈註2〉、治安本部（現・警察庁）対共分室〈註3〉を思い浮かべるだろう。過去の代表的な拷問事件がこれらの機関によって行われていたことを、知らない国民の方が珍しいくらいだったからだ。

　拷問が行われた現場もまた、意外と私たちの日常から近い場所にあった。安企部は今のソウルユースホステルの建物が本部だった。ソウルの中心街、地下鉄一号線の明洞駅と忠武路駅のすぐ近くである。近隣住民たちも、そこがどんな場所かを知らなかった。ただ軍部隊だろうと思っていたくらいである。安企部は全国に〝〇〇会社〟という看板を掲げていた。保安司も対共分室もこうした偽称を使っていた。

　恐ろしい拷問が行われていたそんな場所が今では変貌したり、他の場所に移転したりしている。南山安企部跡は南山公園として造成され、市民たちが思い思いにくつろぐ散策コースとなっている。治安本部対共分室のうち特に代表的な南営洞対共分室の建物は、まだその場所に残っているが、現在は民主化運動記念事業会が運営する民主人権記念館になっている。保安司は国鉄西氷庫駅近くの西氷庫分室が有名だったが、今は跡形もなく消滅しており、アパートが建っている。そこに「自由民主主義体制守護のために数多くの防諜者たちの汗と魂が込められた場所」と書かれた碑石がある。またその前方には、「民主人士たちに拷問した国軍保安司西氷庫分室跡」という碑石が、ソウル市によって作られ設置された。

全国にこれらの支部や〝安家《アンガ》〟（安全家屋の略語だが、ここでは〝秘密裏に運営されていた場所〟という意味）がどのくらい所在したかは、現在でも把握されていない。これら機関の本領はどれも情報機関だが、独裁政権はそこを通して政治的反対勢力を抑圧した。その過程で拷問が動員され、無辜の市民たちまで引き立てられ、間諜《カンチョプ》（北朝鮮のスパイ）に仕立て上げられたのである。数十日以上も密室で拷問を受け、スパイにでっち上げられた。彼らは二〇一〇年代に入ってから裁判所に再審請求し、無罪宣告を受けて国家賠償を受けた。

一九八二年に全羅北道金堤で農業を営んでいた崔乙鎬と二人の姪は、ここ南山安企部に連行され、四〇日間にわたって拷問を受けたあげく、スパイにでっち上げられた。崔乙鎬は一九八三年に死刑に処せられ、姪の一人は拷問後遺症により獄死、もう一人は九年の服役の後、出所してから自殺した。この事件は三一年後の二〇一四年になってようやく、再審によって無罪が確定し、二〇一九年に国家賠償の判決を受けた。

拷問の現場を訪ね、そこでなされた拷問事件を振り返ることは、このようにほんの最近まで、拷問が私たちの身近にあったことを記憶することである。それはもう二度と拷問が起こった時代には戻らないという意志でもある。ここでは南山安企部跡と南営洞対共分室を訪ねてみよう。

南山《ナムサン》安企部跡

〝南山〟は一時期、「飛ぶ鳥を落とす勢い」といわれるほど威勢がよかった。「南山から出てきた」という言葉は、それ自体で恐怖だった。国会議員、大臣、政府高官であれ、運動圏の学生や在野活動家であれ、おかまいなしに、〝南山〟は拷問、間諜、国家保安法、偽装活動家、操作といった言葉に結びつけた。黒いジープにスーツ姿で黒いサングラスをかけた屈強な男たちのイメージで近づいてくる、そんな場所だった。〝南山〟とは中央情報部（ＫＣＩＡ）とその後身・安企部の別称である。具体的にどこというのは曖昧模糊としているが、ソウルのどこかや、間近にいるというニュアンスを、誰もが感じていたのではないかと思う。

一九八〇年代初めに大学に入学した私は、学生運動をする中で〝南山〟がもつ意味を知った。南山に連行されて死ぬ目に遭わされ、拷問され、スパイにでっち上げられてしまった先輩がいたからだ。当時はさまざまな学生運動組織事件によって、南山に連れて行かれた人々が数多くいた。彼らはすぐにマスコミで大物スパイに化けさせられて報じられたりした。それでも、知っていても知らないふりをしなくてはならない場所が、つまり〝南山〟であった。

一九八〇代末まで人々がかすかに記憶している〝南山〟の姿は、南山一号トンネルのたもとの陸橋下から入るとすぐに現れるどっしりした黒い門、その向かいにある派出所くらいのものであろう。母親たちは連行された息子や娘たちを訪ねてここにやって来ては、面会だけでもさせてほしいと、何の

旧中央情報部（ＫＣＩＡ）公館（現・「文学の家・ソウル」、撮影：田中博）

権限もない派出所職員に泣き叫んで懇願した。だが民主化実践家族運動協議会（以下、民家協。一九八五年一二月一二日に創立され、民主化運動の中で拘束された者たちの釈放と拷問追放、国家保安法廃止などの活動を主に行っている）の発足後は、そこに母親たちが陣地を張り、夜を徹して籠城するようになった。ここはそういう〝涙の壁〟があった場所だ。

そこで取りざたされた主要事件のみを挙げてみても、過去にＫＣＩＡとそれに続く安企部がどんなことをしたかが容易にわかる。ここに連行されると四〇日間の拘束が基本であり、ひどい場合は一二〇日、一八〇日も密室に監禁され、北朝鮮のスパイに仕立て上げられる。

一九六七年にＫＣＩＡがでっち上げた東ベルリン事件は、作曲家の尹伊桑《ユンイサン》らをはじめ、ベルリンにいた知識人や留学生たちが巻き込まれた大規模スパイ団事件である。ドイツから不法に人々を拉致し、ここで拷問し、スパイに捏造した。一九七四年には民青学連（全国民主青年学生総連盟）事件〈註4〉の関係者を摘発する過程で、その背後に人民革命党がいるとして、拷問によって「人革党再建委」事件〈註5〉が捏造された。それに巻

「民族解放運動史」の一部（図版提供：洪成潭）

き込まれた八人が一九七五年に死刑判決を受け、一八時間後に死刑を執行されて、国際的な非難を浴びた。

画家の洪成潭《ホンソンダム》〈註6〉は一九八九年に平壌で開催された世界青年平和祝典に「民族解放運動史」と題したコルゲクリム〈註7〉（もとは葬儀で掲げられる大型の掛け絵を指す用語だが、八〇年代以降、政治集会や民主化運動の現場に流用されるようになった）のスライドを送ったことで、拷問を受けた。彼は拷問捜査官たちの顔をモンタージュで描き、法廷で公開したが、彼らに対する処罰はなかった。

ＫＣＩＡおよび安企部が起こしたスパイ捏造事件は、それ以外にも人民革命党事件〈註8〉（一九六四年）、京郷新聞売却事件（一九六六年）、崔鍾吉教授疑問死事件（一九七三年、本書二〇二頁参照）、クリスチャン・アカデミー事件（一九七九年）、金大中内乱陰謀事件（一九八〇年）、珍島家族スパイ団事件（一九八〇年）、宋氏一家スパイ団事件（一九八二年）、欧米留学生スパイ団事件（一九八五年）、スージーキム・スパイ事件（一九八七年）、文益煥牧師訪北事件（一九八九年）、徐敬元議員訪北事件（一九八九年）、尹在杰ハンギョレ記者の非告示罪事件（一九八九年）、林秀卿・文奎鉉訪北事件（一九八九年）、南韓社会主義労働者連盟（社労盟）事件（一九九一〜九二年）、朴菖熙教授スパイ事件（一九九五年）などがある。

これらの事件の相当数は捏造劇であることが明らかとなり、無罪判決を受けたり、国家損害賠償判決まで受けている。一言でいうと、数多くのスパイ事件がでっち上げられ、凄惨な拷問が繰り広げられた場所が、すなわち〝南山〟なのである。

南山安企部跡に行くには、地下鉄四号線の明洞駅で降り、まずソウル消防防災センターを目指す。その前を過ぎると三叉路にあたるが、そこを直進して行き止まりの路地に「文学の家・ソウル」の建物（一九七頁の写真）がある。森の中にすっぽりと埋もれたような家屋である。中庭の青芝がよく手入れされている。今は文学関連の行事や展示会が開かれているが、ここが中央情報部（ＫＣＩＡ）公館だった。事実上の権力者だった中央情報部長の公館にしてはこじんまりとしている。公館がここに移されたのは、里門洞の本部が青瓦台から離れすぎていたからだという。大統領に呼ばれたら、夜中でもすぐに駆け付けなくてはならないのだ。そこから正面に見えるガラスの建物・山林文学館は、かつて中央情報部長の警護員たちの宿舎だった。

三叉路から左に入ると「記憶の場」（日本軍慰安婦を記憶するために、日本が一九〇五年の第二次日韓協約にもとづき設置した統監府の統監官邸跡に作られた場）に至るが、そこを過ぎると「旧中央情報部第一別館跡」である。床に敷かれた表示板には、「通信と盗聴、傍受を行った建物」があった場所との説明がある。ここにあった建物はそれ自体が機密だとして、内谷洞に移転する際に撤去された。当時

「日本軍慰安婦　記憶の場」(上)と碑(撮影:田中博)

の建物を爆破する様子が写真に残されている。

KCIA—安企部が使用した建物の履歴は大部分が正確ではない。KCIAの時代も安企部になってからも、建物を建てたり取り壊したりする際に、区役所に届け出たり許可を受けたりしていないためだ。こうした機関が行うことに対し、当時の市役所や区役所では関与することができなかった。そこで、どの建物にも必要に応じて他の部署が入ってきては、用途が何度も変わったと考えられる。

ここは一九六一年にKCIAが創設される時、半円形のかまぼこ型兵舎二棟を建てて、捜査を始めた場所として知られている。六一年五月一六日に軍事クーデターを起こした朴正熙たち軍部勢力はこれに成功すると、アメリカのCIA(Central Intelligence Agency の略。中央情報局)を模してKCIAを作ることに着手した。その責任者が金鍾泌《キムジョンピル》だった。彼は陸士八期の同期たちを主軸に準備作業を行った。そして中央情報部法が国会で通過すると、石串洞の義陵と南山に事務室を置き、業務を開始した。朴正熙たちクーデター勢力

旧中央情報部本館（現・ソウルユースホステル）

は、軍事革命委員会を構成して後、これを六一年六月六日に国家再建最高会議として再編した。国家再建最高会議は不法に組織された機構であり、そこで立法活動をすることも不法だった。ところで、中央情報部法が作られたのは一九六一年六月一〇日である。中央情報部の誕生日が六月抗争の記念日〈註9〉とは、皮肉なものだ。

　実際の韓国版ＣＩＡはアメリカのＣＩＡよりもソ連のＫＧＢ（国家保安委員会）に近かった。情報を収集して分析する機関というよりは、事件を操作してでも政権に忠誠を尽くす機関として作られた。そして、日帝時代の特高刑事〈註10〉の経歴をもつ者たちを採用し、捜査官として使ったという。そのため、捏造と工作は創立当初から始まった本領であることに間違いなかった。

　第一別館跡に入る時に見える大きな建物が、ＫＣＩＡ―安企部の本館として使われていた場所である。一九七二年に建てられたというが、ＫＣＩＡ―安企部の象徴のような建物だ。現在はソウルユースホステルとして使われている。この建物の前にある碑石には、そこが「一時期、国家安全企画部の本部」として使用されたと明示されている。ユースホステルとして改装オープンした二〇〇六年になってようやく、ここが実はＫＣＩＡ―安企部のあった場所だったと公に認めたのである。南山公園が作られてから一〇年もたっていた。

この建物を正面にして左側にある障害者用の駐車場は、かつてソウル大法学部の崔鍾吉《チェジョンギル》教授が死亡した場所である。一九七三年一〇月、ここに連行されてきた崔鍾吉教授は拷問を受け、三日後に死んだ。ＫＣＩＡは、彼が取り調べ中、東ベルリン事件に関わったことがバレると、トイレに行くといって部屋を出て七階から飛び降り自殺した、という虚偽の発表をした。そうして、ここから崔鍾吉教授の遺体を投げ落とした。ＫＣＩＡが当時公開した写真を見ると、崔教授の巨躯が地面に横たわっており、あたりには血が一面に広がっていた。これが、彼らの主張する自殺の根拠だという。

度し難いことに崔教授の家族たちはＫＣＩＡから、崔教授がスパイだったと認める覚書を作成するよう強要されたそうだが、それは涙なしには聞くことのできない家族史である。当時、ＫＣＩＡ職員だった弟の崔鍾善《チェジョンソン》は兄をＫＣＩＡに案内した張本人だったが、三日後に兄が死亡すると、精神的ショックから狂ったかのように装って、その死因を明らかにするための証拠を集め始めた。そうした努力の甲斐あって、二〇〇二年に疑問死真相究明委員会がこれを拷問による他殺と認定し、二〇〇六年に大法院（日本の最高裁にあたる）で国家賠償判決が確定した。ただし現在に至るまで、拷問を行った犯人は突き止められていない。

この建物の中で拷問を受けた者たちの中でもっとも有名なのが、金大中元大統領だろう。彼は金大中内乱陰謀事件で連行され、一九八〇年に光州で軍隊による虐殺事件が起きていたことも知らされないまま、二か月間も監禁されていた。その後、監獄に移されて初めて光州のことを聞き、痛哭したというから、当時の拷問の現場はそれほどまでに世間から断絶されていたといえる。拷問された者たちにとり、孤立ほど恐ろしいことがあるだろうか。弁護士の接見すら許されなかった時代の話だ。

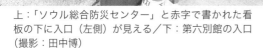

事実、ここはユースホステルではなく、人権記念館として使われる方がふさわしい建物である。ここを通過した多くの民主化運動家たちをはじめ、拷問を受けた人々に関する事件を記録し、久しく大韓民国の国民みなが忘れないようにできればと思う。

上：「ソウル総合防災センター」と赤字で書かれた看板の下に入口（左側）が見える／下：第六別館の入口（撮影：田中博）

本館正面の駐車場の向かいには「ソウル総合防災センター」と書かれた看板があり、その下の方にドアが見える。だが、地上には建物がない。見えているのは入口だけで、これは地下三階建ての建物である。中に入ると壁面を取り囲んでいるスクリーンを通じ、ソウル地域の主要状況を見ることができる。洪水などの自然災害が発生すると、テレビニュースを映してくれる場所である。ここがかつて「地下バンカー」「地

中央情報部本館から対共捜査局へ続くトンネルを抜けると、
ソウル市役所南山別館の建物が現れる

下拷問室」と呼ばれた第六別館である。主に政治家や言論人が連行されて取り調べを受け、時には留置場としても使われた。以前は目の前の本館と地下通路でつながっていたらしいが、現在は塞がれている。

ユースホステルの建物をへてソウル総合防災センターを過ぎると、低い塀の外に韓屋村（朝鮮の伝統的家屋「韓屋」が密集する一帯）の全景を見晴らすことができる。すると右手に丸い半円形の屋根をした建物が現れる。今はソウル創作センターとして使われているが、ここはかつてＫＣＩＡ―安企部要員たちの体力鍛錬場だった。拷問しようとすれば体力も鍛えなくてはならないのか、と苦々しく思いながら直進するとトンネルにぶつかる。

半円形のトンネルは入口から、白い素地に薄い空色、桃色、そして濃い紫色の帯が躍動的な曲線で描かれ、それがトンネル内へと巻き込まれていくのだが、ここにはそぐわない色彩のようだ。これは二〇〇八年にソウル都市ギャラリープロジェクトで制作されたもので、「四つの門」という作品である。いくつかの色の帯がトンネル内に入っていくという形状から、このように名付けられたようだ。本来、ここはとても沈鬱な場所である。一人で歩いていると、何やら陰惨な感じを打ち消すことができない。第五別館として知られた対共捜査局の建物に続くトンネルだからだろう。

トンネル入口の右側の壁に赤いボタンがあるが、このボタンを押すと全長八四メートルのトンネル内に何種類もの音が流れてくる。鉄の門を開閉する音、タイプライターを叩く音、水の音、足音、歌声などが、壁面に設置されたスピーカーから聞こえてくる。それらの音が全国八道（咸鏡道、平安道、黄海道、京畿道、江原道、忠清道、全羅道、慶尚道をさす）から集めたという底石を踏む音と合わさって、拷問の現場へと入っていくムードを助長する。これらが別々の音として聞こえるならば、そして日常風景の中で聞こえてくるものならば、別に何ということはないだろう。だが底石を踏む靴音と合わさりながら、南山の中でもいちばん拷問が凄まじかったとされる第五別館に向かっているのだと思うと、それはいっそう不気味な音へと変わる。

トンネルを抜けると赤い三階建ての建物が現れる。第五別館があった場所である。建物前の駐車場からは南山タワーが見える。地方で大学に通っていたある後輩は、目隠しされて連れて来られたので、そこがどこだかわからなかった。その後、山の上に高くそびえる鉄塔が見えたと言うので、そこが南山だと教えてやると、それで初めて自分が目にした鉄塔が南山タワーだったとわかったという。建築物がもつ美学的要素は努めて無視し、実用的な意味だけを生かして建てられた殺伐としたこの建物の入り口には、ソウル市の機関名が記されたいくつかの扁額が掛けられている。ここでもやはり、かつてＫＣＩＡ—安企部がもっとも凄まじい拷問を行ったという、いかなる痕跡も見出すことができない。安企部は金大中政権によって一九九九年に国家情報院（国情院）として改編されるが、後身である国情院が内谷洞に移転する際に、かつての痕跡をきれいに消し去ったからである。

ところでこの赤い第五別館の建物には、国家情報院としても、どうにも消せなかった痕跡がある。建物の後方に回ると、地下に降りる階段がある。見下ろすと、暗闇が深い。二〇段の階段を降りると、地下一階にあたる踊り場に出る。だがそこにはドアが一つもないため、建物の中へは入れない。さらに二〇段の階段を降りると地下二階だ。そこの鉄扉が開くと、拷問室である。

中間階は飛ばして、そのまま拷問室へと直行する階段。粗野な男たちの手で腰を掴まれたまま、引き立てられながら降りて行ったであろう。目隠しされて、どこかわからない地下の深い場所へ降りて行くその恐怖、ドアが開くや漏れ聞こえてくる悲鳴と、それに続いて殴打する音。数十日間もここに閉じ込められたまま、スパイに仕立て上げられていった無数の者たちを想起する。

二〇二〇年に再審で無罪と認められた人たちの中に、黄大権氏がいる。彼は一九八五年に欧米留学生スパイ事件〈註11〉に連座して無期懲役刑を宣告され、一三年二か月間、服役した。彼が書いた獄中書簡をまとめた本が『野草の手紙』である。二〇一二年に彼とともに、ここを訪れたことがある。地下二階に入って行くと、床にはうっすら水気が溜まり、ベニヤ合板で仕切られた壁にはカビが生えていた。それほど湿気の多い場所だった。廊下を挟んで両側に、鉄格子の部屋が並び、そこで拷問が行われたというが、その痕跡は消されていた。

一九八九年、当時韓国外大の女子学生だった林《イム》秀《ス》卿《ギョン》は、平壌を訪問して帰国した後、ここで取り調

南営洞対共分室が入っていた七階建ての黒い建物（撮影：田中博）

べを受けた。その時の痛苦の記憶のために、今でも漢江を渡る時にはわざとここを避けて行くのだという。ここで拷問を受けた七〇代のある男性は、この建物の前に立ち、自身がこうむった苦難について語っていて、最後には泣き出してしまった。今なお反貧困運動の現場にとどまっている後輩も、この場所に来れるまで三〇年かかったという。拷問を受けた者たちにとっては、二度と来たいと思わない場所がここである。そんな苦痛の場所を、人々は今日も無関心に通り過ぎていく。

南営洞対共分室

国鉄南営駅とフェンス一枚を隔てたところに七階建ての黒い建物がある。正門を入って左がその本館の建物で、右には拷問捜査官たちがテニスに興じた場所がある。そして正面にいくつかの附属の建物がある。本館を見ると、これがうまく作られた建物であることが一目でわかる。だが注意深く見上げてみると、すぐにおかしなところが目につく。五階のガラス窓だけ横幅が狭くなっている。五階に上がってみると、そ

南営洞対共分室が入っていた建物の裏側の入口

の理由がわかる。

一階玄関を入ると右側に、この建物の来歴について展示したスペースがある。ここがどんな場所だったかを伝える解説だ。政治家の金槿泰《キムグンテ》がここで拷問を受け、やがて、その後遺症に苦しんだ末に亡くなった。朴鍾哲《パクジョンチョル》が拷問によって亡くなったのもここである（一九八七年一月一四日の拷問致死について警察は隠蔽に汲々としていたが、本件が明るみにされたことで、六月抗争の導火線となった）。

この建物を初めて訪れる人たちは、一階の展示スペースを出ると、すぐさま一般エレベーターに乗って五階に上がるだろう。だが、この建物の中でもっとも重要な場所は、展示館の後ろ側にあるのだ。建物の外壁に沿って裏手に回ると、外壁が内側に引っ込んだ場所がある。そこに小さな鉄扉がついているのだが、中に入ると螺旋形の鉄の階段があり、そこにとても小さなエレベーターがある。現在は「点検中」という赤いランプだけ燈っている。この螺旋階段とエレベーターを使うと、途中の階には止まらずに五階まで直行できる。金槿泰は一九八五年に民青連（民主化運動青年連合）事件[註12]でここに連行され、目隠しされたままエレベーターに乗せられたという。

　鉄製の螺旋階段を上ってみた。この階段はもともとコンクリート製だったという。いつ、誰が鉄に取り替えたのかはわからない。全部で七二段ある。目をつぶって上ってみる。私の靴音が円筒の中でトントンと反響する。上れば上るほどに不安が増幅する。直線ではなく、ぐるぐる回りながら上っていく。背後から強い力でぐいぐい押される。時に、罵声と暴行もあっただろう。何階だろうか。わからない。これからどんな状況が待ち受けているのかも、わからない。何事も私には決めることができない。目隠しされて何も見えず、背中を押されながら上る一分二〇秒余りの間、恐怖に押しつぶされていた。生きて、歩いてここから出ることができるだろうか。方向感覚も高度感覚も失ったまま、息が上がりかけた頃、ふたたび鉄の扉が開いて光を感じる。この時、目隠しを解かれるよりも先に、あちこちから聞こえてくる呻き声と悲鳴。五階の廊下に入るとすぐに、どこかの部屋に入れられる。

5階の拷問室へと続く螺旋階段

　五階の部屋は廊下に沿って、それぞれ入れ子状に向き合って並んでいる。偶然にもドアが開いている時、誰が他の部屋に連れて来ら

部屋のドアが互い違いになっている５階廊下

れているか、見えないように配置されているのだ。拷問の効果をもっとも極大化させようとしたら、孤立感を高めさせなくてはならない。どんなに声を枯らしても、どんなに地団太を踏んでも、誰も私を助けに来てくれないという、そんな孤立感に打ち震えるよう仕向けなくてはならない。多分この建物の設計者は、そんなところまで考慮したであろう。

五階には全部で一六の部屋がある。部屋には二種類あって、通常は四坪余りの広さだが、二つだけその約二倍の広さの部屋がある。五一五号は広い部屋で、ここは一九八五年に金槿泰が連れて来られて二三日間、拷問を受けた場所である。

南営洞対共分室の一般的な拷問室

拷問する時は丸裸にして目隠ししました。それから拷問台に寝かせて体の五か所を縛りました。足首と膝と太腿と腹と胸を完全に縛り付け、その下に毛布を敷きます。頭と胸と股間には電気拷問が功を奏するように水を撒き、足に電源をつなぎました。最初は弱く短く、段々と強く長く、強弱を交互につけながら電気拷問が行われる間、死の影が鼻先まで忍び寄り（この時、傍聴席から嗚咽が漏れ始め、本人も泣きそうになりながら陳述する）、胸中に〝膝を折って生きるより、立ち上がって死ぬよう願う〟という歌がよぎり、はたしてそれを守り通すための人間的な決断がどれほど難しいことかを痛感しました。死の影が近づくたびにアウシュビッツ収容所を連想し、このような非人間的な状況に対する人間的な絶望に身の毛がよだちました。――金槿泰の最終陳述

（「ヒキガエルよ、ヒキガエルよ、古家あげるから新しい家をおくれ―民主化運動青年連合、そして金槿泰」民主化運動記念事業会オープンアーカイブより）

そこで金槿泰は、その拷問技術がもっとも悪辣なものとして有名で、出張拷問まで行っていた〝拷問技術士〟の李根安《イグナン》〈註13〉と出会う。彼はその瞬間を正確に記憶していた。李根安は水拷問の後、浴槽に水を張って水浴びする奇異な行動もしたという。また、ここで六三日間も拷問され、スパイにされてしまった咸柱明は、李根安が「口から水を飲ませながら、同時に足元では、両足小指に＋と－の電極をつないで電流を流す恐ろしい拷問」をしたが、「ほとんど死ぬ一歩手前で拷問を終えた」と述べている。李根安がヒキガエルのような手でとんとん叩くと、叩かれた部位がたちまち腫れあがったという。

金槿泰が李根安と初めて会った時、彼はこんなことを言ったという。

カバンを持ち歩きながら、そのカバンに拷問道具を入れて歩いているという頑健な男は本人〈金槿泰のこと〉に、「葬儀屋の仕事がそろそろ機が熟してきた。李在汶〈註14〉（南民戦〈南朝鮮民族解放戦線〉事件の主犯として獄死）がどうして死んだか知ってるか。内側から崩壊して病死したんだ。おまえも覚悟しろ。今はおまえがやられて、もしも民主化されたら俺がこの拷問台の上に立ってやるから、その時にはおまえが復讐しろ」と言った。

——金槿泰の最終陳述（前掲）

二度の水拷問、八回の電気拷問など、全部で一〇回余りの拷問を、毎回五時間以上にわたって受けながらも持ち堪えた金槿泰は、結局屈してしまった。あと一日辛抱すればここを出られると知りつつも、「集団暴行を加えた後、本人に、裸で床を這いずりながら助けてくれと哀願して伏し拝め」という拷問者たちの要求通りにせざるをえなかった、と陳述している。

ふたたび廊下に出る。薄暗い照明の廊下の突き当りに窓があった。すぐそばは国鉄南営駅である。拷問室を出て移動する時にこの窓から人々が乗り降りする駅を目にした時、一体どんな心境だったろうか。

五〇九号へ向かう。部屋の広さは五一五号の半分ほどだ。ガラスの壁の向こう側に朴鍾哲〈註15〉の遺影が見える。ここだ。突然、胸が張り裂けそうになる。ガラスの扉を開けて中に入る。正面に縦に細長い窓が二つ見える。壁面は音を吸収する防音材の代わりに、パンチングメタルで塞がれている。パンチングメタルは、低音はよく吸収する一方、高音は「壁に深く吸収され、反対側の壁の向こうまで伝わる」という。だから「隣の部屋から壁面に沿って伝わる細く鋭い悲鳴は恐怖を感じさせるに十分」であり、「結局、隣の部屋の悲鳴を聞く被害者たちにとって、間接的な拷問になる」という建築家・金明植の説明には、説得力がある。

ガラス窓の下に奇怪な赤い浴槽がある。その長さは普通の浴槽の半分ほどだが、深さはかなりのものである。この浴槽で水拷問が行われ、電気拷問も行われたのだろう。苦痛の中でもがきながら死んでいった朴鍾哲を思い浮かべずにはおられない。ガラス窓の下、左側には、床から固定された腰まで隠れるくらいの仕切りがあり、内側に便器と洗面台が置かれている。朴鍾哲の遺影は洗面台の上に設置されている。誰かが置いた白菊がいつもある。

その手前に一人用の寝台がある。その向かいに小さな鉄製の机が一つ。机の四脚は床に固定されており、机の角は丸く加工されている。拷問被害者が衝動的に頭を机に打ち付けて、負傷するのを防ぐためだろう。机の上にランプはない。多分撤去して蛍光灯に替えたのだろう。ドアの上に黒ガラスで隠されたその場所にCCTV（監視カメラ）が設置されており、おそらく三階のどこかの事務室で、CCTVを通して煌々とした部屋の中を覗き見ていたのだろう。室内照明の強さはドアの外のスイッチで調節できるようになっている。むろん、ドアは中から開けることはできない。机の側面に掛かったインターホンのスイッチを押さなくてはならない。そうすれば外からドアが開かれる。ここでは誰もが自由であることを許されなかった。徹底して、光と風と音までも統制される場所である。拷問に必要なあらゆる要素を極めてこまめに計算して建てられた、拷問のための特殊な建物なのだ。韓国を代表する建築家として知られる金壽根《キムスグン》の作品である。

金壽根は朴正煕の軍事政権と格別な関係を維持していた。そんなわけで数多くの建築物を残した。この対共分室は一九七六年に建てられたが、当時は五階までしかなかった。一九八〇年代に増築して、現在のような七階建てとなった。金壽根は独裁政権からの注文を忠実に反映させ、建築設計した。聞くところによれば、非常に几帳面な性格で、電灯一つ、装置一つにも、いちいち指示を出したらしい。一階の展示スペースには金壽根の設計図が展示されている。この建物の設計図も、二〇一二年になってようやく公開された。

一階玄関を出ると、右手に三階建ての建物がある。これは対共分室があった時代には、職員宿舎として使われていた。建物のたもとには礎石が置かれており、「内務部長官・金致烈《キムチヨル》」の名が刻まれている。

彼は日帝末期に検事となった親日検事で、朴正熙の維新政権期にはＫＣＩＡ次長をへて検察総長を歴任した。崔鍾吉教授が南山中央情報部で取り調べ中に自殺したと発表した張本人である。当時、彼はＫＣＩＡの次長だった。その後、検察総長の地位にあった時、人革党再建委事件が捏造された。そんな人物が内務部長官だった時期に、この建物の建築が発注されたのである。金壽根と金致烈、二人の合作によって、アウシュビッツの異名をとる人間屠殺場がソウルのど真ん中に誕生した。ここは人間の本性について哲学的問いを絶えず投げかけてくる、そんな場所である。

辛くとも知るべき歴史

「拷問」とは、公務員やその他の公務遂行者が直接、または、こうした者の教唆・同議・黙認のもと、ある個人や第三者から情報や自白を引き出す目的で、個人や第三者が実行したり、実行したと疑われる行為に対して処罰する目的で、個人や第三者を脅迫・強要する目的で、またあらゆる種類の差別にもとづく理由により、個人に対して故意に深刻な身体的・精神的苦痛を加える行為をいう。ただし、合法的な制裁措置から招来されたり、これに内在したり、これに付随する苦痛については、拷問に含まれない。

（拷問防止協約第一条より）

「拷問およびその他の残酷・非人道的、また屈辱的な待遇や処罰の防止に関する協約」（略称：拷問防止協約）の第一条にある拷問の定義である。この協約は一九八四年一二月一〇日に国連で採択され、一九八七年に正式な人権協約として発効した。韓国は一九九五年にこの協約に加入し、当事国となった。

拷問は人間性を破壊する犯罪行為だ。拷問室では深刻な肉体的・精神的な苦痛を与える暴力を通し、絶対的な権力者とこれに抵抗できない「畜生」の関係が形成される。その前で、拷問被害者は人間であることができない。苦痛から逃れるため、何でもさせられるがままにしてしまう〝犬〟となってしまう。ただ、ありもしないことをあった、やってもいないことをやったと、自白さえすればいいのだ。同志たちを裏切り、家族や友人たちを売り渡さなければならないこともある。そのため拷問被害者たちは自身を軽蔑し、また自分を裏切り苦しめていると思われる他の拷問被害者を軽蔑する。それまで続けてきた人間関係を否定し、人間に対する信頼を喪失するようになる。自我が分裂し、終生そのトラウマに苦しめられる。

最近になって、華城連続殺人事件〈註16〉の真犯人が見つかると、改めてこの事件のために苦痛を負った人たちの問題が取りざたされている。八件目の殺人事件で真犯人とされ、二〇年間の獄中生活を送った尹某氏は、拷問によって真犯人とされてしまった。四件目と五件目の事件で犯人とされた金鍾卿氏の場合も拷問による捏造だったが、真実が明らかとなり、国からの損害賠償を受け取った。だが結局、彼は拷問のトラウマから立ち直れず、自死を選んだ。

ところで、韓国において拷問がどのくらいの規模で、いつまで行われていたかに対し、本格的な調査はまだ一度もなされたことがない。今や拷問に対しても国がきちんと専門的調査を推進すべき時期に来ていると思う。

現在は拷問が行われなくなったとはいえ、政治状況が変わり、ふたたび独裁権力が返り咲くようなことになれば、拷問がもっとも有用な反政府活動家たちへの尋問方法として、採択されないとも限らない。ユダヤ人虐殺や、朝鮮戦争の時の無残な虐殺が、また起こらないという保証はどこにもないのだ。拷問がなくなった今こそ拷問を記憶しなくてはならない理由は、アウシュビッツ収容所から劇的に生還したプリーモ・レーヴィの言葉の中に見出すことができる。


一度起きたことは、もう一度起こりうる。

――プリーモ・レーヴィ

拷問が横行するそんな世の中へと後退させないためには、かつて拷問が行われていた歴史を知らなくてはならず、その歴史を知るためには現場へ行き、見て聞いて感じなくてはならない。

二〇二〇年四月現在、安企部跡は工事の真っ最中だ。主に学生時局事犯たちを取り調べて拷問するのに使われた中央情報部六局（前出の第六別館とは異なる）の地上三階、地下二階の建物は取り壊された。KCIA組織の一つ、通信室傘下の一部局だった六局は、現在ユースホステルとなっている本館から南山を下ったところにあった。ソウル市がここで〝南山藝場洞ふもと再生事業〟の工事を進めており、かつて六局があった場所に「記憶6」という展示スペースを作るという計画だ。もともとの建物を取り壊してから、過去の蛮行を記憶するための新たな展示スペースを作ることが正しい方法なのかはわからない。歴史的現場の空間というのは、ひとたび壊されたら、そのままに再現するのは難しいかもしれない。決して再現できない歳月の痕跡というものがあるからだ。

最近、南営洞対共分室の保全方法をめぐって葛藤があった。現在の形態そのままに保全すべきという意見と、拷問が行われた金壽根設計の建物はそのまま保全して民主人権記念館として活用し、テニス場のあった場所に民主運動記念館の建物を新築する、という意見が対立した。結局、二〇二二年に民主人権記念館と一緒に民主化運動記念館までオープンすることで決した。それでも拷問が行われた本館の建物には手をつけないことになったのは、幸いだった。

私は拷問の現場を案内するたびに注意していることがある。拷問の恐ろしさ、非人間性を中心に語るのに、立ち止まってはならないということだ。そこはひどい拷問が起こった場所でもあるが、そうした暴力をもってしても民主主義と正義を求める意志を削ぐことができなかった場所でもある。それゆえ、ここは民主化運動や人権運動が勝利した場所でもある。凄まじい拷問に一人一人は屈服してしまったかもしれないが、独裁政権は崩壊し、民主主義は前進してきた。拷問の恐怖に打ち勝ち、民主主義を作り出してきた人権の歴史を、私たちは知っている。国家暴力に対する抵抗と連帯が生み出した人権の地形の上で、私たちは今、拷問の恐怖のない世の中を生きている。だから、ここでは拷問から生還した者たちを記憶し、彼らと連帯してきた人々の苦労をともに記憶しなくてはならないのである。

【註】

〈1〉安企部とは国家安全企画部の略称。朴正熙が一九六一年に創設した中央情報部（ＫＣＩＡ）を、朴正熙暗殺後にクーデターで政権をとった全斗煥が廃止し、八一年に国家安全企画部として改編した。続いて九八年に大統領となった金大中が安企部を再編し、九九年に国家情報院（国情院）と改称した。国情院時代に入ってからも、李明博・朴槿恵政権期には脱北者を標的とした拷問とスパイ捏造があったことが明らかになっている。ドキュメンタリー映画「自白／スパイネーション」（崔承浩監督、二〇一六年）に詳しい。なお、ＫＣＩＡ—安企部—国情院は大統領直属機関である。

〈2〉保安司令部の略称。一九七七年に軍事情報の収集と防諜にあたる韓国軍の情報機関として設置された。四八年、米軍政下での国防警備隊、大韓民国政府樹立後の陸軍本部に設置された情報機関が源流である。保安司は九一年に機務司令部に、二〇一八年に軍事安保支援司令部に改称された。

〈3〉治安本部の対共分室は共産主義思想者の取り調べを行った警察機関。思想犯・政治犯に対する人権蹂躙は、大統領府、軍隊、警察の三位一体によって行使された。

〈4〉一九七四年の「民青学連（全国民主青年学生総連盟）事件」は朴正熙の独裁体制に反対する学生たちが、共産主義者の指令によって全国民主青年学生総連盟を組織し、国家転覆を図ったとして、大統領の直接介入で約一〇〇〇人の市民および学生を令状なしに逮捕・拘禁した事件。

〈5〉一九七四年の「民青学連」事件の捜査過程で、北朝鮮の指令で民青学連を利用して国家転覆を図ったとして、朴正熙独裁体制に反対していた「人民革命党再建委員会」メンバーとされる二五人が国家保安法違反や内乱・陰謀などの罪で起訴され、七五年四月八日、首謀者とされた八人（徐道源、金鏞元、李銖秉、禹洪善、宋相振、呂正男、河在完、都礼鍾）に死刑、一七人に無期懲役刑が宣告された事件をいう。八人の処刑は宣告からわずか一八時間後に執行された。二〇〇二年九月、「疑問死真相究明委員会」より、「人革党再建委事件に加わった警察官や刑務官を取り調べた結果、中央情報部が人革党の関係者に対し暴行や水拷問、電気拷問を行い、被疑者の尋問調査と供述調書を偽造して、事件を捏造したという供述を確保した」との報告がなされると、遺族たちによる再審請求が行われた。二〇〇七年一月二三日、ソウル中央地裁は国家保安法違反などでソウル大学生ら八人が死刑となった「人民革命党事件」の再審判決で八人全員に無罪を言い渡した。翌年には無期懲役を宣告された人たちのうち、再審請求をしていた一四人に対しても無罪が確定した。

〈6〉洪成潭（一九五五年〜）は全羅南道木浦沖の荷衣島出身で、光州にある朝鮮大美術科に学んだ画家。光州抗争当時、市民軍の文化宣伝隊で活動する。その後、八〇年代初めより「五月連作版画シリーズ」を発表し、韓国の民衆美術を牽引した。

〈7〉反帝国主義・民族解放という視座から、東学農民戦争、三・一運動から八〇年代へと至る韓国民主化運動の歴史を叙事詩的に表現した、一一の連作からなる大型絵画の掛け絵で、上に掲載した図版は「民族解放運動史」11―「民族自主化運動」〝農・労・学連帯と祖国統一運動〟の一部である。これらの連作は洪成潭氏を代表とする民族民衆美術運動全国連合（民美連）青年美術共同体（全国六地域の美術グループおよび約三〇の大学美術団によって構成される）による共同制作で、それぞれテーマを決めて描かれた（古川美佳『韓国の民衆美術―抵抗の美学と思想』岩波書店、二〇一八年、六九―七二頁）。

〈8〉国家保安法違反に問われた一九七五年の人民革命党再建委員会事件に対し、第一次人民革命党事件とも呼ばれる。六四年、朝鮮労働党の指令で反国家団体「人民革命党」を組織し、内乱を企てたとして四一人が検挙され、後に「人革党再建委」事件で処刑された都礼鍾を含む一三人が起訴された事件をいう。これは日韓国交正常化推進に反対する学生運動の弾圧が目的だったという。

〈9〉一九八七年の六月抗争は、六月九日に起きた延世大生・李韓烈の催涙弾被弾を直接のきっかけとし、六月二九日の「民主化宣言」へと至る民主化闘争の一連の流れを指す言葉だが、6・29よりもむしろ、6・10を六月抗争の記念日とする見方がある。与党ではかねてより六月一〇日を次期大統領候補を選出する党大会の日と決めており、それに対して野党と民主化運動勢力も同日に朴鍾哲拷問殺人隠蔽事件などを糾弾する集会を予定していた。くしくもその前日に李韓烈事件が起きたことで、反拷問、反独裁を掲げる民主化闘争に一般市民らも即応し、六月一〇日には全国で約百万人がデモに参加したといわれる。この日を境として民主化を求めるデモは汎国民的な拡大を見せ、その結果、与党から六月二九日の「民主化宣言」を引き出すことになる。このように軍事独裁政権を倒して民主化宣言を勝ち取る抗争の起点になったという意味で、6・10は六月抗争の記念日とされている。

〈10〉治安維持法（一九二五年制定）を根拠に天皇制国家を危うくするとみなした、あらゆる組織・個人を監視対象にして検挙・弾圧した内務省の直轄組織である特別高等警察をいう。植民地下の朝鮮にも治安維持法が適用されて、多くの独立運動家が逮捕・拷問され殺された。解放後、分断と内戦によって人材が払底する中、アメリカ主導での国家再建が急がれる状況で、軍隊や警察、監獄など日帝時代の遺制や人材が、軍事文化とともにほぼそのまま引き継がれた。拷問もその一つである。

〈11〉一九八五年九月九日、アメリカや西ドイツなどに留学していた学生が北朝鮮工作員に包摂され、国内でスパイ活動を行ったとされた事件。八〇年代以降、光州民主化運動の真相究明などを求める学生運動が盛んになり、また八五年二月の国会議員選挙での金大中、金泳三が率いる新韓民主党の躍進に脅威を感じた全斗煥政権が、政治的危機を打開するために安企部を使ってでっち上げたのが「欧米留学生スパイ団事件」である。再審請求により、二〇二一年七月二九日に無罪が確定した。

〈12〉「韓国民主化運動の象徴」と呼ばれた金槿泰（一九四七～二〇一一年）は、ソウル大に入学した直後の一九六五年より民主化運動に身を投じ、労働運動にも携わったが、八三年に青年活動家たちが民族分断の克服による民主化をめざして結成した民青連（民主化運動青年連合）の初代議長となる。民青連の活動は八〇年代における韓国民主化運動の起爆剤となった。金槿泰議長は八五年九月に南山対共分室に連行され、一〇日間にわたり水拷問、電気拷問を受けた。彼はこの民青連事件を含めて二〇年以上にわたり、指名手配と逮捕を繰り返しこうむった。

〈13〉李根安（一九三八年～）の実名と身元、拷問行為は、八八年一二月に金槿泰が拷問被害について裁定申請をしたことから、同月、ハンギョレが調査報道によって突き止めた。検事総長が拷問容疑での捜査を指示すると、身を隠し、一〇年一〇か月にわたって逃走した。検挙後その拷問の具体的行為が明らかになると、二〇〇〇年に大法院（最高裁）で懲役七年の判決が下され、二〇〇六年に満期出所した。逃亡中にキリスト教に帰依し、服役中に神学部通信課程に学んで出所後の二〇〇八年一〇月に大韓イエス教長老会で牧師となるための按手礼（聖職に就く者の頭の上に司教や長老などの上長が手を置いて祝福するキリスト教の儀式のこと）を受けるが、二〇一一年に金槿泰が亡くなると、李の過去の行状が再び世間の耳目を集めた。「拷問は芸術である」とまで言い放つ李に対し、按手を授けた教団側は二〇一二年一月一四日に牧師資格を剥奪した。現在に至るも反省や被害者への謝罪はない。李根安をモデルにした残忍な〝拷問技術士〟は、金槿泰の民青連事件をモデルにした「南営洞1985」（鄭智泳監督、二〇一二年）、朴鍾哲水拷問事件をモデルに取り上げた「1987、ある闘いの真実」（張駿桓監督、二〇一七年）などの映画にも描かれている。

〈14〉人民革命党再建委員会事件の時に逮捕から逃れた李在汶（一九三四〜八一年）は、一九七六年に「南朝鮮民族解放戦線（南民戦）準備委員会」を結成し、朴正熙政権に対する抵抗活動を継続したが、七九年に南民戦は韓国当局に摘発され消滅。二〇〇六年、韓国政府は南民戦の活動を「朴正熙政権に対する民主化運動」として名誉を回復した。

〈15〉一九八七年一月、ソウル大言語学科三年生だった朴鍾哲は、総学生会幹部の先輩の潜伏先を問いただす名目で下宿から南営洞対共分室へと連行され、一月一四日に死亡した。検屍にあたった医師の証言により、一七日、これが水拷問による死であったことが明るみになると、反拷問、反独裁を訴える民主化運動がわき起こり、まもなく全国に波及した。

〈16〉一九八六年から九一年にかけて京畿道華城郡で断続的に起きた、年齢層もばらばらな一〇人の女性に対する強姦殺人事件。華城連続殺人事件は迷宮入りし、奉俊昊監督の『殺人の追憶』（二〇〇三年）のモチーフとなる。二〇〇六年に時効が成立したが、一九年になって、別件の強姦殺人事件で無期懲役刑に服役中の男性の自供により、最後の殺人から一八年後にようやく真犯人が明らかになった。

VII 監獄でも消された顔——西大門刑務所歴史館

独立運動家や民主化運動家たちが投獄された
刑務所跡・西大門刑務所歴史館の正門

赤レンガの塀の前で

あなたはひょっとして長さ八尺、幅四尺の棺に入り、横になったことがありますか？……夏には昼間でも真っ暗なこの棺の床に「食事」というものを置いて食らおうとすれば、遮るものもなく床に開いている便所の穴から黄色い蛆虫が群れなしぞろぞろ這い出てきて、共存することを要求します。……死体を入れた棺ではなく、すぐる歳月、非人間的な独裁政権のもとで、数千数万の政治囚、思想囚、良心囚、確信囚たちが入れられて呻吟した、この国の矯導所と刑務所〈註1〉の監房、独房の姿です。……この棺は二一世紀を臨む世界文明社会における隠された恥部です。

故・李泳禧《イヨンヒ》〈註2〉先生が一九八八年に書いた「西大門刑務所の記憶」という文章の一節だ。李泳禧先生は五回投獄されたが、いずれの時も西大門刑務所で収監生活を送ったという。「長さ八尺、幅四尺」の独房で、夏になると蛆虫の群れと一緒に食事をし、冬になると水がカチカチに凍る部屋ですごす、そこは人間としてとうてい生きられないような場所だった。現在そこは、ソウルの西大門交差点からモアクチェ方向に進むと見えてくる、入口正面に独立門が建つ独立公園の中に「西大門刑務所歴史館」として残されている。

西大門刑務所の背後に鞍山、正面には仁旺山が見える。鞍山と仁旺山を越える道が義州路であり、ソウル地下鉄三号線・独立門駅を過ぎてすぐの峠がモアクチェである。かつて朝鮮王朝時代には、中

西大門刑務所歴史館の入口から見た内部の様子

国へと向かう使臣たちはこの義州路を越えて出発した。そしてモアクチェを下ったところ、現在は独立館となっている場所にかつて慕華楼があり、中国皇帝の使臣がそこに宿泊したという。朝鮮の高官だけでなく朝鮮王も中国皇帝の使臣を出迎えに、ここモアクチェまで出向かなくてはならなかった。

朝鮮王朝末期、独立協会[註3]は中国との宗属関係（冊封体制[註4]に基づく宗主国と属国の関係）を清算して、独立国家として出発しなければとの意味を込め、一八九七年、ここに独立門を建立し、慕華楼のあった場所には独立館を開いた。そうした気運の背景には、日清戦争（一八九四〜九五年）後に調印された下関条約において、清国が朝鮮独立を認めたということがあった。それに伴い朝鮮が独立国家であることを内外に宣布する措置として、一八九七年一〇月、朝鮮王朝は国号を「大韓帝国」と改め、国王は清と同格の「皇帝」を名乗るようになった。大韓帝国は一九一〇年の韓国併合まで存続するが、その中で生じたのが日露戦争（一九〇四〜〇五年）である。

日露戦争中に朝鮮を軍事占領し、三次にわたる日韓協約によって主権を奪った日帝は、すぐさま独立館を取り壊し、一九〇八年に初の近代監獄を建てた。乙巳《いっし》条約（第二次日韓協約、一九〇五年）に続く丁未《ていび》条約（第三次日韓協約、一九〇七年）の締結により、朝鮮軍を解体させて警察権を掌握した日帝は、本格化していた義兵闘争を鎮圧しては逮捕した義兵たちをここに収監した。もともとは「京城監獄」と呼ばれたが、その後何度か名称を変えながら、一九八七年にソウル拘置所が現在地の義王市に移転するまでの八〇年近くにわたって、独立運動家や民主化運動家たちを投獄するのに使われた場所であり、ここには心痛い歴史の痕跡がしみ込んでいるといわざるをえない。

独立門駅五番出口を出て左手の坂を上ると、すぐに西大門刑務所歴史館が見えてくる。長い赤レンガの塀は映画やドラマでしばしば見かけた場面を彷彿させる。赤レンガの塀は一九二三年に作られ、高さ四メートルの塀の全長はもともと一一六一メートルだったが、現在は前方の八〇メートル、後方の二〇〇メートルしか残っていない。高さ一〇メートルの望楼（監視塔）は全部で八基あったが、現在は正門に一基、後方の塀に一基だけである。塀と望楼は収監施設にとって本質ともいえるモノだが、一部だけを残して撤去されてしまったために、現場が保全されているとは言いがたい。この塀によって監獄の外部と内部が徹底的に分けられる。外部は自由の空間であり、内部は徹底した統制の敷かれた場である。

かつてこの塀の前で多くの人たちがうろうろしていただろう。家族に面会して帰れる人はそれでも幸運だろうが、面会もできず、ただ待ち続けるだけの人たちもいた。悲しみと再会の喜びが交叉したその八〇年の歳月を、この塀は覚えているだろうか。赤い塀の所々についている白い汚れが、まるで誰かの涙が滲んでいるかのように感じられたりもする。

……だが夫を知っている素振りをしたら、その矯導官の首が飛ぶところだった。若い新妻は子を負ぶって立ち、あちらからは夫が弁護士と接見するため護送矯導官とともに中庭を横切ってきた。目が悪い李銖秉[註5]は、間近まで来てようやく妻子だとわかり、驚いた。幼い娘を見てただ二言、「大きくなった、大きくなった」。事情を知らない護送矯導官は、「おお、家にいる子どもに会いたいのか？」と言いながら早く行けと催促し、夫は笑って通り過ぎた。一分！　この世でいちばん短い、永遠の出会い。一週間後、夫は刑場の露と消えた。

（金亨泰『地上でいちばん短い永遠の出会い』より）

李銖秉《イスビョン》ら人革党再建委事件（本書一九七―一九八頁、二五一頁註〈5〉参照）で一九七四年に収監された者たちは、凄まじい拷問の末に、軍事法院をへて大法院で死刑判決が確定された。それから一日もたたないうちに、一九七五年四月八日の朝、八人がここの刑場で処刑された。突然の死刑執行の知らせを伝え聞いて駆けつけた家族たち、文正鉉《ムンジョンヒョン》神父（本書七二頁註〈22〉参照）、ジェームス・シノット神父[註6]は警察から暴行を受けた。遺体の引き取りを妨害された家族たちの絶叫。そこは残忍な国家暴力の現場であった。

逮捕されて一年余り、ただの一度すら面会が叶わなかった収監者の家族たちの中には、李銖秉（享年三八歳）の妻もいた。彼女は毎日、上の子の手を引き、二つになる下の子を背負ってここに来ていた。偶然でいいから一目でも夫の姿を見ることができたら、という思いからだった。その姿があまりに気の毒に見えたのか、正門を守衛する矯導官がこっそりと門を開けてくれたのである。そしてついに、弁護士接見に向かう夫とたった一分間の再会をはたした。まるで小説のような胸の疼く話である。

面会もできなかった収監者の家族たちは、筋向いの〝差し入れ屋横丁〟にある旅館に部屋を借り、長い夜を過ごしたことだろう。今は再開発で全て取り壊されたその路地の前に、かつての歴史を窺うことのできる小さな記念館が建っている。

富山妙子・画「西大門刑務所　面会を待つ母」(1970-73)

独立運動史を見せてくれる保安課庁舎

塀に続く望楼の脇の小さな鉄門を入る。西大門刑務所歴史館の入口である。目の前に見える建物が保安課庁舎である。監獄全体の中で保安課はもっとも中心的な場所であり、監獄につながれた受刑者たちの一挙手一投足を監視する核心的任務が行われていた。保安課庁舎には地下室があり、そこで拷問が行われた。そんな記憶が刻まれているからか、保安課地下室はその全てが拷問体験館だった。

日帝の特高刑事たちはここで捜査も行ったが、そこには拷問がつきものだった。警察署の留置場ま

壁棺拷問（撮影：〈右〉田中博／〈左〉編集部）

で収監者を連行して往復する煩わしさと「戒護」（犯罪者を監視しながら移動させること）の大変さを取り除いたのだ。警察署の刑事たちだけでなく、矯導所内でも、独立運動で囚われた者たちを呼んで直接拷問が行われた。ここは日帝強占期だけでなく、独立後も続いた残忍な拷問の歴史を記憶した場所でもある。

展示館は非常にリアルにできている。天井から逆さまに吊るされた人形は、すでに血まみれになっている。これに暴行を加える捜査官がおり、隣の部屋では水槽に頭を押し付けて水拷問をする様子が再現される。爪を刺したり、剥がしたりの拷問に使用された各種道具も展示されている。

実際の拷問を体験できる場もある。「壁棺拷問」とは壁に立てかけた棺に入れられる拷問である。背丈に合わせて三種類の高さの壁棺がある。そこに入ると膝を折ることができず、そのまま立っていなければならない。外からは鍵をかけられている。人はその姿勢で何時間持ち堪えられるだろうか。壁棺拷問のそばには「箱拷問」の道具もある。箱の内側に鉄串がびっしり打ち込まれている。そこに体を縮めて入らせ、同様に外から鍵をかけて箱を揺すぶったりしたという。誰しもそんなところに閉じ込められたら、我慢のしようがない。

ところで拷問の説明をするのに、ここでは日帝の悪辣さを浮き彫りにするために、西欧帝国主義との比較がなされる。西欧国家は植民地を統治しながら、拷問は行わなかったかのように理解されるくだりである。これは事実とは異なる。西欧帝国主義諸国は植民地の住民たちを人種主義的な視点から劣った存在として扱った。拷問や虐殺も躊躇なく行った。日本はそのやり方を学んで植民地朝鮮に適用したが、にもかかわらず、そうした歪曲がなされている。

保安課庁舎の一階と二階には西大門刑務所の沿革と独立運動の歴史が展示されている。独立運動史の解説では「京城トロイカ」〈註7〉についても紹介されている。一九二七年に結成された抗日民族運動団体「新幹会」（三一年に解散）以後、国内でなされたさまざまな独立運動の系統の中から、社会主義的志向をもつ労働運動を展開した京城トロイカの李載裕《イジェユ》（一九〇五～四四年）、李鉉相《イヒョンサン》（一九〇五～五三年）たちの活動を展示したのは、それだけでも前進ではないかと思う。そして最後には解放後の民主化運動家たちが収監された歴史についても簡略ながら紹介されているが、これはさらりとなぞって通り過ぎる程度である。展示を意図的に日帝強占期の独立運動に集中させたことによるアンバランスだ。

このような展示は、西大門刑務所で起きた人権蹂躙があたかも日帝強占期で終わったかのように錯覚させてしまう。日帝が行った過酷な拷問と残虐行為はそのまま解放後の大韓民国にも引き継がれた。そうした慣行は一九八七年に西大門刑務所が現在のソウル拘置所（義王市）に移転するまで、大した変化もなく継続されていた。親日残滓を清算できないまま四〇年余にわたり、日帝の伝統を引き継いできてしまったことは、どれほど恥ずべきであろうか。

保安課庁舎の心臓ともいえる場所は、二階の民族抵抗室である。四つの壁面のうち窓のある面を除

民族抵抗室の壁一面に貼られた受刑記録カード

き、三つの壁面は天井から床まで受刑記録カードで埋め尽くされている。解説によれば、一九八九年に治安本部（警察庁の旧称）のキャビネットから発見された六二六四枚のカードのうち重複分を除いたものだが、二〇名余りを除いては、全て独立運動の前科がある者たちの受刑記録カードだという。

柳《ユ》寛順《グァンスン》〈註8〉、安昌《アンチャン》浩《ホ》〈註9〉など私たちになじみ深い人物たちもいる。カードの表には写真撮影日時と撮影場所、保存原版の番号、正面と横向きの写真が貼られている。裏面には姓名／年齢／身長／特徴が記載され、指紋番号も小さく記されている。指紋を採取し、それに各自の番号をふったものである。表面の四項目と裏面の二三項目からなるカードは、日帝が独立運動家たちを徹底的に管理していたことを示すものだ。色褪せた写真に写った人たちの中には、顔が異常に腫れあがった者もいる。おそらく拷問の跡だろう。しかし、概してその眼光は鋭く光っている。独立をめざす気概が失われていなかったからではないかと思う。

西大門刑務所には思想犯や政治犯たちが多かった。その伝統が解放後もそのまま引き継がれた。彼らには徹底した監視と厳しい統制がついて回った。しかし独立運動をして捕まったという点で、彼らは誰よりも強い矜持をもっていたにちがいない。

小説家の沈薫《シムフン》が母にあてて書いた手紙に、夜になると南京虫やノミに咬まれる監房の中で、辛い収監生活を送らなくてはならない、という話が出てくる。


だいだい光の煉瓦の壁はいろりの中のように熱くなって部屋の中には糞が沸いています。夜にはそうでなくても足を伸ばすこともできないのに、南京虫・ノミが先を争い粘液をそっとむしり取ります。それで一か月間もうずくまって座ったまま夜を明かしました。

（沈薫「獄中でお母さんに捧げる手紙」より〈註10〉）


夏になるといろりの中にいるように熱くなり、冬には氷のようにカチカチに凍ってしまう日帝強占期の監房が、受刑者たちの生存そのものを困難にしていたことを端的に示している。独立運動家たちは、特に栄養失調のため病気になることもあった。また拷問後遺症で苦しんだ末に死んでしまうこともあった。柳寛順は獄死し、安昌浩は出獄直後に死んだ。そういう人たちは一人二人ではなく、あの受刑記録カードで埋め尽くされた部屋に入ると、おのずとこうべを垂れることになる。

パノプティコン方式を具現した獄舎

パノプティコン方式を具現した獄舎

西大門刑務所に行くと監房からなる獄舎があるが、そのうち三か所には実際に入ってみることができる。獄中生活を何度か経験した私は、訪ねるたびに当時のことを思い出し、人とは違った感慨に浸ったりする。初めて経験した監獄は、二〇代半ばに収監された永登浦拘置所だった。その後、控訴中に近くの永登浦矯導所に移り、刑が確定してからは大田矯導所で過ごした。それから二〇年後、四〇代半ばになって数回、また監獄を出たり入ったりした。だから、監獄は私にとって非常になじみのある場所である。

男子の獄舎は全部で一二棟あったが、現在は第九獄舎をはじめ四つの獄舎（矯導所で受刑者たちが生活する建物のこと）が残っている。赤レンガの二階建ての建物である。屋根は入母屋造だが、

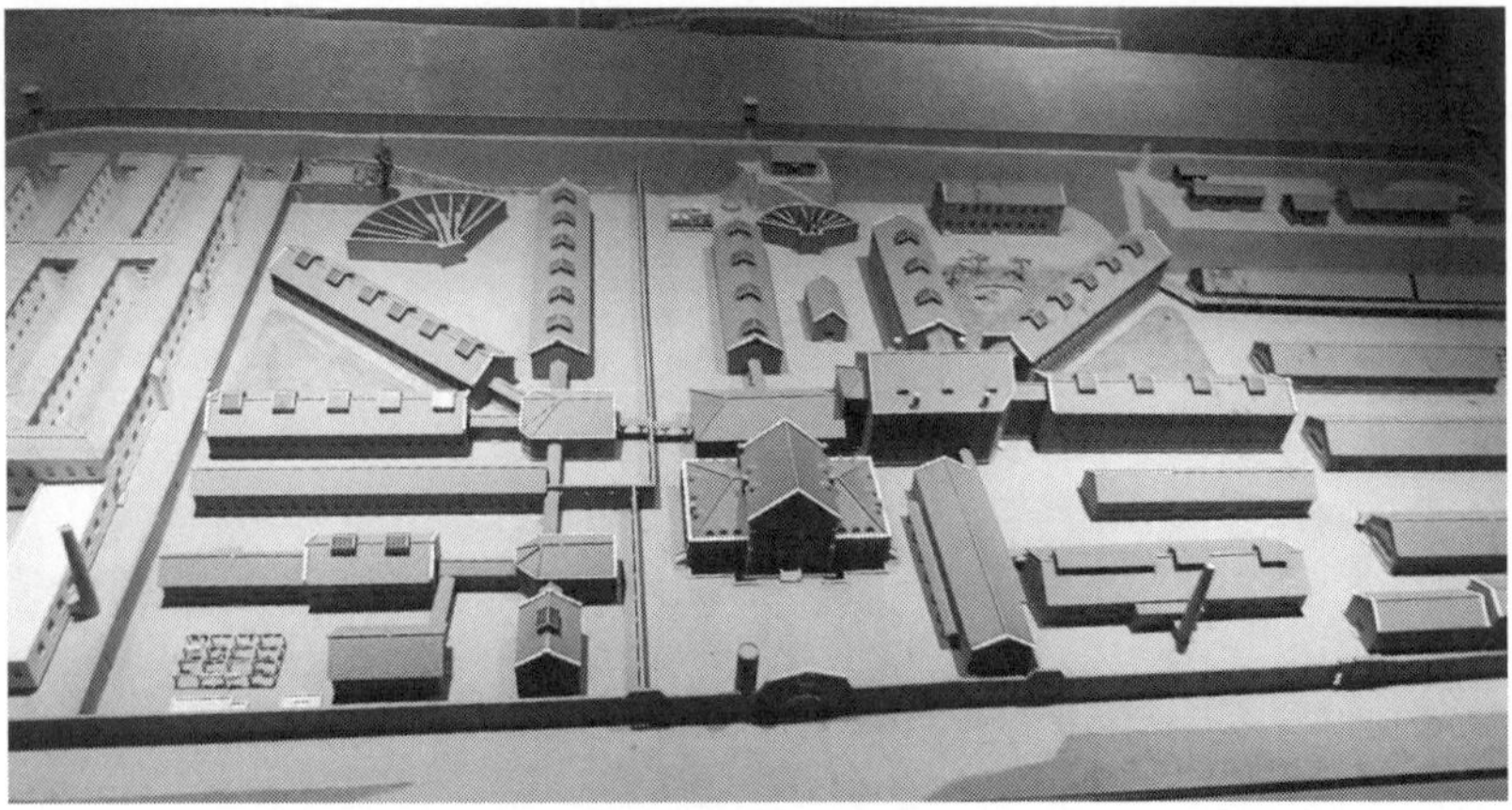

1930年代の西大門刑務所を再現したジオラマ（撮影：田中博）

巨大な垂木がそのままはっきりと見える。また第九獄舎とは別に、第一〇・一一・一二獄舎は中心部に向くよう放射線状に集められている。その中央の建物が中央舎（中央に位置する獄舎）である。看守は一か所に座って、全ての監房を見張ることができる。監房の中の収監者からは、看守がどこで何をしているかはもちろん見えない。西大門刑務所はパノプティコン方式（イギリスの功利主義哲学者ジェレミー・ベンサムが提案した監視形態）を具現して建てられた監獄として有名だ。

監視される者からは監視者が見えず、監視者からは監視される者たちの一挙手一投足が見える一望監視体制。そんなベンサムのパノプティコンは、フランスの哲学者ミシェル・フーコーによって再解釈された。監視をされる者とする者の間の非対称性によって、監視される者はその監視を内面化する。常に監視されていると思い込んで用心深くなり、しまいに自己検閲をするようになる。こうして、自分から規律をよく守る市民になっていく。一方、規律を破る者たちは監獄に入れ、自由を剥奪する。社会から隔離し、暴力によって規律を強制するのである。この時、監獄という存在は、監獄外の社会構成員たちに影響を及ぼす。過酷な規律と厳酷な獄中生活は、監獄の外の世の中から見れば恐怖でしかない。近代国家の規律社会はこのようにして作られる。現代になると、パノプティコン理論は、情報監視社会を説明するのに有用なツールとなっている。

西大門刑務所歴史館でパノプティコンの理念をもっともよく具現した場所は、中央舎とそこに付属する三つの獄舎ではなく、「隔壁場」である。「隔壁場」は壁で通路にいくつも間仕切りをして、その中で運動をさせる設備をいう。これは獄舎を出て死刑場に向かう途中にある（右頁の写真は一九三〇年代の模型だが、ここでは二つある「隔壁場」のうち左側のものを指す）。扇形に建てられた塀の中に、まるでピザを一切れずつ切り分けるように、内部を壁で区切られたスペースがある。収監者たちはそこに一人ずつ入って行って運動をし、矯導官は扇の要にあたる場所の壇上にあがって全ての空間を監視する。全受刑者たちが運動する様子を一望に監視できる構造になっているのだ。現在のソウル拘置所へ行けば、こうした施設のより発展した形態が具現化されている。

ここには監獄の用語が残っている。中央舎入口の向かいには第三通用門という立て札が今も貼ってある。「通用門」の意味は〝人が出入りするのに使う門〟だが、韓国では使われなくなった言葉である。「教誨」という単語の意味も現在の韓国ではなじみが薄い。教え諭して懺悔させるという意味だが、主に思想犯を転向させる時に使っていた言葉である。日帝時代の転向工作を、一九七二年に憲法を改正することで、終身執権を企てた朴正熙が強化した。そうした政策の反映で、監獄内では非転向長期囚に対する拷問を伴う転向教育が横行したのだ。この転向教育のために専任されたのが教誨師だった。

「ペトンを叩く」という言葉もある。実際、監房にはペトンがある。看守を呼ぶ必要がある時に監

ペトン

房の壁の穴に指を入れて、木の棒でできたペトンを押し出す。すると「カタン」という音と一緒に、棒切れが廊下に落ちる仕掛けになっている。それは部屋の外からしか元通りにすることができない。ペトンが落ちているのを看守が確認しなければ、何の措置もなされない。もちろん、用もないのに敢えて看守を呼ぶことはできない。

監房に入れられた人たちは、絶えず互いに意思疎通しようと努力する。それを「通房《トンバン》」という。その方法の一つに「打壁《タビョク》」がある。あらかじめ音とそれに対応する文章を決めておき、壁をモールス信号のようにトントン叩いて、内容を伝えるというものだ。普通の人たちにはこれを聞いても何のことかわからないが、監房では可能だった。この方法で全獄舎に外のニュースが知らされたり、同志の安否が伝えられたり、上からの闘争指針も伝わった。ある人は打壁を通じて学習するまでになったというから、驚くべきことといわざるをえない。

尊厳を踏みにじる獄中生活

男子の獄舎は一二棟のうち、四つの獄舎だけが残っている。それだけでも幸運というべきか。だが現存する獄舎も実際には原型そのままではない。

もっとも手が加えられたのはトイレである。最初は「糞桶《ペンッキトン》（矯導所で使用する言葉で、監房内にある便器のこと）」を持って入り、床の上で用を足したが、その後、床を開いてその下に糞桶を置くようになった。冒頭で引用した李泳禧先生が述べている状況は、多分その時のことだろう。二〇代半ばに私が初めて獄中生活をした当時、永登浦矯導所のトイレはそのような「在来式」だった。便器の底ではネズミたちが便の上を這いまわっていた。タオルをビニール袋で包んで大きな蓋を作り、塞がなくてはならなかった。うまく塞がらないとひどい悪臭が伝わってくる。臭いが漏れないようにどんなにきつく塞いでも、蛆虫はよくも外に出てきては、床を這いまわったりした。

一九八七年四月、大田矯導所に移送されると、そこは和式便器（しゃがんで用を足す水洗式の便器）だった。とりあえず蛆虫の心配はせずにすんだ。臭いを遮断するのに悩まなくてもよくなった。大でも小でも水が溜まっているところに正確に狙いすまして用を足せば、便器をきれいに洗ってくれる。そして水が溜まる窪みの部分を蓋で塞ぎ、便器いっぱいに水を受ける。その水で洗面もし、水浴びもした。汚いとは思わなかった。この方法は、そこで出会った長期囚の姜勇州《カンヨンジュ》（註11）から教わった。大田矯導所の水洗式便器は革命的な変化だった。

二〇〇六年、平澤矯導所に収監された時からは洋式便器が使えるようになった。水道の蛇口も部屋ごとに設置されていた。配給された水を使っていた時代の監獄はもはや存在しなかった。獄中では水はあまりにも貴重なものだったが、現在の監獄では独房であれ雑居房であれ、水は水道から出して使う。ただし、今でもお湯は外からもらって使わなくてはならない。

西大門刑務所でも外から糞桶を持ち込んで置いていた痕跡があり、やがて部屋ごとに糞桶を設置した痕跡がある。そのことを、ここの獄舎以外の事例で説明した次第である。ソウル拘置所を移転する際にトイレまで撤去した理由はわからない。おそらく日帝強占期の姿に戻すためだったと推測するしかない。

展示の順路には受刑生活の変遷がみられる展示もある。受刑者たちの服が変わったことなどである。日帝強占期の囚人服は、未決囚は青、既決囚は茶色だった。刑が確定していない未決囚には「推定無罪の原則」が適用されていた。当然、囚人服はみすぼらしく、外から私物を持ち込まないことには、与えられた服だけでは真冬の寒さに耐えられなかっただろう。ところで解放後は、未決囚も既決囚もみな青い囚人服を着ていた。私が服役した一九八六年の監獄でも全員が青い囚人服だった。一九九〇年代になって人権運動家たちが問題提起をし、「憲法訴願」(註12)をしたことで、ようやく服の色が変わった。それで現在は、未決囚には茶色、既決囚には青い服が支給されるようになった。

西大門刑務所歴史館を訪れた人々がいちばん興味をもって眺めるのが、「カタ飯」だろう。八〇年代半ばに私が初めて監獄に入った時にも「カタ飯」があった。「カタ(型)」は「枠」を意味する日本語である。「カタ飯」とは、ご飯を型枠にはめて配給することをいう。型枠には一等級から八等級まであって、ご飯の分量が違っていた。等級別に型枠の木の厚さを変えるやり方で、八等級から一等級へと上がるにつれて増量されるという寸法である。日帝強占期には豆、麦、粟が主であり、米はほんの少し混ざるほどだった。ご飯に豆が多く入っているので「豆飯《コンパプ》」と呼ばれたが、それが今に至るまで「豆飯を食う(獄中生活をする)」という言葉となって残っている。

等級によって、本当にさまざまなことに差があった。等級制は囚人たちが少しでも腹を満たそうとして規律を守るよう、また不当な指示や命令にも服従させるように、仕向けるためのものだった。面会、運動、手紙の回数からして等級による違いがあったが、加えて食事の量にまで差があった。こうした日帝強占期における政策がそっくり二〇〇〇年代近くにまで引き継がれたのである。

獄中生活の辛さは、監房のスペースに比して、収容人数があまりに多いところからも発していた。過密収容は現在も解決されていない問題である。

多くの囚人が座っている時にはまるで大豆もやしの頭が出ているようで、寝る時には一人は頭を東に一人は西にして互い違いに横になる。それでもまだ横になるところがなければ、残りは立ち上がって、左右に一人ずつ力が強い者が板壁に背中をくっつけて両足で先に横になった者の胸を精一杯押す。そうすると、横になった者は「あ〜、胸骨が折れる」と大騒ぎだ。

しかし、押す方ではまた横になる場所ができるので、立っていた者がその間に横になり、何人でもその部屋にいる者が全員横になった後に押してくれていた者まで全員横になる。

（金九『白凡逸志』より〈註13〉）

白凡・金九〈註14〉先生が三回目に投獄された時の、西大門刑務所の監房の光景である。三坪余りの部屋に一〇人ほどが収監され、密度があまりに高かった。だから受刑者たちは昔も今も独房を好む。独房といっても、ゆったりしたスペースではない。李泳禧先生は長さ八尺、幅四尺と述べているが、〇・九坪にも満たないスペースだ。その独房に座ると、本当に棺桶の中に入っているとしか思えない。

かつて韓国の矯導所の独房は「〇・七五坪」という言葉に象徴されていた。大田矯導所の特別獄舎の独房が、おそらく〇・七五坪だったと思われる。だが、ここは〇・九坪まであるので、少しだけ広かったというべきか。五〇代になってソウル拘置所に収監された時には、一・五坪の独房で暮らした。しかし、それほど広いようには思えなかった。二人寝ても余るくらいの広さだというのに。李泳禧先生は水がかちんこちんに凍る真冬の監房について語ったが、二〇一〇年にソウル拘置所に入ってみたら、部屋には暖房が入っているのだった。床はそんなに温かくなかったが、ここはどこ？といった感じである。

独房のうち、光を遮断した部屋を「モッパン」という。西大門刑務所の第一二獄舎の中にはモッパンが三部屋あるが、坪数は他の独房よりも狭く、やっと〇・七坪ほどだ。ドアだけでも開いていればよいのだが、ドアを閉めたら隣に人がいてもわからない漆黒のような暗闇に変わる。

二〇代の時に収監された監獄で、モッパンに一晩閉じ込められたことがある。一点の光も入ってこないので、横にいる人のシルエットすら感じとれない。後ろ手に掛けられた手錠を足につないで連結させる「ブタ縛り」をされて、そのモッパンに入れられると、大小便はズボンの中にそのままするしかなく、特に食事はイヌの餌のように地べたを這いずって舐め食らうという経験を強いられる。つまり、モッパンとは徹底して尊厳をかなぐり捨てさせる、そんな懲罰の空間であった。モッパンがなくなったのは二〇〇一年に国家人権委員会が設立されてからしばらくたってのことだった。

上：獄舎の廊下／下右：独房／下左：光が遮断された独房「モッパン」
（写真提供：田中博）

政治犯獄舎と女獄舎

西大門刑務所第一一獄舎の一階の監房では、西大門刑務所における民主化運動に関連した展示が行われている。民主化運動家たちの監房に見立てた各部屋の前に、彼らの足型を彫って浮き彫りにした銅板が置かれている。各房ではそれぞれの民主化運動家の生涯がわかるように、簡単な展示が常設されている。李小仙《イツソン》〈註15〉女史、李敦明《イドンミョン》〈註16〉弁護士、朴炯圭《パクヒョンギュ》〈註17〉牧師のように、すでに故人となった人たちの部屋も、まだ存命中の人たちが入れられていた部屋もある。

政治犯たちは主に第一～七獄舎に収監されたというが、それらは全て取り壊されている。しかしながら、独立闘士たちや、解放後も非転向を貫いて長期囚となった民主化運動家たちが収容された第九獄舎は残されている。そこは中央看守所と連結されていない唯一の独立獄舎である。建物の壁面に銃痕が残っているが、これは朝鮮戦争の時にできたものだ。当時、ここに収監されていた受刑者たちが虐殺されたことが、最近になって知られるようになった。戦争初期、ソウルがあまりにもあっというまに朝鮮人民軍に占領されたため、韓国軍は収監者たちを置き去りにしてそそくさと撤収したが、その後、ソウルが奪還される時に、今度は撤収する人民軍が皆殺しにした。その後、一九五一年の1・4後退〈註18〉で再び韓国軍が撤収する時、収監されていた人たちを虐殺したという。

正門の右手にある小さな建物が、女性収監者たちが入れられた女獄舎である。これは一九一八年に建てられて一九七八年まで使用され、撤去された。案内板の説明によれば二〇〇九年に設計図面が発見され、それにもとづいて二〇一一年に原型通りに復元されたという。だが柳寛順烈士が殉国した場所として知られる、地下監獄へと続く階段は塞がれていた。地下監獄は初めからなかったものが誤って伝わったともいわれるが、どちらが正しいのかはわからない。

女獄舎全体が、女性独立運動家たちを称える展示で、全ての部屋と壁が埋め尽くされている。多くのコンテンツと展示物が隙間なく詰め込まれているので、息苦しい感じさえする。ここには男性収監者の獄舎では見られない展示物がいくつかある。黒い泥水のついた足袋と黒いコムシン（当時の朝鮮で日常的に履かれていたゴム製の靴）である。それぞれ一九三〇年代と四〇年代のものと推定されるが、女獄舎の補修工事をしていて見つかったのだという。女性収監者たちが編んで作った花瓶の台座もある。

西大門刑務所には「ハンセン病舎」もあった（撮影：田中博）

女獄舎では三・一運動当時に収監されていた女性独立運動家たちが紹介されるが、ことに第八号監房に特化して紹介している。そこは柳寛順、金《キム》香花《ヒャンファ》、権愛羅《クォンエラ》、申寛彬《シンクァンビン》、沈永植《シムヨンシク》、林明愛《イムミョンエ》、魚允姫《オユニ》、盧順敬《ノスンギョン》〈註19〉など、女性の独立運動家たちが主に収監されていた場所である。

この女子獄舎をめぐっては感動的な話が伝わっている。3・1運動で逮捕され収監された林明愛は、出産のため保釈された後、生まれた子どもを連れて再収監された。ともに収監されていた柳寛順たちは、おむつを自分の体にしまって体温で温めてやり、一緒に赤ん坊を育てたという。

一九三五年に逮捕された朴鎮洪《パクチンホン》〈註20〉は妊娠していたが、獄中で出産し、一年間子どもを育てた。彼女はその子に「植民地という〝鉄《チョル》〟格子に〝恨《ハン》〟が宿った」という意味で、「チョルハン」と名付けたが、子どもは監獄を出てわずか二か月で死んでしまったという。現在の監獄も、子どもを生んで育てるにはあまりに劣悪な環境だが、日帝時代の監獄で出産し、子どもを育てることは、仲間たちの助けなしには不可能だっただろう。このようにひどい監獄事情がより多く掘り起こされて、広く知られるべきだろう。

ともすれば女性にとってより過酷であった日帝の監獄は解放後もそのまま引き継がれたが、ここでもまた解放後の女性たちの収監については沈黙している。つまり民主化運動の中で収監された、または北朝鮮のスパイにでっち上げられ収監された国家暴力による女性の犠牲者たちの話は、ここにも取り上げられていなかった。

死刑場の前で黙祷を

西大門刑務所のもっとも奥まった場所に死刑場がある。一六五人の独立闘士たちを追慕する追慕碑の前をすぎると、赤い塀で取り囲まれたところが見える。手前にポプラの木が空高く屹立している。

ここの死刑場は一九一六年に建てられたという。当時、ポプラの木は、高さ五メートルの赤レンガの塀の外に一本、中にも一本、植わっていたという話がある。ところで、塀の外のポプラは正常に成長して天を衝くほどの高さになったが、内側のポプラは同じ年に植えたにしては、あまりに生育が悪かった。そこで人々は、このポプラを「痛哭のポプラ」と呼んだという。人が殺されていくのを見守った木が、ちゃんと大きく育つことができたであろうか。

「痛哭のポプラ」

死刑場は見るも物悲しい。三角屋根に黒光りする小さな木造建築。中に入ることもできないし、撮影も禁止されている。外から覗くと、入口から正面すぐのところに見える場所で、上の方に結びつけられた太いロープが楕円形に垂れ下がっている。その下には椅子がひとつ置かれている。その木製の椅子に死刑囚が座ると、ロープが下がってきて、死刑囚の首に掛けられる。すると床が抜けて椅子は下に落ち、ロープに掛けられた死刑囚の首が締まる。その時、大韓独立万歳と叫んで死んでいった者や、民主主義万歳を叫んで最期を迎えた者たちの心境はいかばかりであったか。生きた人間の首を絞めた、そして息の根を止めたあのロープ、一体あのロープによってどれほど多くの人々が命を失ったことであろうか。
建物の後ろに回ってみると、地下に降りる階段がある。地下で遺体を収容し、死刑場の裏門にある「屍躯門」（死体を運び出す門）を通って外に運び出したという。「屍躯門」は人が少し腰をかがめて通り抜けられる程度の通用路である。これはもともと全長二〇〇メートルだったそうだが、一九九二年に独立公園が造成される際に発掘され、四〇メートルだけ復元されたという。しかし現在、その入口は塞がれている。

朝鮮総督府の官報によれば、一九一〇年から四五年までの三五年間に一〇二五件の死刑が執行された。年平均二九・三件、月平均二・四四件である。解放後、大韓民国では一九四八年から九七年までに九二〇人を処刑した。年平均一八・八件、月平均一・五六件である。李承晩政権下で二五八人、朴正熙政権下で四七三人が刑場の露と消えた。そのうち、ここで執行された死刑がどのくらいになるか正確にはわからないが、一九一六年から八七年までは監獄として使われてきたことを考えると、相当数の死刑囚がここで死んでいったはずである。

無念の濡れ衣を着せられて、ここで処刑された者たちもいた。進歩党の曺奉岩《チョボンアム》〈註21〉、『民族日報』の趙《チョ》鏞寿《ヨンス》〈註22〉、「南朝鮮解放戦略党」関連者とされた権再赫《クォンジェヒョク》〈註23〉、「人革党再建委」の八名（本書二五一頁註〈5〉参照）などは、死後、再審によって無罪宣告を受けた人々である。日帝や独裁政権が政治的目的で司法殺人を犯したのは、一度や二度ではない。彼らは無実であったことが明らかになったが、それはすでに故人となった後のことだ。そうした事実は死刑制廃止を強く後押しする。

韓国は幸い、一九九七年一二月三〇日に二三人を死刑に処したのを最後に、死刑を執行していないので、事実上の死刑廃止国である。一九九九年に一五代国会で初めて死刑廃止法案が提出されて以降、二〇代国会まで毎回、同法案が提出されてきたが、法司委（国会法制司法委員会）も通過せずに自動廃棄される状況が繰り返されている。国際社会では死刑廃止が大勢となってからかなりたつ。世界の一四〇か国以上が死刑制度を廃止したが、韓国はあまりに遅れている。死刑場の前に立ったら、ここで死んでいった多くの命たちを記憶しつつ、黙祷するのがよいだろう。

監獄から取り戻すべき人権

近代国家において、罪を犯した受刑者たちに加えられる刑罰は「自由刑」である。犯罪者の自由を剥奪することで、刑罰を与える。これに比して、中世の刑罰は「身体刑」だった。犯罪者たちを鞭打ちしたり、身体の一部を切断したり、大衆の見ている前で処刑するといったやり方である。こうした残忍な処罰に替えて、近代になると、犯罪者といえども教化して、社会に適用できるようにしたのである。

西大門刑務所は韓国最初の近代監獄だといわれるが、それは日帝の引き写しというだけである。形態だけが近代なのであって、近代刑罰の原理である自由刑を具現した監獄ではなかった。それは前近代的な暴力と飢餓と疾病、過酷な労働搾取を体系化して、収監者を屈従させる日本帝国主義の統治機構、すなわち植民統治を効果的に遂行するための装置であった。このような監獄制度は解放後の大韓民国にもそのまま受け継がれた。

現代に入ってからは、国際社会で、被拘禁者の人権保護のための議論が進展を見せた。国連は一九九五年に制定、二〇一五年まで改訂を繰り返した、いわゆる「ネルソン・マンデラ規則（Nelson Mandela Rules）」と呼ばれる「国連被拘禁者処遇最低基準規則」を作り、これを遵守するよう加盟国に求めた。その規則一で「すべての被拘禁者は、人間としての生まれながらの尊厳と価値に対する尊重をもって処遇されなければならない。いかなる被拘禁者も、拷問及びその他の残虐な、非人道的な若しくは品位を傷つける取扱い又は刑罰の対象とされてはならず、またこれらの行為から保護される。これらの行為は、いかなる状況下においても正当な行為として実施されてはならない」と宣言している。被拘禁者の「自由の剥脱によって自主決定の権利を奪うものであり、正にこの事実の故に、犯罪者に苦痛を与えるもの」（規則三）が現代刑罰の本質であり、その目的は社会を犯罪から守ることであり、出所後、犯罪者が社会に再統合されるようにしようとすることだ。

日帝の慣行とシステムをそっくりそのまま継承した監獄が、こうした国連の基準に沿うよう変わり始めたのは、一九九〇年代以降のことである。一九八〇年代を通じて、良心囚（政治犯や思想犯のこと）たちは監獄の処遇改善のために闘争し、人権運動がこれを支持し、支援した。一九九〇年代の民主化過程で政府の努力が続けられ、二〇〇一年に設立された国家人権委員会が監獄内での人権侵害に対する調査と勧告を行ってからは、多くの変化があった。外部の監視下におかれるようになると、監獄内に存在した合法・非合法の暴力が徐々に見られなくなっていった。しかしそうはいっても、現在の監獄が国際人権基準に適合しているともいいがたい。

韓国の監獄の現実に関しては、まず過密収容という点が指摘される。国連の基準では独居収容が原則とされるが、それは夢のまた夢だ。雑居収容で初犯者と再犯者が同じ監房に寝起きするうちに、監獄が「犯罪学校」になってしまうという問題もある。また、極度に不足している医療システムも問題だ。人材も足りず、そうかといって外部の診療に出すことも難しい。ことに女性に対しては専門的な医療サービスが必要とされる場合があるが、これもまた限りなく不足している。結局、韓国の監獄はハードからソフトまで全てに問題があると、国際社会から絶えず指摘を受けてきたというのが現実だ。

西大門刑務所は残念なことに、その原型をほとんど残していない。一時期は四五〇〇人、通常三〇〇〇人の受刑者を収容していた韓国の代表的な監獄は、今や監獄の象徴である塀と望楼の大部分を失い、建物のほとんどが撤去されたまま、ある特定の目的をもった展示主体の空間に作り替えられたことによって、ここがもつ歴史としての磁場はひどく歪曲され、毀損されてしまった。むしろ今では、特定の目的に沿った展示館といった方が正しいかもしれない。拷問に代表される苦痛の展示、一般犯の受刑生活を省いた独立運動中心の展示、日帝強占期の展示に限定することで、解放後の民主化運動については隠蔽しようとする。そうした展示が、ここを訪れる観覧客たちにもたらす効果とは何であろうか。

だが、ここでは展示されていない、故意に隠されている点を見出してようやく、欠けたところのない歴史を描くことができるのだ。いかなる社会であれ、監獄は独自に存在するのではなく、多くの法と制度、体制と結びついている。刑罰・処罰権を付与された支配勢力は監獄を通して統治意志を実現する。韓国の監獄は「有銭無罪、無銭有罪」、もしくは「有権無罪、無権有罪」の象徴であった。犯罪で収監される人々は、ほとんどが弱者たちだ。空腹に耐えかねてラーメンひとつ盗んだ人が、前科者という理由で三年刑を宣告されるのに対して、三億ウォン詐欺をはたらいた者は執行猶予で釈放されるといった具合だ。ひと頃、財閥の会長たちが収監されたとたん、詐病で執行猶予を受けて出所したことで、「病気だから財閥だ」という風刺が流れたこともあった。

監獄の歴史の上に、こんにちの人権がある。一坪にも満たない監房で、星影も射さない監房で、鉄格子がいっそう冷たい真冬の氷点下の監房で、保安課の地下拷問室で、そしてまともな治療も受けられなかった病室で、ともすれば操作と歪曲の力によって最期を迎えねばならなかった死刑場で、「人」を読み取らなくてはならない。独立運動と民主化運動の闘士たちの顔の上に、この社会の最底辺に生きる人々の顔を重ね合わせて見るべきだ。また、監獄をそこに囚われた人たちのものとしてのみ考えるのではなく、監獄に結びついている多くの関係性、そしてその中に閉じ込められた無数の人々の関係性を、ともに考えてみる必要がある。

一九九八年一一月に西大門刑務所歴史館が開館してから、もう二〇年を超えた。今や展示の方向性や内容も時代の流れに沿って変わるべき時に来ている。それはすなわち人権の観点から、ということだ。

【註】

〈1〉拘置所は刑が確定していない者を収容する施設。矯導所は刑が確定した犯罪者を収容する施設のことで、刑務所と同義。

〈2〉李泳禧（一九二九〜二〇一〇年）はジャーナリスト、社会評論家。一九五七年から七一年までジャーナリストとして活動し、七二年に漢陽大学の教授に就任。在職中の七六年に朴正熙政権によって解雇され、八〇年三月に復職するが、同年夏、全斗煥政権によって再び解雇され、八四年に復職。また七七年には反共法違反で服役するなど、生涯に五度の投獄を経験し、一〇一二日を獄中ですごした。

〈3〉朝鮮王朝末期、明成皇后虐殺事件（一八九五年）をへて、政府の対外追従政策に反対した開化派知識人たちによって八六年に結成された政治結社。独立門、独立館の建立のほか、初の朝鮮語による新聞『独立新聞』を発行して民権思想の普及にあたった。

〈4〉中国歴代王朝の皇帝が、周辺諸国の君主に王・侯の爵位を授け、朝貢を受けることで君臣関係を形成し、その君主による統治を認めて統属させる体制をいう。

〈5〉李鉄秉（一九三七～七五年）は統一運動家。一九六〇年の4・19学生革命後、在学していた慶熙大学で「民族統一研究会」を結成し、「統一問題大講演会」を開催するなど学生層の統一運動を主導した。六一年二月には「民族自主統一中央協議会」を結成し、南北交流を通した統一による民衆生存権の確保を主張した。だが同年五月一六日の朴正熙による軍事クーデター後、その活動が犯罪視され、逮捕される。懲役一五年刑を宣告されて投獄されるが、六八年に出所。一九七一年九月に「経絡研究会」を設立して4・19学生革命時の活動家たちを再結集し、ソウル、光州、大邱、釜山を包括する組織体系を形成したが、この動きが朴政権によって「人民革命党再建委員会」として捏造された。

〈6〉ジェームス・シノット神父（一九二九～二〇一四年）は、一九六〇年、ニューヨークのメリノール外邦宣教会から司祭として韓国に派遣され、仁川教区で宣教した。七五年、人革党再建委事件の再審二次公判を目前に、この事件に抗議し、本件が拷問や公判記録の操作などによって捏造されたとする真相を国内外に広く伝えた。そのため、同年四月三〇日に「ビザ期間満了」を理由に韓国から追放された。二〇〇二年に民主化運動記念事業会の招請で韓国に戻り、永住。二〇二〇年六月、大韓民国政府より国民褒章を授与された。

〈7〉一九三〇年代、京城（都を意味する日本統治期の呼称で、解放後「ソウル」に改められた）を中心に反帝国主義闘争、学生運動、労働運動、農民運動、読書会などの活動を展開した労働組合活動家たちによる社会主義運動団体。労働大衆の自発性と自主性を尊重し、「それぞれの運動者が自分の自由意思に応じて個人的に接触して大衆を獲得し、かなりのグループが作られた時に初めて組織を作る」という原理に基づいて組織化された（https://www.tongilnews.com/news/articleView.html?idxno=133240）。

〈8〉柳寛順（一九〇四～二〇年）は「朝鮮のジャンヌ・ダルク」と呼ばれる独立運動家。ソウルの梨花学堂（現・梨花女子大）に在学していた一九一九年、学生リーダーとして3・1独立運動に参加した。学校閉鎖後、故郷の忠清南道に帰り、各地で運動を展開するが逮捕され、投獄。二〇年九月、拷問により獄中で病死した。

〈9〉安昌浩（一八七八～一九三八年）は独立運動家。朝鮮王朝末期の独立協会に参加。平壌に大成学校、定州に五山学校を設立するなど、民族独立の道を民族自強に見出し、民族教育に注力した。3・1独立運動の後、亡命先のアメリカから上海大韓民国臨時政府に合流し、金九らとともに抗日運動に尽力するが、一九三二年四月二九日、上海の虹口公園における天長節（昭和天皇の誕生日）祝賀会で尹奉吉が起こした爆弾投擲事件に関連して逮捕され、朝鮮に送還されて三年間服役。三七年、民族の自主独立を目指して結成された「同友会」での活動が治安維持法に触れるとして再逮捕され、過酷な拷問を受ける。病気により保釈されるが、まもなく死亡した。

〈10〉『西大門刑務所歴史館』図録（二〇一〇年）、一〇三頁の訳による。

〈11〉姜勇州（一九六二年～）は一九八〇年五月の光州抗争の時、高校生市民軍として道庁に入るが、二七日未明、迫りくる戒厳軍に恐れをなして逃亡する。翌年、全南大医学部に入学し、学生運動に参加するが、在学中の八五年に「欧米留学生スパイ団事件」に連座して逮捕され、無期懲役で服役。転向書の作成を拒否し、九九年三月の出所まで一四年間を世界最年少長期囚として過ごした。出所後に復学して医師となり、光州抗争など国家暴力に起因するトラウマ治癒の専門機関として二〇一二年に開所した光州トラウマセンターの初代センター長を務めた。「欧米留学生スパイ団事件」については本書二二一頁註〈11〉を参照のこと。

〈12〉大韓民国憲法裁判所によれば、憲法訴願とは、「公権力の行使または不行使により憲法上保障されている基本権の侵害を受けた者が、直接、憲法裁判所にその公権力の行使または不行使の違憲審査を請求し、基本権の救済を受けることができる」とする制度のこと。

〈13〉『西大門刑務所歴史館』図録、一〇四頁の訳による。

〈14〉金九（一八七六〜一九四九年）は独立運動家で、一九一九年の3・1独立運動をへて上海に亡命。大韓民国臨時政府に参加し、国務領を務める。三二年に李奉昌による天皇暗殺未遂事件、尹奉吉による上海虹口公園での日本要人を狙った爆弾投擲事件を決行させた。以後、日本当局の追っ手を逃れて臨時政府は上海を離れ、各地を転々とすることになる。蒋介石の中国国民党と行動をともにしながら四〇年に重慶に拠点を定め、韓国光復軍を創設した。一九四五年一一月に帰国し、韓国独立党党首となる。四八年、南朝鮮の単独選挙に反対し、平壌での南北政党社会団体連席会議に出席して分断の回避に努めたが、四九年、李承晩派の陸軍将校・安斗熙によって暗殺された。

〈15〉李小仙（一九三〇〜二〇一一年）は労働運動家。一九七〇年一一月一三日に「勤労基準法遵守」を叫んで抗議の焼身自殺をした縫製工・全泰壹（一九四八〜七〇年）の母で、息子の遺志を継いで被服労組の活動を牽引し、多様な労働者闘争と連帯する活動により「労働者の母」と呼ばれた。また「人革党再建委」事件の遺族たちとの連帯、朴正熙政権下での政治犯救援活動、疑問死究明運動、学生運動支援などにも携わり、二度の投獄を経験した。八六年八月に結成された民主化運動犠牲者の遺族会「全国民族民主遺家族協議会」の初代会長を務めた。

〈16〉李敦明（一九二二〜二〇一一年）は、判事を経て一九六三年より弁護士となる。七四年の「民青学連事件」の弁護を引き受けたのを機に、人権弁護士として活動した。七五年の人革党再建委事件、七九年のYH事件（YH貿易の女性労働者たちが労働者の権利保障を求めて野党・新民党本部に籠城したが、警察によって強制排除される過程で犠牲者が出た事件）、同年一〇月二六日の朴正熙暗殺事件を起こした元KCIA部長・金載圭の弁護などにより、自身も投獄されるなど権力からの弾圧を受けた。

〈17〉朴炯圭（一九二三〜二〇一六年）は一九五九年に牧師となり、六〇年の4・19学生革命でデモ隊の学生たちが銃撃されるのを目の当たりにして衝撃を受ける。六九年に朴正熙の大統領三選を可能とする憲法改正（三選改憲）に反対する運動に加わる。七二年にソウル第一教会の主任牧師となって以降、より積極的に民主化運動に献身。七三年四月、南山野外音楽堂でのイースター礼拝で独裁政権に対しての闘いを宣言する声明を発表し、国家内乱予備陰謀容疑により、その場で当局に逮捕され投獄された。七四年、民青学連事件で再逮捕され、一五年の牧師資格停止を言い渡されたのを機に、貧民宣教と人権運動に飛び込む。続く全斗煥政権期の八三年八月、ソウル第一教会に正体不明の者たちが現れて礼拝を妨害し、信徒たちに暴行を加え、教会内部を破壊したあげく、教会を封鎖。それから六年間、朴牧師と信徒たちは路上で礼拝を守った。六回にわたる投獄体験をもつ朴牧師は「路上の牧師」と呼ばれた。詳細は自伝『路上の信仰―韓国民主化運動を闘った一牧師の回想』（山田貞夫訳、新教出版社、二〇一二年）を参照のこと。

〈18〉一九五〇年六月の朝鮮戦争勃発後、九月の仁川上陸作戦（本書七三頁註〈26〉参照）を機に国連軍は戦線を押し戻して北進したが、まもなく中国義勇軍の参戦により後退し、五一年一月四日にソウルが朝鮮人民軍に奪還された。この出来事を「1・4後退」という。


〈19〉金香花（一八九七年〜?）は妓生で、水原において3・1独立運動を主導した。

権愛羅（一八九七〜一九七三年）は梨花学堂で柳寛順の二年先輩にあたり、一九一九年に開城において3・1独立運動を主導。

申寛彬（一八八五年〜?）はキリスト教伝道者。開城で権愛羅らとともに3・1独立運動を主導。朝鮮独立宣言書を配布し、逮捕された。

沈永植（一八九六〜一九八三年）はキリスト教伝道者で、権愛羅、申寛彬らとともに開城で3・1独立運動を主導。

林明愛（一八八六〜一九三八年）は救世軍の伝道者。京畿道坡州で夫らとともに二度にわたって3・1

独立運動を主導。六月に投獄された時に妊娠中だった林は、一〇月に保釈されて出産し、一一月に赤ん坊を連れて再収監された。

魚允姫（一八八〇～一九六一年）はキリスト教伝道者。権愛羅、申寛彬、沈永植らとともに、開城一帯で朝鮮独立宣言書を配布し、3・1独立運動を主導。

盧順敬（一九〇二～七九年）はセブランス病院看護師で、京城で3・1独立運動に参加し、逮捕された。

〈20〉朴鎮洪（一九一四年～?）は一九三〇年代の独立運動を主導した社会主義者、労働運動家、「京城トロイカ」構成員。西大門刑務所に四回投獄された。妊娠中に収監され、一九三五年八月頃に獄中出産。朴の母親が孫となるその子を抱いて娘の裁判に出席した姿が一九三六年七月一六日付『東亜日報』に報じられている（https://m.khan.co.kr/politics/politics-general/article/201901220600065）。「京城トロイカ」リーダーの李載裕は最初の夫である。

〈21〉曺奉岩（一八九九～一九五九年）は独立運動家であり、後に韓国の進歩的政治家となる。一九四八年五月一〇日に南朝鮮単独で行われた選挙に立候補して当選。一九五六年五月の大統領選挙に立候補し、前回（五二年）選挙から三倍の票を獲得したことで、李承晩を脅かす存在となる。五六年一一月に進歩党を結成。国会議員選挙を目前にした五八年一月、進歩党が掲げた平和統一スローガンを理由に、北朝鮮と内通して選挙資金を受け取っていたとして国家保安法違反疑惑で逮捕され、翌年七月三〇日に処刑された。二〇一一年一月に開かれた再審事件宣告公判において、最高裁判事一三人が全会一致で無罪を宣告した。

〈22〉趙鏞寿（一九三〇～六一年）はジャーナリスト。一九五一年から六〇年まで日本に滞在し、在日本大韓民国居留民団の活動にかかわる。帰国後、一九六一年二月に『民族日報』を創刊。同年五月一六日の軍事クーデター後、朴正熙政権の言論弾圧により民族日報社が封鎖され、数名の幹部とともに逮捕された。「北朝鮮（朝鮮総連）からの工作資金で同紙を発刊し、共産主義を鼓舞した」との容疑で八月に死刑判決を受け、一二月に処刑された。裁判所は二〇〇七年四月に趙の弟が提出した再審請求を受け入れ、二〇〇八年一月にソウル中央地裁は四七年ぶりに無罪を宣告した（https://jp.yna.co.kr/view/AJP20080116001300882）。

〈23〉権再赫（一九二五〜六九年）は、ソウル大卒業後、一九五五年から六一年までアメリカの大学院で学んだ経済学者。帰国後は建国大、陸軍士官学校で経済学を担当した。六二年に結成された合法的団体「民主社会同志会」に参加。六八年七月三〇日〜八月一二日、KCIAによって突然連行され、五三日間の拘禁で過酷な拷問を受ける。八月二四日、KCIAは権再赫らを「統一革命党地下スパイ事件」容疑者だとして、統一革命党が「在日朝鮮総連国内地下組織である仮称『南朝鮮解放戦略党』とも接触して莫大な工作資金を得て、朝鮮総連系のダミー会社設立を画策した」と発表した。また、南朝鮮解放戦略党を統一革命党の下部組織として、権をはじめ一三人が一九六七年一月一日に戦略党を組織したと発表した。権再赫は本件の首謀者とされ、六九年九月二三日に最高裁判所で死刑が確定し、同年一一月四日に死刑が執行された。二〇一四年五月一六日、死刑執行から四五年ぶりに最高裁での無罪が確定。女優クォン・ジェヒは無罪確定後、テレビ番組で権再赫の娘であることを明かした。本件の経過と詳細についてはニ〇二〇年六月七日付の「オーマイニュース」に詳しい（http://www.ohmynews.com/NWS_Web/View/at_pg.aspx?CNTN_CD=A0002647126）。

VIII

春を訪ねる三つの道——磨石牡丹公園

옷도 세상도 건물도 자동차도
이 세상 모든것을 노동자가 만들었습니다
노동자가 세상의 주인 아닙니까
그런데 우리는 하나가 안되어서
천대받고 멸시받고 항상 뺏기고 살잖아요
이제부터는 하나가 되어 싸우세요
하나가 되세요
하나가 되면 못할것이 아무것도 없습니다
태일이 엄마의 간절한 부탁입니다
여러분이 꼭 이루어주세요
어머니의 말씀 중에서. 신영복

焼身自殺した息子の遺志を継いで生涯を労働運動に身を捧げた
李小仙の言葉が刻まれた墓碑

熱く生きた者たちが死んで集められた場所

ソウルから春川へ通じる京春国道に沿って、京畿道南楊州市和道邑を過ぎると磨石《マソク》牡丹《モラン》公園である。牡丹美術館のそばにあり、公園墓地と美術館が並んでいることからして異色である。園内に入ると両脇にそそり立つ木々が鬱蒼とした林道を形づくっており、ここが歳月を重ねた場所であることを教えてくれる。牡丹公園は一九六六年より公園墓地としての造成が始まり、六九年から埋葬が始まった。現在までに約一万三〇〇〇基の墓が建てられたそうで、山全体が公園墓地となっている。ここには、民主化運動、労働運動、人権運動、統一運動など、各分野の社会運動にたずさわった者たちの墓が一五〇基ほど入っている。そこで、ここを「民主烈士墓域」と呼ぶ。

牡丹公園の民主烈士墓域はゆるやかな山腹にあり、山中に広がる穏やかな庭園のようである。さほど丈の高くない墓たちがゆったり間隔をおいて配置されているが、墳墓には高低差があり、墓の形状もそれぞれ違っていて、そこがとても自然な感じだ。白雪が覆う冬になると、温かみすら感じさせる場所である。

だが、ここは熾烈な歴史の現場である。直近の現代史を全身で動かしてきた人たちの墓が集まる所である。民主烈士の墓にはそれぞれ死者の履歴を記した小さな案内板が立っており、墓碑には赤いハチマキが巻かれている。ここでは毎日のように誰かの追慕式が行われている。

公園入口の案内板の前に立ってみよう。初めて牡丹公園を訪れる人は、ここで墓域の地図を見て、自分が訪ねようとしている墓の場所を事前確認したほうがよい。墓地番号までわかったうえで行けば迷わずにすむ。案内板の脇道を入ると、まるで山寺の山門をくぐったような気分になる。この世を離れてあの世へと渡る、死者たちの世界に入って行くような感覚といえようか。

ここに葬られた者たちの死に方もさまざまである。焼身などの自決によって死を選んだ者、公権力によって殺された者、「疑問死」といって公権力による殺人が疑われながらも、いまだ真相が明らか

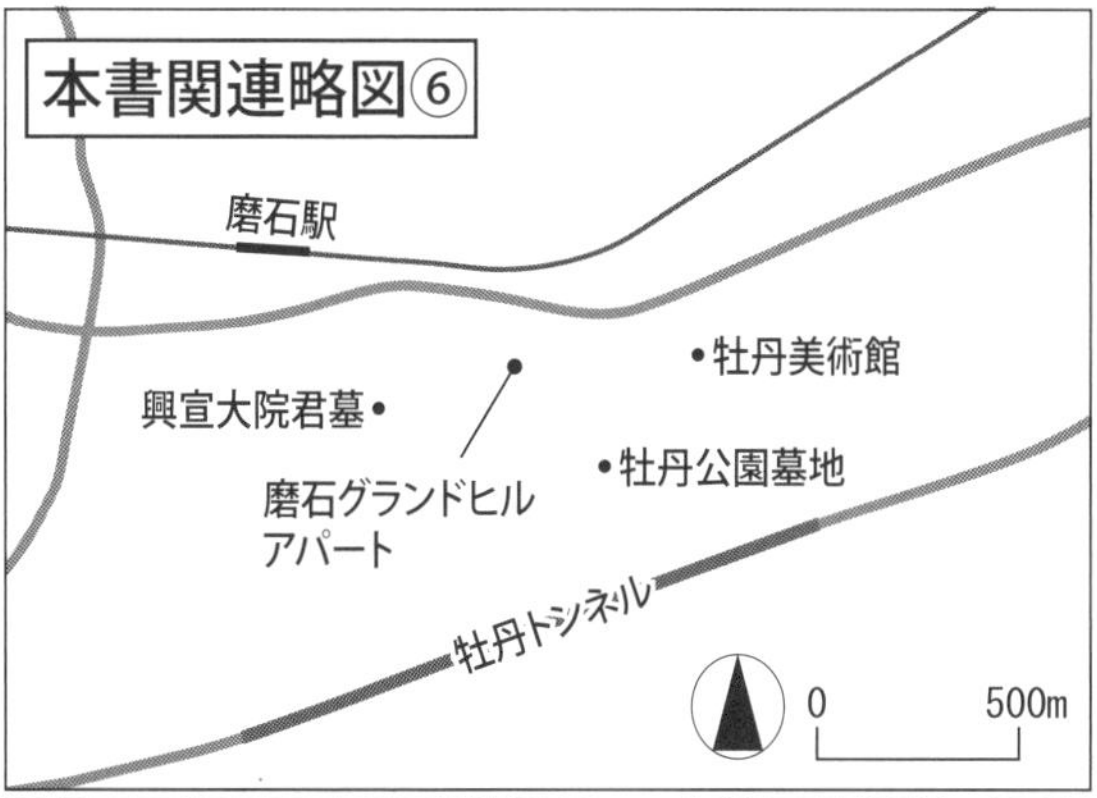

牡丹公園入口（上）と民主烈士墓域の案内板
（撮影：田中博）

にされていない不審な死をとげた者もいる。老年になるまで活動してきた者がいる一方、二〇代にして運動の現場で命を落とした者も多い。思想も、理念も、党派も異なり、生きてきた人生もそれぞれに違っているが、私益のためでなく公共の利益のために、全身全霊を捧げて一時代を生き、そして死んでいったという共通点がある。

伝統的に、「烈士」とは不義に抗い、自身の命を捧げる「抵抗的自殺」をとげた者たちを意味した。だが一九八〇年代を通じ、本来の厳格な概念は大きく変わった。公権力による他殺、民主化運動の中での「疑問死」はもちろん、病死や事故死までが含まれるようになり、今では烈士の概念がもう少し幅広い意味で使われている。そこで社会運動に従事していて亡くなった者たちの総称として「烈士」または「民主烈士」と呼んでいる。

碑石の表面だけを見ないように

私が牡丹公園についてよく知っているだろうと思っている人たちから、時々、案内を頼まれることがある。案内のたびに私がその人たちに言うことがある。ここを全体として見るように、そうすれば韓国現代史が見えてくるし、社会変革のために心を砕いて死んでいった人々の人生が見えてくる、と。そして墓域をめぐる時に、碑石の表側だけではなく、裏側もよく見るよう勧める。通常、碑石の表側には「誰それの墓」と刻まれていて、墓の主が誰であるかを教えてくれる。そして側面には出生と死亡の年月日と家族たちの名が、裏面には普通ならその人の略歴や遺志を集約した文言が記されてい

磨石牡丹公園の「民主烈士墓域」

る。つまりそこが誰の墓かを知るにとどまらず、その人の一生までくまなく見ることができる。

しかしながら、牡丹公園をきちんと回って見ることは、口でいうほどに簡単ではない。一五〇人を超える死者たちの一生を知ろうとすれば、あまりにも時間がかかる。「民主烈士墓域」とはいうものの、順不同、不規則に、その時その時に墓が作られてきたからだ。今でこそ納骨されるケースが増え、遺骸が火葬されて空になった墓が増えているが、一〇年余り前までは、ここに墓を作ろうとしても空きがなかった。他の人が確保しておいた場所を、泣いて頼んで使わせてもらったり、ある時には稜線を削って新たな墓を作ったりもした。時代も分野も関係なく、その時その時に入ってきた墓が一般人の墓と共存していたのである。そのため、ある特定人物の墓を訪ねるのではなく、ただ万遍なく回ってみようとすれば、一体どこから歩き始めればよいのか、そしてどこに向かって進めばよいのか、動線を描くのが漠然となってしまう。

ここに初めて来た人たちは、おそらく全泰壹《チョンテイル》（一九四八〜七〇年）、文益煥《ムンイッファン》（一九一八〜九四年）、金《キム》槿泰《グンテ》（一九四七〜二〇一一年）、魯会燦《ノフェチャン》（一九五六〜二〇一八年）、朴鍾哲《パクジョンチョル》（一九六四〜八七年）などの墓をまず訪れるようだ。いずれも韓国民主化運動の歴史では欠かすことのできない名である。

ソウルの平和市場で裁縫工をしていた全泰壹は一九七〇年一一月一三日、労働者の生存権を主張するために焼身自殺をとげた。彼の死は学生運動を労働運動に結びつけ、八〇年代半ばの労・学連帯を生み出す。

全泰壹をひそかに尊敬していたソウル大生の朴鍾哲は、八七年一月に無実の容疑で警察に連行され、水拷問の末に死亡した。この出来事が発火点となり、反拷問を叫ぶ民主化デモが各地に広がり、六月二九日の歴史的な「民主化」宣言を引き出すことになった。

八〇年代初め、大学生の身分を偽って工場労働者となった魯会燦は、労働運動家として投獄される経験もしながら進歩政党を結成し、二〇〇〇年代以降は国会議員を務めていたが、二〇一八年七月、不正資金受け取りの疑惑をかけられ投身自殺した。

間島（豆満江以北の現・中国吉林省延辺をさす地域の旧称）を故郷とする文益煥牧師は詩人でもあり、七〇年代半ばより民主化運動、統一運動に邁進し、八〇年の光州抗争後、内乱予備陰謀罪で服役した。彼の活動は在野統一運動の求心点となり、生涯に六回の投獄を経験し、一〇年余りを刑務所で過ごした。八九年四月に訪朝し、金日成《キムイルソン》との二度の面談後、北朝鮮の祖国平和統一委員会とともに「自主・

平和統一・民族大団結の三大原則に基づく統一問題の解決」など、九項目からなる共同声明を発表。帰国後、国家保安法違反で逮捕、収監された。

なお、一九七〇～八〇年代の民主化運動とたび重なる投獄経験をへて、九〇年代より政治家として活動した金権泰については本書二一〇―二一三頁／二二一頁註〈12〉を参照されたい。

このように一度でも名前を聞いたことのある人々の墓から行ってみるのも、この場所に慣れるのに良い方法である。あるいは、自分が関わっている分野の人たちの墓から訪ねてみるのもよいだろう。

ここでは、テーマ別に「労働の道」「民主の道」「人権の道」を設けてみた。この三つの導線は、私が便宜上考えたものだ。民主烈士墓域に葬られた人たちのうち、もっとも多くを占めるのが労働運動家なので、まずは「労働の道」から始めたい。

労働の道

労働運動の聖地と認識されるほど、ここには多くの労働運動家たちの墓がある。後段で紹介する主な名前を入口から順に見ていくと、金鍾洙《キムジョンス》―ソン・チョルスン―成完煕《ソンワンヒ》―金峯煥《キムポンファン》―金末龍《キムマルリョン》―朴永鎮《パクヨンジン》―全泰壹―キム・ヨンギュン―金景淑《キムギョンスク》―文松勉《ムンソンミョン》―ペ・ジェヒョン―金珍洙《キムジンス》などへと続く動線を描くことができる。

全泰壹（一九四八～七〇年）、金珍洙（一九四九～七一年）、金景淑（一九五八～七九年）は一九七〇年代に亡くなった労働運動初期の人々である。朝鮮戦争後、韓国には労働運動というものが存在しなかった。ところが一九七〇年の全泰壹烈士による抗議の焼身自殺以降、労働運動の再建が始まった。繊維工場の労働者・金珍洙は、労働組合を無力化しようとする会社から雇われた「救社隊」[註1]によってドライバーで頭部を殴られ、病院に運ばれたが、事件の隠蔽を図った会社側が状況説明を拒んだため治療を受けられずに放置され、二か月後に死亡した。金景淑は、かつら輸出業のYH貿易の女性労働者で、一方的な廃業と倒産を通告した会社に抵抗して当時の野党・新民党本部に籠城した労働組合の一員だった。百数十名に及ぶ女性労働者たちを強制排除するために機動隊一〇〇〇人余りが投入され、混乱の中で窓から墜落死した。

朴永鎮（一九六〇〜八六年、本書二六七頁参照）、成完熙（一九七四〜八八年、縫製工）、ソン・チョルスン（一九六三〜八八年、本書二六八頁参照）、金鍾洙（一九六六〜八九年、縫製工）などは一九八〇年代の労働運動の現場で亡くなった人たちだ。彼らは八七年の労働者大闘争に前後して、労使協調の御用的路線をとってきた韓国労総（韓国労働組合総連盟：一九六〇年〜）に対抗する全国中央組織として結成された全労協（全国労働組合協議会：一九九〇年〜）が、後身の民主労総（全国民主労働組合総連盟：一九九五年〜）の活動へと発展する過程で、この世を去った。

その他にも全教組（全国教職員労働組合）や公務員労組の活動をする中で、命を落とした者たちの墓がある。後述するペ・ジェヒョン（一九七一〜二〇一五年、本書二六八頁参照）やこれらの人々は、二〇〇〇年代の非正規職労働運動に関する活動をしていて亡くなった。そのことから、韓国の労働運動の比重が非正規職労働問題に移っているのがわかる。

また一七歳で水銀中毒死した文松勉（一九七一〜八八年、本書二六九頁参照）や、二硫化炭素中毒症と高血圧に苦しみながら死んでいった金峯煥（一九三八〜九一年、本書二六九頁参照）の死は、一九八八年

全泰壹の墓。左後方に母・李小仙の墓が見える

に初めて労働災害が社会的議題として取り上げられる契機となった。だが、二〇年たって労働運動は進展したとはいえ、現場はいまだに安全ではないことが、後述する若いキム・ヨンギュン（一九九四〜二〇一八年、本書二六九—二七〇頁参照）の凄惨な労災死によって証明された。

さらに、ここでは労働運動に関連した多様な流れも確認できる。熾烈を極めた一九七〇年代以後の労働運動の歴史の大半がここにある。

全泰壹の墓碑には、「三〇〇〇万勤労者の代表、キリスト青年・全泰一の墓」と刻まれている。当時は工場労働者が三〇〇万ほどしかいなかった時代である。母の李小仙（一九二九〜二〇一一年、本書二五三頁註〈15〉参照）は四一歳で長男の全泰壹を喪った。彼女は札束で懐柔しようとした中央情報部（ＫＣＩＡ）機関員や労働部等の役人たちに欺かれることなく、息子の精神を守り抜いた。

全泰壹は母・李小仙に、「お母さん。ぼくができなかったことを、お母さんが必ず成し遂げてください」と懇願した。李小仙は死にゆく息子を前に、「わかった、何も心配するな。私の命が燃えている限り、必ずおまえの遺志を遂げてみせるから」と応じた。彼女は息子がはたせなかった夢をはたすために、数えきれないほど留置場と監獄を出たり入ったりしながらも、決して倦むことはなかった。清渓川《チョンゲチョン》被服労働組合を作り、平和市場で古着を集めて修繕し、それを売った金で労働者たちにククス（麺料理）を食べさせた。息子の全泰壹が生前、バス代を惜しんで夜を徹して歩いて帰宅し、そうして集めた金でパン菓子を買って、お腹を空かした未成年労働者たちに分けてやったように、息子の遺志を継いだ李小仙もまた労働者たちの権益を守ることから民主化運動全般に至るまで、幅広い活動を展開した。全国にいる烈士たちの遺族を集めて、遺家協（現在、全国民族民主遺家族協議会。一九八六年八月に結成された遺族の団体）の結成にも動いた。人々は李小仙を、全泰壹のオモニから、「みんなのオモニ」と呼ぶようになった。

李小仙は全泰壹の死後四一年をそのようにして活動し、二〇一一年九月、息子のかたわらに葬られた。おそらく李小仙がいなかったら、こんにちの全泰壹もいなかっただろう。彼女の墓は、長男・全泰壹の墓の背後にある。墓碑の表には、明るく笑いながらマイクを握る生前の写真が刻まれている。裏面には、日ごろ彼女がよく語っていた言葉が、経済学者・申栄福《シンヨンボク》（一九四一〜二〇一六年）の揮毫により刻まれている。

着る物も、世の中も、建物も、車も
この世の中の全てのモノは労働者が作りました。

労働者がこの世の中の主人ではないのですか?
それなのに私たちは一つになれず、
冷遇され、蔑視され、いつも搾取されて生きてるじゃないですか。
これからは一つになって闘ってください。
一つになってください。
一つになれば、できないことは何もありません。
泰壹の母の切実な願いです。
皆さんで必ずや成し遂げてください。

全泰壹の墓よりも手前、二段下のいちばん端に、朴永鎮の墓がある。私は朴永鎮の葬儀の時に、初めて牡丹公園を訪れた。一九八六年の春だった。九老工団・新興精密の労働者だった朴永鎮は、同年三月一七日の昼休みに、初任給引き上げ、一日八時間労働の正常化、強制残業と徹夜特勤の撤廃、不当解雇撤回などを求める抗議行動を計画していたことが会社側に露見し、声明文を読み上げて要求事項を叫んだところで救社隊と警察が投入され、屋上まで追い詰められた末に焼身自殺した。彼の遺体は警察に奪取され、碧蹄火葬場で焼かれた。李小仙が集めて持っていた遺骨が一か月後にここに埋葬された。それを妨害するために戦闘警察(日本の機動隊にあたる組織)が墓域一帯を取り囲み、一進一退の攻防の末、かろうじてここに墓を設けることができた。碑石の表には「労働者　朴永鎮」とだけ刻まれている。裏面には、「全泰壹烈士が成し遂げられなかったことを私がなそうとしたが、申し訳ない、先に逝くから最後まで闘ってくれ！」と記されている。ところで、この墓には彼の父親である朴昌鎬と、九老工団でともに活動した二人の労働者がともに埋葬されている。つまり、そこは一つの墓に四人がともに眠る場所である。

民主烈士追慕碑のすぐ後ろの段の右端には、女性労働者ソン・チョルスンの墓がある。一九八八年、仁川の世昌物産でストライキの基金を集めるための連帯集会の準備中、横断幕を垂らそうと工場の屋根に上った彼女は、粗末なスレート屋根が崩れ落ちるのに巻き込まれて墜落死した。

追慕碑の左側に入るとペ・ジェヒョンの墓がある。民主労総・金属労組のＨＹＤＩＳ支会の支会長だったペ・ジェヒョンは、二〇一五年五月に雪嶽山で縊死した。台湾資本が運営する会社がリストラを断行し、これに対して労組は早期退職を受け入れたものの、それまでのストライキを不法とみなした会社側から、操業停止により受けたダメージに対する損害賠償の仮差し押さえまでされる状況に追い込まれた〈註2〉。そのことに思い悩んだ支会長は、状況の重さに耐えきれなかったと見られる。結局、ＨＹＤＩＳ支会は解散となった。彼の墓碑に記された遺書は、次の言葉で始まる。

千思不如一行（一千回の考えは一回の行動に及ばない。）

「お腹が空いて死にそうだ」という遺書を残して死んだ、三星電子サービスの非正規職労働者がいる。他社の非正規職問題とも連帯して闘い、力尽きた起亜自動車の非正規職労働者も――。一九七〇年の全泰壹と一九八六年の朴永鎮、一九八八年のソン・チョルスンと二〇一五年のペ・ジェヒョンの死、そしてその間には一つ一つ言及することさえ辛いほどに、多くの労働者たちが死んでいった。労働者の権利を守るためには命を懸けなければならない現実が現在に至るまで続いている。

労働者たちが危険労働に追い立てられて犠牲となる事故も後を絶たない。一九八八年、労働災害の深刻さを社会に知らしめた一人の少年の死があった。水銀中毒で亡くなった前出の文松勉である。貧しい農村に生まれた彼は、ソウルの楊坪洞（永登浦区）にある温度計工場で勤務中、水銀中毒にかかって死亡した。彼の墓は、追慕碑からまっすぐ上がって最上段にある。いつも日陰になっている彼の墓は、いつ行っても寂しい感じがするばかりだ。

ソン・チョルスンの墓を過ぎて右端の道を上がると、最初に見えるのが金峯煥の墓である。彼は一九七七年から八三年まで源進レーヨンに勤務したが、そこで「二硫化炭素中毒症」にかかった。二硫化炭素は毒性が非常に強く、これにさらされると命の危険に陥る場合もある。糸を生産していた源進レーヨンでは、作業場の室内がかすんで見えるほどに二硫化炭素が充満していた。ここで作業をしていた労働者たちの多くが中毒症に冒された。金峯煥は労災療養を受けるために会社側とやり合う中で死亡した。遺族と同僚たちは源進レーヨンの深刻な職業病問題を周知させようと、一五七日間も葬儀をしないで闘った。その後、源進レーヨンは廃業となり、労働者たちは二硫化炭素中毒症の認定を受けた。これを機に非営利公益法人・緑色病院などが発足した。この闘いは、労災追放運動の画期的な転換点となった。

忠清南道の泰安火力発電所の非正規職として働いていた二四歳のキム・ヨンギュンは、二〇一八年一二月一一日午前三時頃、石炭運搬設備の点検中にベルトコンベアに巻き込まれて亡くなった。遺体は「頭と胴体が分離して、胴体が裂けていた」という。発電所の下請け業者の非正規職だった彼は、

キム・ヨンギュンの墓（撮影：田中博）

いわば「二重の非正規職」で、本来は三交代制で行われるべき労働現場で、二交代制の一日一二時間労働に就いていた。そのキム・ヨンギュンの墓が、最近、全泰壹の墓の近くに作られた。彼の墓は土饅頭ではない平葬で、納骨箱の上を土で固め、平らに削った白い石で塞いだ珍しいものである。その上には自転車で出勤していた彼の姿をそのまま再現したフィギュアが置かれている。黄色い服を着て、黄色い自転車をこいで行くキム・ヨンギュン。

彼の母・金《キム》美《ミ》淑《スク》は、労災で一日当たり六人の労働者たちが死んでいく現実を目の当たりにした。彼女は息子の葬儀を後回しにしてでも、街頭と国会で産業安全保健法改正のために闘った。そうした努力の甲斐あって、二八年ぶりに法改正がなされて後、ようやく息子をここに葬ったのである。キム・ヨンギュン以後も労災で命を落としていく労働者たちの、労災死を防ぐためのキャンペーンが大々的に展開された。金美淑によって「財団法人キム・ヨンギュン財団」も結成された。

それでも今なお多くの労働者たちが劣悪な環境の中で命を落としており、その数は一年あたり平均二〇〇〇人以上にのぼる。韓国の経済成長は低賃金長時間労働とともに、労働者の命までも引き換えにして成し遂げられたものであった。

民主の道

民主烈士墓域には、民主化運動に身を投じた末に死んだ運動家たちへと続く道もある。そこでは独裁政権に立ち向かい、民主主義のために闘った闘士たち、運動の指導者たち、進歩政党運動に献身した活動家たちに出会うことができる。

後述する死者の名前を墓域の入口から順に見ていくと、桂勲梯《ケフンジェ》―許世旭《ホセウク》―魯会燦―呉在瑛《オジェヨン》―姜恩基《カンウンギ》―金槿泰―金晋均《キムジンギュン》―洪性燁《ホンソンヨプ》―朴來佺《パクレジョン》―朴鍾哲―文益煥―朴容吉《パクヨンギル》の墓をめぐる道である。

ここには学生運動をしていた者たちも多く葬られている。それほどに学生運動が熾烈な時代があった、ということだ。もっとも代表的なのが六月抗争の導火線となった朴鍾哲の墓であり、一九九〇年代まで学生烈士たちの死が続いた。しかし二〇〇〇年代に入ると、ここに埋葬される学生烈士は見られなくなった。民主化が進むにつれ、自分の命を投げ打つほどの決断は次第に少なくなっていった。それだけ大衆とともに歩む民主主義の道が開かれたからではないだろうか。

「民主烈士墓域」の中央を上がって行くと印刷工・姜恩基（一九四二〜二〇〇二年）の墓が見える。民主化運動に関与した者たちは、彼に対して大きな借りがある。彼はソウルの乙支路で世鎮印刷所を経営するかたわら、一九七〇年代半ばから危険を冒して朴正煕、全斗煥政権の暴政を知らせる多くの反政府ビラを印刷した。その墓碑には「民主化の肥やし、永遠の印刷人」と記されている。

　ここには政治家として金槿泰（本書二一〇―二一三頁／二二一頁註〈12〉参照）、魯会燦（本書二六二頁参照）、金末龍（一九二七〜九六年、九二年より国会議員を一期務めた）の墓がある。まず金槿泰の墓は容易に見つけ出せる。「金槿泰、あなたが正しいです」という木の案内板に沿って進んだ所にある。

上：「金槿泰、あなたが正しいです」と書かれた木の道標／中：金槿泰の墓／下：魯会燦の墓（撮影：田中博）

墓碑では彼を「民主主義の金權泰」と紹介している。
もっとも直近で、ここに埋葬された政治家が魯会燦である。彼は二〇一八年七月に自殺した。彼の墓はまるでここの中心であるかのように、墓域の真ん中にある。死後一年して建てられた墓碑には、次のような文章が記されている。

胸に刻んで、建てながら
死も悲しみも、何もかもがどうしようもないだなんて
見よ、成し遂げられたのだ
この凛々しく美しい世の中
気丈夫で頼もしく、情に厚かったあなたの約束
消えることのない若き星の光でご覧なさい

彼の墓前には人々が置いて行く花束が絶えない。彼を慕う人たちの心情が読み取れる。さて、魯会燦の墓を過ぎて一段上の端まで行くと、呉在瑛（一九六八～二〇一七年）の墓がある。「進歩政党の永遠の組織家」と書かれた彼の墓碑には、魯会燦による追慕の言葉が刻まれている。

あなたの青春は、たとえどんなに短くても
荒れたこの地に、あなたが撒いた種は

そこここに多くの実を結ぶだろう
そして、あなたが植えた木は遠からず
進歩政党の大きな森をなすでしょう
——呉在瑛の永遠の友・魯会燦

二人は進歩政党運動を通して、始まりと成功、挫折をともにしてきた同志だった。呉在瑛は魯会燦よりも一年四か月先に心臓の病で世を去っていた。墓碑銘を記した者が、死後ふたたび近くに埋葬された。もはや過去でしかない進歩政党運動の一つの軌跡が読み取れる。

民主化運動、統一運動の指導者たちもここにいる。一九七〇、八〇年代の在野の民主化運動の指導者・桂勲梯（一九二一〜九九年）は廉直な原理主義者であった。いつも白いコムシン（日常的に使用されていたゴム製の靴）と黄色い野良着のようなみすぼらしい身なりで、マイクを握っていた痩躯の先生の姿が記憶に浮かぶ。彼の墓は民主烈士追慕碑のすぐ横なので見つけやすい。

桂勲梯とともに一九七〇、八〇年代を代表する民主化運動、統一運動の指導者である文益煥牧師の墓は、文松勉の下の段にある。旧約聖書に精通した神学者だった文益煥は、全泰壹の死後、初めて社会運動に登場した。約二〇年にわたり、朴正熙、全斗煥政権と闘う反独裁民主化運動と、前述の一九八九年の訪北事件（本書二六二―二六三頁参照）をきっかけとして統一運動を率いる立場にあった。二〇年間で六回投獄され、過酷な獄中生活を一〇年間も送った。彼は監獄から出るとここに来て、烈士たちの墓全てを回りながら、ひれ伏してはチョル（儒教の祖先祭祀で行われるお辞儀のこと）をした。

初めは牧師が祈りもせずに、なぜチョルをするのかと困惑する人もいたが、そんな視線にはおかまいなしに、自分よりもはるかに若い死者たちの前でクンジョル（さらにへりくだり、跪いて行うチョルのこと）を捧げたのである。文益煥の墓は、妻であり、生涯にわたり頼もしいパートナーであった朴容吉長老（一九一九〜二〇一一年）との合葬である。文益煥は亡くなるまで遺家協の後援会長をつとめた。我が子たちを先頭にして闘う遺族たちにとって、もっとも頼れる友であった。

文益煥の筋向いには金晋均（一九三七〜二〇〇四年）の墓がある。ソウル大学社会学科教授だった彼は、一九七九年のクリスチャン・アカデミー事件〈註3〉と、一九八〇年の光州虐殺をへて教授運動（全斗煥の執権に反対する進歩的知識人や教授たちによる民主化運動）、ひいては韓国の進歩的運動全体における中心人物となる。社会学者としては「韓国産業社会研究会（現在の韓国産業社会学会）」を結成して進歩的な学者たちを育て上げ、また「民主化のための全国教授協議会（民教協）」を結成した。情報人権に対しても誰よりも早くに着眼して、一九九八年に「進歩ネットワークセンター」(https://www.jinbo.net/)を作るなど、進歩的な社会運動団体の結成と運営にも積極的だった。なお「進歩ネットワークセンター」では、情報人権すなわち情報化時代に守られるべき人権として、表現の自由、反監視権、事故情報管理権、情報共有の権利、情報アクセス権をあげている。〈註4〉

文益煥は前面に立って発言し、運動を率いた指導者だったが、金晋均は頼れる後ろ盾となる先輩、知識人としての役割のほうを好んだようだ。二人とも背が高く、風采もよかった。何より二人は互いの立場は違っても、豊かな品格を備えていたという共通点がある。

金晋均の横には洪性燁（一九五三〜二〇〇五年）の墓がある。一九七九年一〇月二六日、朴正煕大統領がＫＣＩＡ部長の金載圭《キムジェギュ》に銃殺されると、その直後、済州島を除く全国に非常戒厳令が宣布され、国務総理だった崔圭夏《チェギュハ》が大統領代行となった。この時、朴正熙が七二年に制定した維新憲法に則り、崔圭夏国務総理を間接選挙で大統領に立てようとする企てがあった。維新憲法は事実上、大統領の永久執権を可能とするもので、大統領の直接選挙を廃止し、国会に大統領不信任権がないのに対して大統領は国会解散権をもつとされ、さらに国家安保や公共の秩序が重大な脅威を受ける「憂慮がある」とみなされた場合には、憲法で保証された国民の自由と権利の一時的停止と、立法権および司法権の制限すらも可能となる「緊急措置権」が大統領に付与された（http://justice.skr.jp/koreaconst/comment8.html 参照）。事実、朴正熙は緊急措置を九号まで発令し、民主化運動を烈しく弾圧した。

　このような背景から、民主化運動家たちは崔圭夏を間接選挙で大統領にすることに反対し、維新憲法を廃止して、直接選挙による大統領選出を主張するデモを行おうと計画した。だが戒厳下で大規模デモを企てることは負担が大きく、そこで一一月二四日に明洞ＹＭＣＡで結婚式を偽装したデモを起こした。その時に新郎役をしたのが延世大の復学生（徴兵期間を終えて復学した男子学生のこと）・洪性燁である。新郎入場と同時にビラが撒かれ、宣言文が読み上げられた。しかし、これに勘づいた国軍保安司令部の要員たちと警察によって参加者たちは連行され、洪性燁も保安司でひどい拷問を受けた。その後も彼は民主化運動を続けていたが、六月抗争以降、社会運動からは退いていた。やがて白血病を患い、闘病の末、二〇〇五年に死亡した。彼の碑石には「民主主義と結婚した永遠の青年」と記され、その仕事を称えている。

　また民主烈士追慕碑の後ろ側には、タクシー運転手で労働運動家の許世旭（一九五三〜二〇〇七年）

の墓と、『全泰壹評伝』（一九八三年刊行直後に発禁、九〇年に復刊）の著者として有名な趙英來《チョヨンネ》（一九四七～九〇年）の墓もある。趙英來弁護士は、こんにちの「民主社会のための弁護士会（民弁）」を作った人物である。しかし、その墓には漢字で「趙英來之墓」の五文字が刻まれているだけである。碑石にはそれ以外に何も記されていない。いまだ書くべき言葉が見つからないのであろうか。彼が作り上げようとした世の中が、いまだはたされていないせいなのか。

人権の道

牡丹公園の民主烈士墓域には、独裁政権によって命を絶たれた者たちの墓もある。どれもが当時の韓国社会における人権の現実と結びついた死である。

後述する死者たちの名を頼りに下から順に巡っていくと、崔鍾吉《チェジョンギル》―朴鍾哲―韓熙哲《ハンヒチョル》―ウ・ジョンウォン―金成洙《キムソンス》―金相原《キムサンウォン》―趙英來―安治雄《アンチウン》―龍山惨事撤去民五名―権再赫《クォンジェヒョク》―許元根《ホウォングン》へと続く道になっている。

安治雄（一九六三～八八年）は一九八二年にソウル大学貿易学科に入学後、学生運動と労働運動に身を投じた。それにより一年間の獄中生活を送っている。大学卒業後も運動を続けたが、一九八八年五月二六日、いつものように出かけた後、そのまま行方が途絶えた。この失踪事件の真相は今も明らかになっておらず、また遺体も見つからないまま、招魂葬（遺体や遺骨がない場合に、代わりに故人の遺品を埋めて、死者の魂を呼んで行う葬礼儀式）により、龍山惨事撤去民の犠牲者五名（本書二八二頁参照）の隣に墓が作られた。

ソウル大生・崔祐赫《チェウヒョク》（一九六六〜八七年）の墓は京畿道金村から移葬され、金晋均（本書二七五頁参照）の墓のそばに設けられた。彼の両親は息子の背中を強く押して軍隊に送った。このまま大学にいたらデモをやったりして、除籍処分になり、監獄に送られるのではないかと心配してのことだった。崔祐赫は軍に行ったら死ぬと言って抵抗したが、両親の強要には勝てなかった。何かを予感していたのだろうか。彼は軍隊で不審な死をとげる。そのようにして息子を死なせてしまい、我を失った母親は、漢江に身を投げて自殺した。両親の夫婦墓はその筋向かいにある。

同じくソウル大生のウ・ジョンウォン（一九六二〜八五年）、金成洙（一九六八〜八六年）、韓熙哲（一九六一〜八三年）の墓はいずれも、「民主烈士墓域」の右手の最上段にある金景淑（本書二六四頁、二八〇―二八一頁参照）の墓の後方、階段を数段上ったところにある。ややもすれば見過ごされがちな場所である。ウ・ジョンウォンは指名手配中、京釜線の永同―黄澗の線路脇で変死体となって発見されたが、いまだに死因や動機すら明らかになっていない。金成洙は姉と同居していた新林洞のワンルームから、電話で呼び出されて三日後に、釜山・松島の海辺で石を括りつけられた溺死体で発見された。だが彼についても同様に、誰が電話をかけて呼び出したのか、死因と動機が何なのかはわかっていない。韓熙哲は軍隊で自殺したが、そこには当時、国軍保安司令部によって行使された強圧的な「緑化事業」（運動に熱心な学生たちの「赤化」された思想を矯正するという意味）が影響を及ぼしていたことが明らかになっている。

「疑問死」とされる人々の中で、最初にここに埋葬されたのは崔鍾吉（一九三一〜七三年）である。彼はソウル大学法学部長の時、ＫＣＩＡ（中央情報部）での取り調べ中に転落死した（本書二〇二頁参照）。

金相原の墓

それは一九七三年一〇月のことだ。一九六七年にKCIAによって捏造された大規模スパイ団事件である東ベルリン事件（本書一九七頁参照）に連座してのこととされたが、その後、疑問死真相究明委員会で真相調査が行われる過程で、拷問中に死亡したことが明らかとなり、国家賠償を受けた。

また「疑問死」とされる死者のうち、おそらく最初に真相が明らかにされたケースが、金相原（一九五三～八六年）であろう。一九八六年の事件である。職務質問に抗議したことで連行された金相原は、警察官から殴る蹴るの暴行を受けた末に三五日間も植物状態におかれて亡くなった。その無念の死をめぐって、朴元《パクウォン》淳《スン》〈註5〉弁護士（一九五五～二〇二〇年）の支援により裁定申請（検察によって告訴が不起訴となった際に、その決定に不服がある場合、裁判所にその妥当性について申し立てること）に持ち込んだ末、勝訴したのは、弟・金相譲による粘り強い追及の結果である。しかし金相原の墓所に土葬の墓はなく、ただ彼のことを記憶するための小さな碑石が一つ置かれているだけだ。

権再赫（一九二五～六九年、本書二五六頁註〈23〉参照）の死は、死刑制度問題を思い起こさせる。彼は中央情報部が捏造した「南朝鮮解放戦略党事件」の被害者である。刑確定の四二日後、一九六九年一一月四日に西大門刑務所で死刑が執行された。民主化運動関係者として初めて、ここ牡丹公園に葬られた。それから四五年後の二〇一四年、再審により大法院で無罪が確定したが、彼はすでにこの世の人ではなかった。裁判所が政治権力から独立していない状態で政治権力の〝侍女〟として屈従していた時代、こうした誤審がいくつもあり、それによって処刑された者たちも実に多い。

納骨堂に安置されている許元根（一九六二～八四年）は、代表的な軍隊における「疑問死」事件の当事者である。一九八四年四月、鉄柵をはさんで軍事境界線に接する最前線基地、江原道華川の「鉄柵部隊」に勤務していた彼は、右胸、左胸、頭の順にM16を発砲し、自殺したとされている。何度か調査の機会があったが、今も真相は究明されていない。彼の父親は真相が明らかになるまでは息子の墓は作れないとして、ここに遺骨を安置している。

現代史の決定的瞬間を生み出した死もある。かつら輸出会社のＹＨ貿易が一九七九年八月六日に一方的に廃業すると、労働組合員一八七人が八月九日、ソウルの麻浦にあった新民党本部に押し寄せて籠城に突入した。籠城三日目の八月一一日明け方、朴正熙政権は警察二〇〇〇人を動員し、組合員を強制解散させた。その渦中で二二歳の女性労働者・金景淑が屋上から落ちて死亡した。この事件の後、新民党は党本部で無期限籠城に入り、一〇月四日、与党共和党が国会で金泳三《キムヨンサム》新民党総裁を議員から除名した。これに抗議する釜山、馬山の市民たちは一〇月一六日から一週間にわたって抗争を繰り広げた（釜馬抗争）。一〇日後の一〇月二六日、朴正熙は金載圭に撃たれて死んだ。ＹＨ労働者たちが籠城に突入してから三か月もたたないうちに、それは起こった。金景淑の墓碑の裏面に墓碑建立委員の名が刻まれているが、金泳三の名前だけ石でこすり取られた跡がある。一九九〇年、大統領になるために野党民主党の金泳三総裁が与野三党の合併により、民正党総裁の盧泰愚《ノテウ》、共和党総裁の金鍾泌《キムジョンピル》の勢力と手を結んだことに対する憤りだろう。

金景淑の墓碑の裏面、右端一番上の金泳三の名前だけが削り取られている

全泰壹の墓の上、尾根の端に朴鍾哲の墓がある。彼の墓も招魂葬である。墓碑には白牛《ペグ》僧侶が記した追慕文が、中栄福の揮毫により刻まれている。朴鍾哲の死は一九八七年の六月抗争の導火線となった。警察はすぐさま彼の遺体を火葬にしてしまった。釜山市水道局の公務員だった父の朴正基《パクジョンギ》（一九二九〜二〇一八年）は凍りついた臨津江に息子の遺灰を撒きながら、「鍾哲よ！　安らかに眠れ。この父は何も言うことはない」と言って泣いた。朴鍾哲の死とその死を隠蔽しようとした全斗煥政権の暴政に抗議する市民たちは全国で抗議デモを繰り広げ、ついに一九八七年六月二九日、盧泰愚の「民主化」宣言によって全斗煥独裁政権は幕を下ろした。だが、朴正基にとっては息子の墓ひとつ作れなかったことが、このうえもない「恨《ハン》」（胸底に淀んだ理不尽感や未練）となった。他の人たちの追慕式が営まれるたびに人知れず泣いていた父は、八九年三月三日に招魂を行い、ここに墓を作った。息子の死後、闘士に生まれ変わっ

龍山惨事の犠牲者５人の姿を刻んだ記念碑

た父は、二〇一八年八月、息子のそばで眠りについた。

二〇〇九年一月二〇日の早朝、ソウル市龍山区漢江路のビル屋上のコンテナで、都市再開発で立ち退きを迫られて抵抗する住民たちと、ビルに突入した機動隊が衝突した。その過程で火災が発生し、燃え上がるコンテナの中で焼け死んで、鎮火後に焼死体となって降ろされた龍山惨事の撤去民五人の墓もある（警官一名も死亡）。

イ・サンニム、ヤン・フェソン、ハン・デソン、イ・ソンス、ユン・ヨンヒョン。彼らの葬儀は三五五日後に行われた。龍山惨事解決のための対策機構の執行委員長として指名手配中だった私は、葬儀に最後まで出席してから警察に出頭したかった。しかし、それは途中で挫折した。二〇一〇年一月九日、葬式の行列が明洞聖堂に立ち寄った。雪が降りしきる、悲しい葬儀だった。私はその二日後に出頭し、ソウル拘置所で三か月余りを過ごして後、保釈されてようやく彼らの墓前でチョルを捧げることができたのだ。

彼らが成し遂げた世の中

労働と民主と人権の道はそれぞれ異なる道ではなく、韓国現代史で互いに出合い、一つになる道である。たとえば、朴鍾哲を民主化運動の中でだけ考えることはできない。拷問という問題から見れば、人権に関連した死でもある。文益煥もそうだ。彼にとって人権と民主主義は切り離せるものではなく、また彼にとって労働は民主主義と人権の重要な要素だった。非正規職労働の問題は一九八七年以降、韓国の民主化運動が労働問題を軽視するという誤った道に向かったことを示している。非正規職労働者だけでなく、社会的弱者たちの経済的・社会的な権利にまで発展する民主主義こそが、まっとうな民主主義ではないだろうか。だから、人為的に分けられた三つの道に、あまりこだわりすぎないほうがよい。

ある人はここで進歩的運動の歴史を読み取るだろうし、ある人は熾烈だった民主化運動の過程を見出すだろう。また、別のある人は急進的な労働運動を見るだろう。そうして、死者の多くがあまりに若くして死んだことを無念に思い、なぜ死ぬまで闘い続けたのかと思い悩むかもしれない。そのままそうして各自がありのままに、ここで死者たちと対話をすればよいのである。あなたの夢は何だったのですか、なぜ世の中を変えたいと思ったのですかと、どんなグループに属していようと、どんな呼称で呼ばれていようと関係なく、死者たちが成し遂げようとした世の中が何だったのか、ここに眠る者たちに言葉をかけてみればよい。そうすれば、一人一人の死ではなく、一人一人の人生が、私たち

朴來佺の墓（撮影：田中博）

に近づいてくるはずだ。

私は三〇年余り前に弟・朴來佺《パクレジョン》（一九六三〜八八年）を喪った。彼は「光州虐殺元凶処断」を叫びながら、自分の体に火をつけた。炭の塊になってしまった弟の体。焼身から二日後、ついに呼吸器を外さなくてはならなかった。その時、私は二七歳、弟は二五歳になったばかりだった。私は死を知るにはあまりに若すぎた。弟をここ牡丹公園に埋葬しながら約束した。おまえの分まで闘って、民衆が主人となる新たな世の中を作ってみせる、と。そうして私は弟との約束を忘れまいとして、今に至るまで人権運動の現場に残っているのかもしれない。だが、この約束はいまだはたされていない。

毎年ここで弟の追慕式を行ってきた。ただ一度だけ、二〇〇九年の龍山惨事で手配中だった時だけは、ここに来ることができなかった。一年のうち一〇回以上は法事や葬儀で訪れる場所。そのせいか慣れ親しんだここに来ると、私は死を想う。私も死ぬ日まで、ちゃんと生きていくことができるだろうか。世の中は変えられるというその夢を裏切らず、弟の分まで闘うという約束を破らずに、私は最後まで生き抜くことができるだろうか。人は誰もが死ぬ。その死をどう迎えるべきか。磨石牡丹公園の民主烈士墓域で、私は何度ともなくこの問いを自分自身に投げかけてきた。

私の弟・朴來佺は詩人でもあった。彼は遺稿となる多くの詩を残したが、もっとも代表的な作品が

「冬花」である。この詩の二連が墓碑の前に記されている。

冬の花となってしまった今
花が咲きもしないうちに萎《しぼ》んでしまうかもしれません
しかし本当の香りのために
私の名は冬花といいます
激しい吹雪ばかりが吹きすさぶ
あなたたちの国で
それでも春をこじ開けて、甦る花です
――朴來佺『冬花』より

ところで、最後の行にある「春・呂」は、もともとは「体・呂」だった。墓碑を制作する過程で生じた誤記である。それは最初からわかっていた。しかし、あえて直さないまま三〇年余りが過ぎた。人々はこの詩をどのように読むだろうか。体をこじ開けて作り出そうとする春。体と春は、それほどかけ離れたものではなかった。冬の花になってでも私たちが生きる世の中に香《かぐわ》しい花を咲かせようと、自らの体をこじ開けながら、切実に願った人たちが集まっている場所が、ここ牡丹公園の民主烈士墓域なのである。

【註】

〈1〉一九八〇年代の労働運動の高まりの中、労使紛争に際し、会社側が労働者に暴力を行使して労働組合を破壊するために雇った暴力組織を「救社隊」という。都市再開発事業が民間主導に変わった八〇年代後半からは、住民たちの強制撤去を専門にする救社隊の会社が生まれ、二〇〇九年の龍山惨事を引き起こしている（https://www.khan.co.kr/national/national-general/article/201108162243425）。

〈2〉損害賠償と仮差し押さえについては「労働組合および労働関係調整法」の第三条「損害賠償請求の制限」で、以下のように定められている。「使用者は、この法律による団体交渉または争議行為により損害を被った場合、労働組合または労働者に対してその賠償を請求することができない」として、正当な争議行為に対する民事免責を規定している。だが裏返せば、この規定は、正当な争議行為でなければ、それは不法ストライキと見なされ、業務妨害罪で刑事処罰、解雇などの懲戒にとどまらず、会社に与えたダメージに対する賠償請求と仮差し押さえが可能という理屈になる。この規定を逆手にとった労働運動弾圧は現在も行われている。

〈3〉韓国クリスチャン・アカデミーは、神学者と人文社会科学者たちがともに社会問題と向き合うことで、新たな社会の建設と歴史の創造を目指して、一九六五年に設立されたキリスト教の研究機関である。一九七〇年代に入って労働運動、農民運動、女性運動などが活性化すると、朴正熙独裁政権はクリスチャン・アカデミーをその背後勢力とみなす。七九年三月に関係者を一斉に連行して取り調べ、不法地下容共サークル事件としてでっちあげた。これをクリスチャン・アカデミー事件という。

〈4〉詳しくはhttp://www.privacy.or.kr/掲載の記事URLを参照http://www.privacy.or.kr/about/inforight?ckattempt=2&fbclid=IwAR0kkfJ3snlveUaP_XDaKk6hC4y0okSZAA0gesqNYnETZVZC0T7JSU5omDg

〈5〉朴元淳は人権弁護士として一九八〇年代より市民運動に取り組み、二〇一一年からはソウル市長を務めた。市長職にあった二〇二〇年七月、元秘書の訴えによりセクハラ問題が露見し、自殺した。

Ⅸ 別々に流れる時間
——セウォル号惨事の現場

木浦新港に引き揚げられたセウォル号

【訳者註】

二〇一四年四月一六日午前八時五八分頃、前日夜に仁川から済州島へ向けて出港した大型旅客船「セウォル号」が韓国南西部の珍島沖で左に旋回する際にバランスを崩して転覆し、一〇時一七分頃に沈没した。セウォル号にはソウル郊外・安山市の檀園高校の修学旅行生ら四七六人が乗船していたが、そのうち死者・行方不明者が三〇〇人を超えるという大惨事となった。

原因は安全基準を無視した過積載、不適切な船体改造など、安全よりも利潤追求を優先した船舶会社の構造的問題に帰せられた。また官民諸機関の無責任体質が初期対応の遅れと失敗を引き起こし、救えたはずの多くの命を見殺しにした実態も明るみにされた。加えて、初動の遅れは当初不正確な情報を流し続けたメディアにも責任の一端があり、救助を待つ家族たちの心を翻弄した。沈没現場まで直線距離で南西へ約二八キロの全羅南道珍島の彭木《ペンモク》港には事故当時、一刻も早い救助を待つ乗船客の家族たちや、状況の推移を見守る報道機関などが集まってきた。

檀園高校の生徒が犠牲者の大半を占めたことから、遺族たちの真相究明と追悼の運動は珍島の他、安山市を中心に展開された。一方、その他乗船客の犠牲者遺族たちは檀園高校の遺族とは別に、仁川を拠点に活動した。また、事故から三年後、遺族たちの運動が実り、ようやく引き揚げられたセウォル号の船体は木浦新港へと移された。

このようにセウォル号惨事にまつわる「記憶の空間」は、珍島、木浦、安山、仁川と広範囲にわたり点在している。

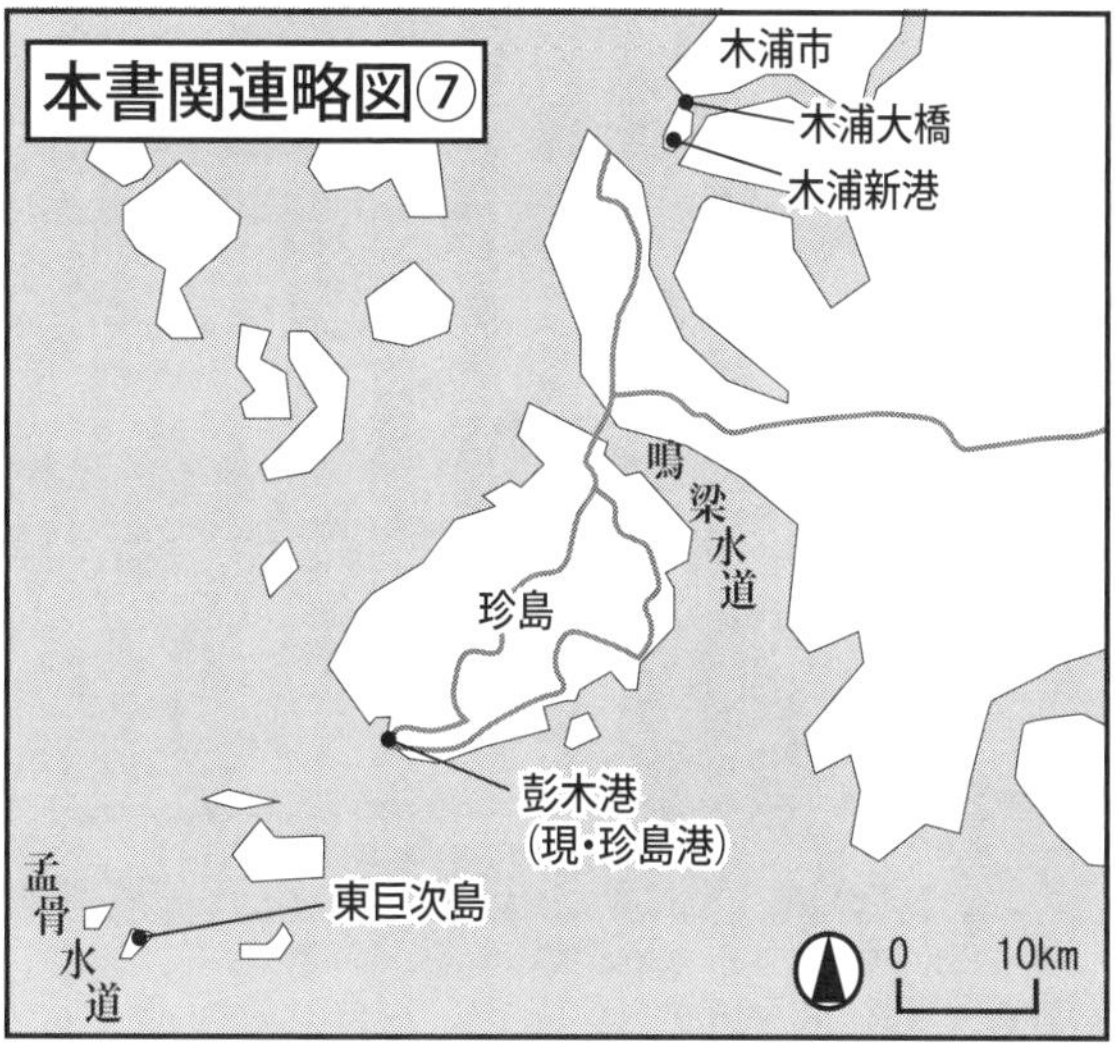

木浦新港のセウォル号船体、剝製にされた時間

セウォル号を見るためには木浦へ行かなくてはならない。ソウル駅から木浦駅までＫＴＸ（韓国高速鉄道）で二時間半、木浦駅バス停で一三番か六番のバスに乗る。かつては一時間に四～五本バスが通っていたが、最近は便数が減っているので確認が必要だ。車だと木浦駅から木浦新港まで二〇分以上かかる。木浦北港の交差点を過ぎてから木浦大橋を渡ると、木浦新港が見えてくる。港湾の先、そのまま海に突っ込んで行きそうな場所[註1]に陸揚げされたセウォル号が、視野に入ってくる。

二〇一九年七月二四日、船体内部に入ってみた。セウォル号がそこに設置されてから中に入るのは二度目である。ひどい熱さに海の湿気が加わって、じとじとしていた。この日も木浦駅で借りたレンタカーで木浦大橋を越えたが、セウォル号が目に入るや胸に痛みが走った。同行者に気づかれないように、何度も深くため息を吐いた。

色褪せた黄色いリボンがいくつも、セウォル号の現場へと続く入口の鉄条網に結び付けられている。引き揚げられ

木浦新港の入口の鉄条網に結びつけられた無数の黄色いリボンと行方不明者５人の写真（撮影：田中博）

たセウォル号船体が木浦新港に入った二〇一七年三月三一日、夜行列車で詰めかけた遺族たちが黄色いリボンを結び始め、その後、ここを訪れた人たちがこれに倣った。風になびく黄色いリボンたちから、ざわめく声が聞こえてくる。風が強い日にはとりわけ、「私たちを助けてください」と言っているように聞こえる。

　港湾へ入る入口の左右に、檀園高校生徒たちの溌溂とした生前の写真がクラス別に置かれている。そしてその横には、まだ帰ってこない行方不明者五人の写真も掲げられている。セウォル号を引き揚げた後、砂を取り除き、くまなく捜索しても五人の遺体は一体も見つからなかった。檀園高校生徒のナム・ヒョンチョル、パク・ヨンインと、教師のヤン・スンジン、一般乗客のクォン・ジェグンとクォン・ヒョッキュ。ヒョッキュはジェグンの七歳になる息子である。五歳の妹に救命胴衣を脱いで着せてやり、自分は助からなかった子どもである。

　多くの時間が流れたが、人々は今でもここを忘れずに訪ねてくる。涙を浮かべながら後にする者も少なくない。一

引き揚げられたセウォル号。船体のほとんどが赤錆びている

般の見学者は緑色のフェンスが設置された場所、つまりセウォル号まで二〇〇メートルほど離れた場所から、セウォル号を見ることができる。だが船体の内部には入ることができない。セウォル号についての調査作業が完了しておらず、またセウォル号から切り剥がされた錆付いた鉄骨が積まれているなど安全性の問題があるためだ。

私はここでは「特殊関係者」という身分である。4・16財団〈註2〉の運営委員長であり、二〇二〇年二月まで4・16連帯〈註3〉(正式名称は「4月16日の約束国民連帯」)の共同代表をしていた。引き揚げられたセウォル号の船内に入るために、早くから「社会的惨事特別調査委員会」(「加湿器殺菌剤事件〈註4〉」および「4・16セウォル号惨事」の真相究明と安全社会対策、被害者支援のために、二〇一八年に組織された一時的な国家調査機構)に了解を求めて、委員会の現地調査官たちが同行した。ヘルメットをかぶり、案内を受けながらセウォル号に近づく。船体引き揚げの準備と行方不明者救出のために剥がされた巨大な鉄板が、いくつも左右いっぱいに並べられている。錆びてぺちゃんこになったトラックや、船体から剥ぎとられた煙突も見える。まるで廃車場のようである。セウォル号の貨物室から取り出された自動車は、ここから一キロ離れた石炭埠頭〈註5〉の敷地に移されている。

前にはなかったどす黒くて長い土嚢が見えた。調査官に尋ねると、セウォル号から掻き出された砂だという。これも今後の展示に活用しようと、防腐処理をして保存しているのだという。船体から出てきた遺品の一部は遺族たちが持ち帰り、後述の「記憶貯蔵所」（本書三〇六頁、三一八頁註〈14〉参照）で保管されており、他の一部はここのコンテナボックスにも置かれている。

セウォル号の前に立つ。台座の上に高さ二二メートル、長さ一五〇メートルの巨大な旅客船が置かれている。木浦大橋の方向が船尾である。港湾の端に置かれた船。正面に見える部分は、約四分の三が赤錆で覆われている。三年間も海底に沈んだままで、砂に埋もれていたせいだ。船は凄惨な姿をしている。ところどころに大小いくつもの穴が見える。引き揚げ作業のために穿たれ、捜索作業のために切開されてそうなった。船首側の深くえぐれた痕は、引き揚げの際に掛けたワイヤーが船体にめり込んだ痕跡である。われわれ一行の中の一人は、実際初めて見た船体の巨大さを前に、惨事の規模に圧倒されたようだった。数十階建てのビル一棟まるごと海底に沈んでいたのが引き揚げられ、こうして目の前に横たわっていることが、まるで実感がわかないというのだった。私の目には鉄屑の塊となったセウォル号が、深い傷を負って横たわる鯨のように見えた。

船首の先にはＳＥＷＯＬという文字が鮮明に見える。「世の中を超越する（世越）」という意味で名付けられた船名というが、その前に立つと「世越」がまるで「歳月」に見える（韓国語では「世越」と「歳月」はどちらも〝セウォル〟と読む）。錆びた鉄屑がぱたぱたと降ってきたり風に飛ばされたりする。船は

引き揚げられたセウォル号の内部

歳月をへるほどに、より古びていくようだ。

左舷の後ろ側に船室へと上がっていく鉄製の階段がある。そこを通り過ぎた先に二層の貨物室がある。空っぽの貨物室。初めてセウォル号の内部を見たとき、あちこちでぺちゃんこに潰れた車両が折り重なり絡み合っていた。それらは右舷と船尾の部分を切り開いて作った通路から、クレーンを使って引き出された。そのため右舷は原型をとどめる部分がなく、大きな四角い穴がいくつも開いたままである。

貨物室前方の天井から床に長い鉄の鎖が垂れ下がっている。言論探査報道チーム[註6]が沈没の角度を測るのに垂らした鎖だ。急激に、一瞬のうちに傾いてしまった船。不十分な固縛（貨物を支持台にロープなどで結んで固定させること）だったせいか、車両が耳をつんざくような音を立てて弾き飛ばされていくさまが、復元されたブラックボックスの映像から確認されている。がらんとしていて静けさすら漂うここには、床のところどころに雨水が溜まっている。

右舷の方、新港の前の海が広々と見渡せる。

三層と四層は客室である。三層は前方に一般乗客の客室が、後方の船尾の側には操縦士たちの部屋がある。食堂とロビー、案内デスクもあった。三層に行くと、天井から電線が垂れ下がり、壁は剥がされていた。鉄製の部分を除いては、完全な状態で残っているものがほとんどない。まるで鉄屑でできた洞窟の中にいるみたいだ。

三層のロビー中央の階段を上ると、四層である。檀園高校の男子生徒の客室が前方に、女子生徒の客室が後方になる。客室の間仕切りの壁は撤去されていた。客室は大きなオンドル部屋だった。生徒たちはここで朝を迎えた。しかし突然船体が急速に傾き、冷蔵庫といいクローゼットといい方々に転がり散らばって、乗客たちも左方へと急峻に滑り落ちた。生徒たちは救命胴衣を着けて、「じっとしているように」という船内放送と教師たちの指示に従い、待機した。生徒たちが残した携帯電話の動画を見ると、彼らは、生命の危機にさらされたその瞬間にも先生を信じ、友達を信じ、船長と船員を信じ、きっと救助に来てくれると海洋警察を信じていた。そして、家族や友人にメッセージを残した。愛してる、ごめんね、そして、先に逝くから、といった言葉である。潜水士たちが船内に入って遺体を収容したとき、生徒たちは互いにぎゅっと抱き合っていたという。最期の瞬間に寄り添えるのは、ただ、その瞬間をともにする者たちだったのだろう。客室に入ると、そんな姿がしきりと目に浮かび、苦しくなった。

四層客室から新港の方向を見下ろす。外の様子が広々として見える。海洋警察が到着したのも、脱出した人たちがヘリに吊り上げられていくのも、窓から見えていたのではないかと思ったが、考えてみるとそれはありえないことだった。いま私が外を眺めている場所は左舷である。事故当時、船は急激に左舷の方向に傾いた。そこから海水がどっとなだれ込んできたわけだから、急いでここを離れて右舷の方向へと上って行ったにちがいない。押し寄せてくる海水から逃れて上へ上へとよじ登りながら、ついに水に塞がれてしまったのだろう。実際、最初に浸水した左舷側で、より多くの乗客が犠牲となった。

船が沈没するとき、右舷は天を向いていた。今では全て取り外され、切り離された窓だが、その窓をどんなにか叩いたことだろうか。痣のついた腕、また、真っ黒になった爪はそっくり剥がれ落ちていた。必死の脱出を試みた痕跡を彼らは全身に残していた。まるで死の呪文のような、じっとしていなさい、じっとしていなさい、という船内放送がしきりと耳元にまとわりつくようだ。

狭い鉄の階段を上ると五層である。いちばん前方が操舵室になる。操舵室の装置も全て錆びてしまっている。そこから甲板の方へ出るためには、四層と三層の階段を降りなくてはならない。船長など一〇人の乗組員がいた操舵室からは船内の中央ホールの方にも行けるが、畢竟、船員たちは外へと続く狭い鉄の階段を利用したであろう。そして自分たちだけ海洋警察の救命ボートに乗り込んで、自分たちだけが生き残ることができたのだろう。〈註7〉乗客たちを海水が押し寄せる船の中に残したままで。操舵室のすぐ横にある多くのボタン。危急に際してあのボタンでも押していれば、水密扉が閉まって、船の沈むのが少しは緩慢になっただろうに。船長と、操舵室、機関室の乗組員たちは我先にと脱出した。まるでちゃんと膨らまない救命ボートのように、全く役に立たないというイメージだ。

煙突がついていた五層の上にも上ってみた。五層を覆っていた屋根は取り壊され、五層の床へと垂れ下がっている。

「ここで花火をしたの？」

一行の一人がどこかで読んだ記事の内容を記憶していた。そうだ。その夜、ここで花火大会があったのだ。

二層の貨物室へと降り、外に出ると船首である。そこにはアンカー（錨）がきちんと揃えて巻き取られてあった。誰かが、アンカーを解いて暗礁に掛けて沈没させたのだと言っていたが、そんな痕跡は見出せなかった。また別の誰かは、外部からの強い衝撃があったと言った。証拠が確認されるまでは、どれも仮説でしかない。調査官によれば、いろいろと複合的な痕跡は確認されているが、そのうちのどれだと断定するのは難しいという。

船内に長くとどまっているのが苦しくなった。実際の空間に入ってみると、断片的に耳にして知っていたことがそのまま、恐ろしいくらいに生々しく頭の中で再現された。この部屋にいた人たちのことが思い浮かび、ここで子どもたちが歌って遊んでいた姿や、中央ロビーの売店から戻ってくる姿も思い起こされた。彼らがどのように最期の瞬間を迎えたのかまで想像すると、足の力が抜けそうになった。これはあまりにも「現実」であった。剥製になったセウォル号の中の時間は、止まっているというよりも、何度でもその時その瞬間へと回帰していく。

セウォル号は今も木浦新港にある。海底から引き揚げられたこの巨大な墓は、今も私たちに多くのことを語りかけているようだ。

時間が止まってしまったかのような珍島・彭木港

珍島・彭木港、止まってしまった時間

歳月が流れ、多くの人が自分の場所へと戻って行った。だが、帰るところを失くした人たちだけはそうもいかない。自分の場所に戻った人と、そうではない人のそれぞれの時間は、残忍にも別々に流れている。

珍島はソウルから車で五時間以上もかかる場所である。セウォル号惨事でもっとも多くの犠牲者が出た檀園高校の生徒の大半がくらしていた安山からも、四時間以上かかる。

沈没海域である孟骨水道を初めて訪れたのは、一周忌を控えた二〇一五年四月一四日のことである。当時、私は追慕週間[註8]を前にハンガーストライキを行っていた。[註9]九日目を迎えた断食で生気はなかったが、セウォル号惨事国民対策会議[註10]を代表して、遺族たちと同行することにしたのである。まばらに降る雨の中、不安を抱きつつ船に乗った。現場に着くまでの間、のどぼとけが熱くなり、胸が詰まった。彭木港から一時間半進むと、沈没現場が近づいてきた。そこは通常の海域の水と違っているのがわかった。南海の澄んだ青い水ではなく、灰色で、海中が全く見えない。海流の速さでは、珍島の鳴梁水道に次ぐという孟骨水道である。

遺族たちがざわつくと、にわかに船上に嗚咽があふれ出てきた。沈没の現場を旋回する。黄色いブイだけが浮かんでいる。母親たちは菊の花を投げ入れながら、海に身を投げ出さんばかりの姿で泣き叫んだ。行方不明者家族たちの嗚咽はいっそう烈しかった。甲板の一隅で一輪の菊を手に、座り込んで虚空を凝視する女子生徒がいた。弟を喪った姉だった。彼女は泣くことすらできずにいた。泣くのを堪えていたのかもしれない。平素、彼女とは互いに見知った間柄だが、あえて言葉をかけることができなかった。「大丈夫か?」と視線を送るのが精一杯だった。その視線を避ける彼女のまなざし。船は船首と船尾を示すブイの周囲を数回回って、再び彭木港へと向かった。

セウォル号惨事以前にも沈没した旅客船が引き揚げられたことはあったが、行方不明者を徹底して捜索したのはセウォル号が初めてだった。今回も機務司令部（大韓民国国防部直属の情報機関）は青瓦台に「水葬」を建議した。事件を永久に迷宮の中に落とし込もうとしたのである。しかし国民の強い抗議の中で、セウォル号一周忌にあたる二〇一五年四月一六日に引き揚げが決定され、それに伴い海難事故の専門業者である中国の上海サルベージと契約を結んで、引き揚げ作業に入った。だが期待に反し、ずるずると時間ばかりが流れたうえに、作業方式を誤って船体が毀損された。

初期の頃から、セウォル号の引き揚げではなく、水中で証拠隠滅作業を行っていると疑惑を抱いていた遺族たちは、作業を監視することにした。まもなく東巨次島の海辺に、4・16家族協議会引揚分科長でチョン・ドンス君の父ソンウク氏が二人用テントを張った。それが始まりだった。東巨次島は沈没現場から一番近い島である。事故当日は、島の漁師たちが漁船を出して救助活動にも参加している。この島にはちょうど沈没現場をよく見晴らせる山裾があった。そこで遺族たちは一週間ずつ交替で監視活動を行った。こうして九月一日に哨所が建ち、本格的な監視活動が始まったのである。望遠鏡を手に二四時間、監視するのは容易いことではない。東巨次島の山裾から沈没現場まで直線距離でようやく三キロメートル。子どもたちが海に飛び込んでいれば、泳げなくても救命胴衣さえ着けておれば助かったはずだと確信できる現場。遺族たちは「真実号」という船を購入して現場を何度も周回し、監視を行った。東巨次島の住民たちは彼らに家を提供し、食べ物や飲み物を分け与えた。惨事により漁師たちは生業に被害を受けたにもかかわらず、遺族たちに快く手を差し伸べた。

東巨次島の監視哨所は二〇一八年九月初め、遺族と住民たちによって撤去された。セウォル号が引き揚げられ、木浦新港に置かれてから一年半後もしてからだった。山裾にあったテントを撤去し、その場所に黄色く塗った石をリボンの形をかたどるように積んで並べた。そこが、ひどく待ちわびた場所であったという印だけを残した。

二〇一九年一二月三一日、バスで再び彭木港を訪ねた。彭木港はセウォル号惨事の直後、重要な場所であった。この日、珍島住民たちと、ソウルからやって来た遺族や市民たちとで年越し行事を行った。行事の最中に抜け出して、夜道を歩いて灯台へと向かう。薄明りの中、防波堤の欄干に掛かったいくつもの黄色い旗が、音を立ててはためいていた。旗は強い海風で糸が解け、あるものは半分しか

黄色いリボンが描かれた赤い灯台（撮影：田中博）

残っていなかった。悲願の込められたその旗にどんな文句が書かれてあったか、今となっては見なくともわかる。「忘れません」の「ません」の部分は、海風が削り取ってしまっている。黄色いリボンの絵が描かれた赤い灯台、その上から赤い灯火が黄色く点滅していた。防波堤の欄干の合間合間に子どもたちが好きな食べ物が置かれてあったり、欲しがっていたサッカーシューズやギターが置かれてあったりした。時間が流れて、今ではそんなものは見あたらないが、記憶は残っている。暗闇から、二〇二〇年に年が変わった。

珍島郡は彭木港を珍島港と改称した。そして現在、セウォル号惨事に即しての珍島港開発計画を急いでいる。行方不明者の葬儀も終わり、ここにあったテントや仮設建物は全て撤去された。ここに留まっていた行方不明者の家族たちは、二〇一七年三月末、三年ぶりにセウォル号が引き揚げられて移された木浦へと移動した。ここは人々から忘れ去られていく場所となった。

それでもなお、ここを守る人がいる。檀園高校の生徒コ・ウジェ君の父、ヨンファン氏である。コンテナの記憶館を維持しながら、滅多に訪れない人々を迎えている。「国が守らないなら、ここで痕跡もないまま消滅するのではないか」という彼に、そこへ行けば会うことができる。彭木港を忘れることのできない人々や、珍島および光州・全南地域の市民たちは、今も変わらず、毎月最後の土曜日になるとここに集まり、セウォル号を記憶するための文化祭を欠かさず行う。彼らは彭木港がセウォル号惨事に関連したどの場所よりも重要だと考えている。収容された遺体が到着した場所であり、行方不明者の家族たち

上：記憶館（撮影：田中博）／中：記憶館の内部／下：裏面にセウォルと刻まれた石碑には「ここにある追悼の遺物は国民海洋安全館に移されたので毀損しないように」と書かれている（撮影：田中博）

が木浦新港に移動するまで留まっていた場所だからだ。そこで彼らは政府と珍島郡に対し、彭木港にセウォル号惨事を記憶するための記録館を作るよう要求している。

これに対し政府や全羅南道では要求を受け入れるという立場だが、珍島郡は頑強に反対している。記念碑や小さな公園ならともかく、記録館までは無理だというのだ。代わりに珍島郡は、彭木港から西望港に向かう道を左手に入った山手に建設予定の国民安全体育館の中に、セウォル号惨事を記憶する展示館と教育空間などを作る予定だという。国民安全体育館とは、「セウォル号惨事の教訓を胸に刻みつつ、安全な国を作るべく安全体育教育を主に運営」する場所のことである。だが市民たちは、彭木港こそ歴史の現場なのであり、記録館はそこにあるべきだと主張し、彭木港を訪れる観光客や旅客船の乗客たちがおのずと惨事を記憶できる小さな記録館を建てることが、どうしてそんなに難しいのか到底納得がいかなかった。セウォル号惨事のために大きな被害をこうむったと考えている珍島郡とは、合意点を探るのが難しいのかもしれない。

それでも遺族と市民たちは珍島郡に、彭木港から西望港までを結ぶ「黄色い道 yellow road」を作ることを提案している。彭木港で、そこで起きた出来事を記憶した後、黄色い道をたどって国民安全体育館にも寄り、西望港まで行くルートを構想している。

惨事から六年後の二〇二〇年四月には、海洋警察が準備した艦艇で沈没現場に向かった。三〇分間の船上追慕式を行う間、風が強く吹き付けてきた。誰かが、「子どもたちが立ち寄って行ったみたいね」と言った。そこにいた全員が、そんなふうに感じただろう。

安山記憶教室と仁川追慕館、封じられた時間

当初、安山は街全体が悲しみの共同体だった。町内の一軒隣の家の子が修学旅行から帰って来なかった。そういって市民たちはともに悲しんだ。安山の政府合同焼香所には長蛇の列。一時間待ってようやく焼香所に入った時、巨大な祭壇の上に居並ぶ遺影を前に、くずおれない人がいないわけがなかろう。微笑みをたたえた高校生たち、彼らが皆、海に溺れて死んだ事実を、この目で確認する瞬間である。惨事の実体はそのようにして迫ってくる。

合同焼香所がある花郎《ファラン》遊園地〈註11〉の駐車場には、待機室をはじめとする遺族たちの活動スペースが入り始めた。母親たちが集まって編み物をしようと作られたオンマ工房は、子どもを喪った同じ境遇の母親たちが集まり、他人の視線を気にせずに語り合い、寄り添いあう自助カウンセリングの空間になった。父親たちは木工所を作った。木工で筆箱や机、椅子などを作り始めると、やがて特設市場まで開くほどになった。そんな彼らは毎年「オンマとともに」という文化市を開き、収益金は安山市の困窮した隣人たちのために寄付している。

だが、市民たちと遺族たちの時間は別々に流れている。セウォル号はもううんざりだと考える人々が増え、自分たちのことしか考えていないと遺族たちを非難する人々も多くなった。市民と遺族たちとの亀裂が本格的にあらわとなったきっかけは、花郎遊園地に設置しようとした「4・16生命安全公園」だった。政府は追慕公園（霊園）を花郎遊園地の更地に造成し、セウォル号惨事一〇周忌にあたる二〇二四年に開館しようとする計画を立てた。遺族たちは一〇か所あまりの墓地にばらばらに葬られた子どもたちを一か所に集めたかった。国内外の追慕公園を回りながら、これまでとは異なる安らかで親しみのある公園、そうでありながらも去った者たちを記憶する、そんな公園を作ることができると考えた。そこで名称も、生命と安全の価値を感じて学ぶ場所となるべきだという意味で、追慕公園ではなく「生命安全公園」にしようと提案した。だが、こうした考えは「危険」なものと受け止められた。これまで韓国社会は必死になって死を追いやり、覆い隠し、忘却してきた。痛ましい死を近くに置いたことは、これまでなかった。それなのにセウォル号惨事の遺族たちはどうしても死を想起させようとする。これに、さまざまな理由をつけて反対する者たちが声をあげた。

　最初にセウォル号追慕公園を作るといった時には、まず不動産価値が下落するといって反対した。しかし近隣の草芝駅にＫＴＸ（韓国高速鉄道）が停車する計画が流れ始めると、とたんに反対の声は消えていった。不動産景気がよくなることが明らかだからだ。すると今度は、追慕公園はいいが、納骨堂（遺族たちは「奉安堂」と呼ぶ）はダメだ、市民たちが多く利用する公園に納骨堂とは何事か、というのであった。また遺族たちは「民主労総」[註12]などの左派に踊らされている、とも言われた。そんな主張をするのは主に安山の大規模教会に所属する保守プロテスタント教徒と確認されている。保守政党はこれを選挙イシューとし、遺族たちを攻撃した。当時、安山市長も反対世論を口実に決定を先延

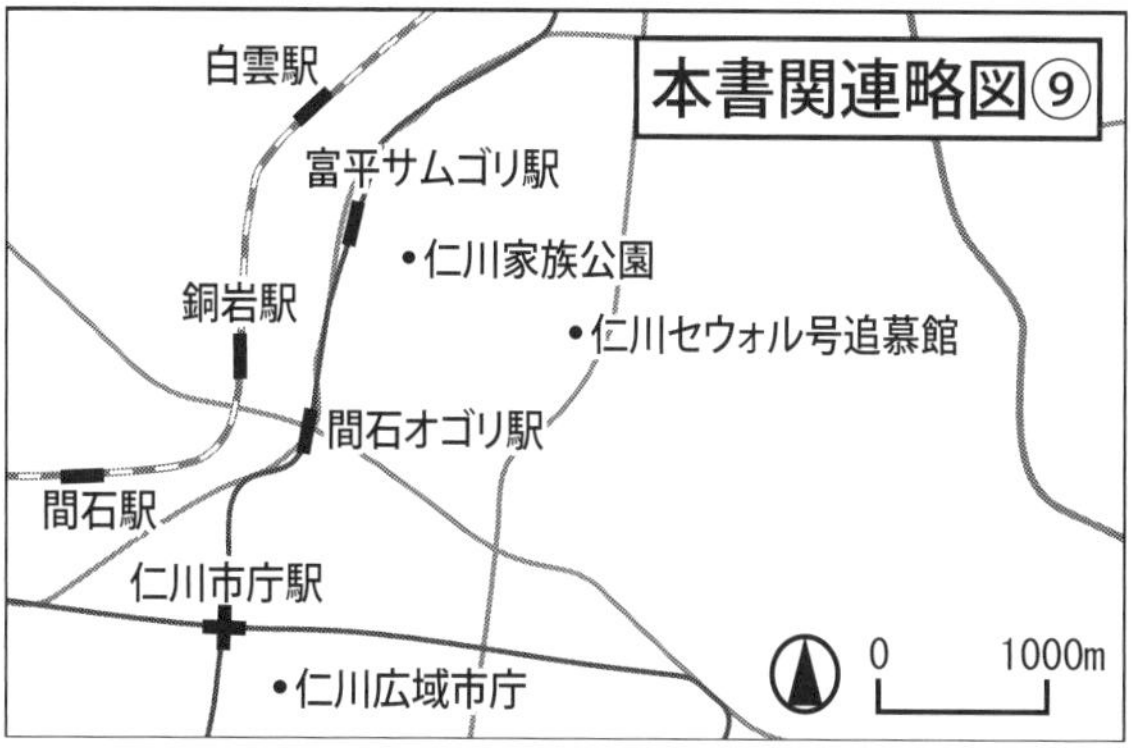

ばしにした。だが文在寅政権の中央政府が追慕公園造成への明確な意志を重ねて示すと、二〇一八年初めに安山市も花郎遊園地内での建設を推進すると表明した。

これまで災害惨事は容易く忘れられてきた。事件現場はすぐさま片付けられた。犠牲者たちを追慕する慰霊碑も、なるべく人目に付きにくい奥まった場所に建てられた。現在、このように死を追いやるのではなく、身近に置いて惨事の記憶を受け継いでいくべきだという社会的合意を、生命安全公園を通じて作り出している最中である。

安山では「4・16生命安全公園」建設の問題が今始まったところだが、[註13]仁川にはセウォル号の一般犠牲者たちを追慕する追慕館が二〇一六年九月にすでに開館している。セウォル号惨事といえば、犠牲になった檀園高校の生徒たちがあまりにも多く、一般乗客、乗務員およびアルバイト学生もいた事実はなかなか言及されない。それだけに一般犠牲者の遺族たちは疎外感を抱かざるをえなかった。保守派は檀園高校の犠牲者と一般犠牲者の間を「切り崩し」、利用しようとした。二〇一四年、檀園高校の犠牲者遺族たちが真相究明特別法を作る過程で野党勢力や社会運動の諸団体と連帯するや、当時の執権与党であったセヌリ党勢力は、一般犠牲者遺族たちを矢面に立てて異なる声をあげさせた。そのため一時期、セウォル号の遺族たちの間には感情的な溝が深く

仁川セウォル号追慕館

なった。だが4・16財団が設立されてからは、ふたたび一つにまとまった。

仁川セウォル号追慕館は、仁川家族公園の左側山麓の奥まった場所に設けられている。建物の中に入ると、左側に一般犠牲者五四名中四一名の遺骨を納めた奉安堂がある。向かいには、祭礼を行うことのできる祭壇がある。奉安堂に入る手前で階下に降りると、そこが展示館になっている。展示館ではセウォル号の模型、セウォル号惨事に関する映像、セウォル号から引き揚げられた数々の遺品を見ることができる。政府と仁川市の支援で、ここの追慕館は運営されているが、あまりにも世間に知られていない。それでも遺族たちの努力により、二〇一九年には二万人を超える人々がここを訪れたという。

安山にはまだ追慕公園や追慕館はないが、遺族たちが運営する「記憶貯蔵所〈註14〉」が檀園高校の近くにある。また古桟洞という町では、記憶貯蔵所が二〇一六年四月にオープンさせた「記憶展示館〈註15〉」が集合住宅の一室を借りて運営されている。

上：セウォル号犠牲者追慕塔／仁川セウォル号追慕館内の祭壇（撮影：田中博）

惨事の直後から記録物や遺品などを収集、復元、保管してきた。現在は、そうした作業を専門家の助けを借りながら遺族たちが直接行っている。

檀園高校では、修学旅行に出かけた二年生の一〇の教室と教務室（職員室）が、「記憶教室」という名で残されていた。だが二〇一六年二月に犠牲となった生徒の同級生たちが卒業してからは、記憶教室の存置をめぐって激しい論議が起きた。

檀園高校２年生の教室を復元した「記憶教室」

学校の運営委員会は、教室が足りないので記憶教室は移転すべきだと主張した。在校生の保護者たちも移転を望んだ。それに対し、遺族たちは、子どもたちが通っていた学校にそれが残されるよう願った。結局、教室は移転することになったが、その後、京畿道教育庁は檀園高校の向かいの公園に「4・16民主市民教育院」を設立し、記憶教室を復元することとした。だが周辺住民たちの反対陳情に押され、計画は霧散してしまった。二〇一七年一二月に京畿道教育監（各自治体におかれた教育委員会の長で、日本の教育長にあたる）が安山教育支援庁の場所に記憶教室を復元すると発表したことで、ようやく混乱が収まった。惨事七周忌の二〇二一年四月には新しい建物で再オープンした。

現在の記憶教室には、生徒たちが使っていた教室と先生たちが使っていた教務室（職員室）が、そのまま移築された。教室に入ると、「愛してる」「会いたい」などの落書きでぎっしり埋まっている。修学旅行の日に誕生日を迎えた先生へのバースデーカードが、後ろの黒板に貼り付けられた教室もある。永久に戻ってくることのない生徒たちに、誰かが「おまえら！　おまえら全員、遅刻だ。早く登校しろ」と書き残していた。

三組の教室の後ろの壁には、二〇一四年の農協のカレンダーが掛かっている。四月一日が丸で囲まれ「エイプリルフール」と書かれてあり、一五日から一八日までは「修学旅行」と記されている。先生と生徒たちは、セウォル号で誕生パーティーを開こうと約束していた。翌月と翌々月に学事日程がところどころ記されているが、一二月の最後には黒ペンで何度も重ね書きされた「本当に高３」という大きな字が見える。[註16]

上：「4・16 民主市民教育院」の建物（撮影：田中博）／下：教室の後ろの壁に貼られた当時のカレンダー

帰ってくることのない生徒たちの席には写真と花が置かれ、そこを訪ねてくる人たちがメッセージを記すノートがある。机の上に何も置かれていない席は生存者のものである。まだ檀園高校の中にこの教室があった頃、生き残った子どもたちはここにやって来ては留まった。友の席に座って突っ伏したり、自分の席でぼんやり座ったりしている生徒たちがいた。母親たちもしょっちゅうやって来ては、座ったりしていた。

ここを守っているのは、犠牲になった檀園高校の生徒の母親たちだ。今ではすっかりセウォル号惨事の専門家となった母親たちが客を迎える。彼女たちは粘り強い。どこからかお金を作ってきて遺品に保存処理を施し、犠牲者遺族たちの口述作業を本に編んだ。町内の人たちと会って、その話も記録した。これら全ての作業を指揮する責任者である記憶貯蔵所の所長はキム・ドオンさんの母、イ・ジソンさんだ。「後に残るものが記録じゃないですか？　子どもたちを記憶しようとするなら、記録を残さなくてはね」。彼女は、弱ってしまいそうだから泣かないのだという。

消えゆく時が閉じ込められた記憶教室に入ったら、ひとつひとつ、ゆっくりと見て回らなくてはならない。そうでなければ、この教室の主人公たちと出会うことはできないだろう。すると、そこを出る時に一体なぜこんなことが、この子たちに、このように起こったのか？　という思いで、胸が締め付けられるだろうが……。

広場、記憶するために行動する時間

遺族と市民たちの「籠城場」がソウル光化門広場に作られたのは二〇一四年の七月だった。ここに拠点をおき、たゆまず真相究明を要求し続ける闘いが展開された。七月一二日に国会で始まった断食

「セウォル号広場」とも呼ばれた光化門広場の「籠城場」

籠城は、七月一四日に光化門広場の南端、炎天下での遺族たちによる断食籠城へと引き継がれた。なかでもキム・ユミンさんの父ヨンオさんはそこで四〇日間のハンガーストライキを続けた末、倒れて病院に担ぎ込まれてからも、さらに六日間断食をした。路上籠城に慣れっこになった頃に、ようやく特別法が通過した。それが同年一一月七日のことだった。そしてようやく、光化門広場以外の場所に設営したテントを片付けることができた。ソウル市庁前のソウル広場も初期には重要な役割をはたした。複数の市民団体がここに追慕の壁を設置すると、ソウル市が焼香所を作り、追慕空間を維持してくれた。そこにはセウォル号惨事の犠牲者たちを追慕する市民たちの往来が絶えなかった。

だが、広場は黙っていては手に入らない。官製の決起大会のためにならば広場を与えてやるのが、独裁政権というものだ。かつて一九六〇年の4・19学生革命の時には景武台（今の青瓦台）に向かって行進していた中高生や市民たちが、警察の発砲により死亡した。一九八七年の六月抗争（本書一五頁参照）の時には警察が夥しい数の催涙弾を撃って、群衆が市庁へと向かうのを妨害した。にもかかわらず、六月九日に延世大正門前で催涙弾に斃れた李韓烈が七月五日に死亡した際には、その葬儀に一〇〇万もの人々が参集した場所が、ここ市庁前広場であった。

　李明博政権になって二〇〇八年五月から一〇〇日間、狂牛病の疑いがある米国産牛肉の輸入に反対する集会とデモが清渓広場やソウル広場などで続いた。[註17]デモに参加した群衆の最終目的地は青瓦台だった。青瓦台に一歩でも近づくことで、政権を圧迫しようと考えた。だがその道は、警察が光化門広場の南端に築いた、いわゆる「明博山城《ミョンバクサンソン》」（コンテナボックスを並べたバリケード）によって遮断された。

　朴槿恵政権に入ってからも同様だった。セウォル号惨事一周忌に、遺族たちと4・16連帯をはじめとする社会運動勢力は青瓦台へ向かうために、警察と闘わなくてはならなかった。二〇一五年四月一一日と一六日、続けて青瓦台に進出しようと試みたが、警察の六重からなるバス遮断幕によって妨げられた。最大の闘いは四月一八日に起こった。遺族たちはこの日、あらかじめ景福宮光化門の前に行っていた。光化門北端と景福宮前を過ぎた栗谷路には、道路の両側に警察バスが車壁を作っており、大会時刻が近くなると遺族たちを強制解散させようとした。市庁広場で大会を終えた市民たちは辛うじて光化門広場へと進み、続いて光化門広場北端の車壁に押し戻された。市民たちは警察バスを引っ張り出し、警察は催涙液を遺族や市民たちに直接噴射し、放水銃を撃った。日が沈んでようやく、遺族たちと市民たちは光化門広場の北端で合流できたが、青瓦台の方へは進むことができなかった。

　二〇一五年一一月一四日に第一回民衆総決起大会[註18]が行われた。やはり光化門前の道路に警察の車壁が設置され、放水銃がデモの群衆にまっすぐ照準を合わせて直射された。デモ隊は警察の車壁にロープをかけて引っ張り出そうとしたが、力不足であった。その日、全羅南道から参加していた白南基《ペクナムギ》氏（六八歳、農業）が警察バスを引っ張ろうと車壁に接近していて、放水銃の直撃を受け、病院に運ばれた。結局、彼は翌年九月二五日に死亡した。その時まで、デモは光化門広場を越えることができなかった。権力は警察力を動員して、何としてでも青瓦台へと向かう市民たちの怒りを遮断しようとあがいた。

遺族たちは二〇一六年一二月三日にようやく、市民たちとともに青瓦台まであと一〇〇メートルの地点にまで達することができた。青瓦台前一〇〇メートル、これは人権運動史において歴史的地点を確保したことを意味する。これまで数えきれないほど試みてきたことが、ようやく可能になったのは、光化門広場から引き継がれてきたろうそくデモの闘いの熱気があったからだ。白南基の死後、朴槿恵政権の国政壟断の実態〈註19〉が暴露されるや、憤慨した市民たちが二〇一六年一〇月末から再び広場に集まり、ろうそくの海を作り出したのである。

ろうそくデモの真ん中にはセウォル号があった。セウォル号惨事が起こると、極限の哀しみと絶望感に包まれた市民たちは全国で街頭に出て、一人でも多く生きて帰れるよう切々たる思いで祈願した。そんな流れの後、ついに光化門広場に拠点が作られた。こうして広場は政治的な中心地となったのだ。朴槿恵政府の実状に憤慨した人たちは、そこで記者会見を開き、集会やデモも行った。その力で朴槿恵弾劾まで突き進んだ。

このように、広場において共感の政治は始まった。広場を封鎖してきた巨大勢力の前で、一本のろうそくを手に広場を作り出したその始まりには、権力のあらゆる弾圧の中で、国会と光化門、清雲洞

（ソウル市鍾路区所在の町名）で、同時多発的に野宿籠城を闘っていたセウォル号惨事の遺族たちがいたことを、私は記憶する。

政治は広場から始まって、ようやく国会で結論が出ることもある。政治は市民たちがまず動き、要求しないことには、みずから動くことはない。広場に集まった市民たちの人権と民主主義を求める行進が、全国各地の人々へと広がっていく中で、歴史の潮目を変えたろうそくデモとして成就された。

しかしながら、広場は嫌悪の空間でもあった。セウォル号の遺族たちのハンガーストライキが続いていた頃、反対勢力が現れて「爆食い闘争」というのをやったのも、複数の保守団体が押しかけてきて、遺族たちに向かって「死体を売ってもっと金を巻き上げようと、たかっている」と嫌悪と蔑視の言葉を浴びせまくったのも、私たちが膨らむ希望をともした、まさにその広場であった。

それでも私は広場の力を信ずる。広場で手に手を取り合って叫んだ、あの冬のろうそくの波を記憶する。そのろうそくの海の中で、沈没したセウォル号を引き揚げて浮かび上がらせ、ふたたび真相究明のための調査機構を出帆させた。いまだ目標には届かなくとも、少しずつ前に進んでいることも知っている。あの冬、ろうそくを手にともに歌った「真実は沈まない」のように、私たちが放棄さえしなければ、真実は必ず実体を現すだろう。広場でともに叫んだ「最後まで忘れない」という約束、「今こそ変わらなければ」という誓いは嘘ではなかった。

セウォル号惨事の後、世の中は少しずつ変わっている。競争と効率、勝者独占の世界に吸い寄せられていた市民たちは、そんな世の中がいかに野蛮であるかを目にした。国家はこれ以上、国民の安全を保障しないということ、ただ市民たちの連帯によってのみ政治も変わり、社会を変えることで生命を救えるということを、知るようになった。深い悲しみと怒りの中で日々死にゆく労働者たちの現実に目を見開き、韓国社会における漫然とした安全思考を自分の問題として認識するようになった。深い絶望に沈んで泣き寝入りばかりだった遺族たちは、自分たちの主張を人々の前で訴求力をもって伝えることができるようになり、その主張を実現するためには、市民たちと連帯しなければならないことに気づくようになった。市民たちもまたセウォル号惨事の遺族たちと闘いをともにする中で、積極的に変わっていった。政治に関心を持ち始め、政治家たちの嘘を見抜くようになり、セウォル号惨事の真相究明と責任者処罰を韓国人全体のことと受け止めた。

セウォル号惨事の後、皆それぞれの場所に戻って日常生活を送っているが、六年間、広場でともにした連帯の記憶は消え失せない。市民たちがふたたび広場へろうそくを手に出て来る日、世の中はそれだけ変わっているだろうと信ずる。そんな信念をもって、たゆまず、焦ることもなく、その結末をともに作っていきたい。広場はいつでも開かれている。広場が開かれる日、世の中はまた一歩、前に進んでいくだろうと信ずる。歴史は広場から新たな道へと踏み出される。

【註】

〈1〉木浦市街から新港へは木浦大橋を渡って行くが、下を大型船が通るため橋はかなり高くまで上がり、そのあと急降下してそのまま新港のある埋立地へと向かう。セウォル号までは埋立地の海岸線に沿って橋を降下しながら進む。新港は海抜の低い場所にあるため、まるで海に突っ込んでいくような感覚になるという（田中博氏のご教示による）。

〈2〉二〇一六年九月に4・16家族協議会傘下に構成された4・16財団設立準備委員会をもとに一八年五月の創立大会と六月の法人設立認可をへて、一九年二月に政府より財団法人として認可を受けた。4・

16財団HPで、朴來群氏は、財団を作ったのはセウォル号惨事の真相究明のためもあるが、最終的な目標は安全な韓国社会を作ることにあるとし、4・16財団の活動は大きく分けて、「第一にセウォル号惨事に対する追悼事業、第二にセウォル号惨事の被害者支援、第三に安全文化の啓蒙」であると述べている。セウォル号惨事の象徴として日本でもよく知られた「黄色いリボンのストラップ」は、当財団が啓蒙活動のために製作したグッズである(https://bit.ly/37tLmxp)。

〈3〉「セウォル号惨事の真相究明と責任者処罰」「セウォル号惨事の追悼活動」「セウォル号惨事被害者および市民活動家に対する支援」「生命尊重と安全社会建設のための連帯活動」を掲げて、二〇一五年六月に創立された(「4・16連帯」HPを参照。https://bit.ly/3JpcnPX)。朴來群氏は4・16連帯の常任運営委員として同年七月二四日にセウォル号惨事一〇〇か日追悼集会を主導し、警察と対峙。それにより、警察に集会の事前届出をしなかったとして逮捕され、検察はこれに特殊公務執行妨害致傷、特殊共用物件損傷の容疑を加えて起訴した。朴氏の釈放を求める署名活動はフランス人権団体にまで拡散し、一一月二日に保釈された。

〈4〉二〇一一年五月、原因不明の肺疾患症例が大量に見つかり、死者二三九人、深刻な肺疾患が一五二八人を数えた。被害者に共通していたのが加湿器洗浄剤を使用していた点で、それにより、SKケミカル(当時・有孔)が製造した洗浄剤に人体に有害な化学物質が含まれていたことが判明した。

〈5〉木浦、仁川、蔚山に着工。木浦では六〇年代後半より干拓事業が始まった三学島周辺に石炭埠頭が造成されたが、二〇二〇年に閉鎖され、現在は遊休地となっている。

〈6〉ドキュメンタリー映画「共犯者たち」(崔承浩監督、二〇一七年)で明らかにされたように、李明博政権以降、韓国メディアは政府による介入を許し、セウォル号惨事に関しても公正な報道を行うことが困難だった。そうした中、地道な調査報道によって真相に迫ろうとしたのがJTBC、ニュースタパなどのオルタナティヴなWEBメディアや、時事週刊誌『ハンギョレ21』である。特にセウォル号引き揚げ後の丹念な調査報道を通じ、船体が急旋回した原因として操舵システムの不具合を指摘し、専門家による分析結果を裏づけたのがニュースタパとハンギョレ21だった（https://bit.ly/38I2CQl）。ハンギョレ21のチョン・ウンジュ記者は、冤罪被害者の人権回復と真相究明を目指す「財団法人・真実の力」や数人の弁護士よりなる「セウォル号記録チーム」を結成した。一方、ニュースタパはブラックボックスの映像の復元を通して真相に迫った。ここに記された「言論探査報道チーム」がどちらを指すのかは不明だが、後段で「復元されたブラックボックスの映像で確認した」と記されてある点から、ニュースタパの調査報道チームを指すのかもしれない。

〈7〉最後まで乗客の救命にあたり死亡した乗組員は以下の四名である。非正規の客室乗務員パク・ジヨン（二二歳、女性）、事務長ヤン・デホン（四五歳、男性）、事務職チョン・ヒョンソン（二八歳、女性）、大学生のアルバイト乗務員キム・ギウン（二八歳、男性）。チョン・ヒョンソンとキム・ギウンは婚約中だったという。

〈8〉追慕週間とはセウォル号惨事が起こった四月一六日に前後した一週間を追悼週間とし、その期間中は黄色いリボンを身につけ、セウォル号が沈没した四月一六日一〇時に黙祷をしたり、セウォル号惨事を記憶するための展示会や追悼行事、安全社会実現のための催し等を行ったりする。

〈9〉二〇一五年当時、ソウル光化門広場ではセウォル号惨事の真相究明を求める犠牲者遺族たちがテントを張って籠城し、ハンガーストライキをしていた。朴來群氏も遺族たちに連帯してハンストによる抗議運動を行っていた。

〈10〉セウォル号惨事の真相究明、責任者処罰、再発防止策の策定、被害者支援などを目的として、二〇一四年五月二二日に発足。人権団体、労働組合、市民運動団体、また女性・農民・反貧困・青年・宗教などの各運動団体によって構成される連帯機構で、八〇〇以上の団体が参加している（http://sewol1ho416.org/qna）。

〈11〉二〇一四年四月三〇日付「聯合ニュース」によれば、花郎遊園地に設けられた政府の合同焼香所には、「設置から八日目を迎えた三〇日にも多くの弔問客が訪れている」という。

〈12〉民主労総（全国民主労働組合総連盟）は、朴正熙政権期の労働組合全国中央組織である韓国労働組合総連盟（韓国労総）の労資協調路線を御用的として批判する立場から、一九八七年の「民主化」以後に活発化した労働運動を源流として九五年に結成され、九九年に韓国労総と並ぶ全国中央組織として認可された。

〈13〉安山市と国務調整室（二〇一三年に国務総理秘書室から改組）、海洋水産部の主催で「4・16生命安全公園」設計の国際コンペが行われ、二〇二一年八月に李孫建築コンソーシアムの作品が選ばれた。二〇二四年に竣工の予定（https://bit.ly/3KvLmvt）。

〈14〉檀園高校近くの建物三階にある古い教会の礼拝堂に所在。一四五平方メートルの天井から犠牲となった三〇四人分の灯篭が吊るされ、そこに写真や日記帳など犠牲者の資料や形見が収められている。（https://bit.ly/3xfsqNS）。

〈15〉犠牲となった二四六人の生徒のうち、五四人の子ども部屋の写真が展示されている。「写真の中の主人公はこの世にいないが、本棚には学習書と漫画本があり、椅子の背もたれには制服がかかっており、惨事前の姿を見せてくれる」という。（https://bit.ly/3ul6MWy）

〈16〉韓国の学校の新学期は三月である。つまり三学期が二月半ばには終了する。カレンダーの一二月末のところに「本当に高3」と書かれているのは、「高3が本当に目の前」という意味だろう。

〈17〉李明博政権が発足してまもない二〇〇八年五月から六月にかけて、米国産輸入牛肉に狂牛病疑惑があるとして米国産牛肉輸入反対のろうそくデモが行われ、「食の安全」を求める若い母親たちの「ベビーカー部隊」まで繰り出すなど、従来の運動勢力を超えた汎国民的な広がりが見られた。数万人規模のデモが繰り返され、日本でも「BSE騒動」として大きく取り上げられた。七月以降も小規模なデモが散発的に行われた。この時、デモ隊を遮断するための「明博山城」と揶揄されたコンテナボックスによるバリケードや、これまでの催涙弾に替えて放水銃が使用されるようになった。この騒動で「親米派」のイメージがついた李明博は四八・七％の得票率で当選したにもかかわらず、支持率が一〇％台にまで急降下した。

〈18〉民主労総（全国民主労働組合総連盟）主導の下、五三の進歩的運動団体からなる「民衆総決起闘争本部」の主催による大規模集会。日本で一般に「ろうそくデモ」として知られる二〇一六年一一月から一七年三月にかけての集会は、第二回民衆総決起大会である。二〇一五年の第一回民衆総決起大会ではセウォル号惨事をはじめ、労働・農業・反貧困・差別・環境などの問題に加え、日韓外相会談に注目が集まっていた「慰安婦」問題に対する要求事項を掲げ、最終的には朴槿恵退陣を目標とした。集会さなかでの白南基氏に対する放水銃での暴行、および、ろうそくデモが継続される中での同年一二月二八日、被害者に対する癒しのための一〇億円と引き換えに、この問題を「最終的かつ不可逆的に解決されることを確認する」とした日韓「合意」が発表され、一六年一月にこれに抗議する僧侶が焼身自殺をとげという事件があった。これは、結果として朴槿恵の大統領罷免をもたらした二〇一六年のろうそくデモへと連なる前哨戦として記憶される必要がある。

〈19〉端的には「崔順実ゲート事件」（朴槿恵の親友とされる崔順実という女性が陰で政治を牛耳っていたとする一連の事件）として日本でも面白おかしく報じられた、国政に対する民間人の介入や、崔順実を介しての政治と経済の癒着関係などをいう。

おわりに

本書に収めた人権の現場から共通して見出されたのは、国家が個人に及ぼした暴力と犯罪の痕跡である。加害者が社会制度とシステムを総動員できる全能の国家権力であるがために、その暴力と犯罪は大規模であり、いっそう執拗かつ残忍で、長期にわたって持続する。そのうえ容易く正当化され、隠蔽される。

見ようによっては、韓国現代史は国家権力による数々の人権蹂躙とそれに対する抵抗で成り立っているようだ。日帝以前の時期は措くとして、解放後に大韓民国政府が樹立されるまでの間、この地にはあまりに理不尽な死が累々とし、堆積層をなしていた。そんな鬱々とした非業の死を掘り起こし、これまで心許して泣くことさえままならなかった者たちが機会あるごとに声をあげ、もがき苦しんできたがゆえに、人権をめぐる現実は少しずつ改善されてきた。

歴史は勝者の記録だと言われる。一面では当たっている。だが、それよりはるかに長期的な観点で見れば、はたして歴史的事実とは何なのかと疑問を抱く人々がいる限り、その歴史は必ず変えられてきた。被害者たちが声をあげ、権力が挑戦を受ける時、歴史は再び書き換えられる。私たちは今、犯罪が正当化された権力の歴史を消し去り、遅れはしても、人権の歴史を新たに書き綴っていく途上にあるのだと信ずる。

過去の国家暴力―国家犯罪が可能だったのは、その時代に多くの人々が沈黙したからである。知らぬうちに暗黙の共犯者になりたくなければ、韓国社会の被害者たちが自分の体験したことを、いかなる恐れもなく語ることができるようにしなければならない。私たちは、彼らの言葉にいっそう傾聴しなくてはならない。本書を執筆しながら、そうした思いをより深くした。人権の歴史をさらに一歩前進させるために今すぐ私たちがなすべきことは、国家暴力―国家犯罪に苦しむ被害者、あるいは生存者にまず歩み寄り、彼らのそばに謙虚に寄り添うことではないだろうか。

いつかまた読者の皆さまと再びお目にかかるまで、「記憶すべきこと」の前で立ち止まらない私たちになれるよう、そして韓国社会において人権の地平がより拡がるよう、そこに本書が多少なりとも助けとなるよう願っている。

二〇二〇年春

朴 來群

訳者あとがき

もうじき五月一八日がめぐり来ようとしている。著者・朴來群《パクレグン》氏が高校を卒業して初めて触れた世の中の風は、二〇年近く続いた朴正熙の軍事独裁政権が銃弾によって終焉した後、民主化を待ち望む人たちが吹き揚げた「ソウルの春」の嵐だった。だが朴正熙亡き後の軍部から新たに台頭した全斗煥一派はそれを蹴散らし、その日、光州を捨て石とする苛烈な民主化運動の弾圧によって重苦しい一九八〇年代への幕を開いた。文学を夢見た青年の大学生活は、光州に対する負い目を沈潜させたこの陰鬱な韓国現代史とともに始まった。

ソウル・オリンピックを目前に控えた八八年六月、彼の二つ違いの弟・朴來佺《パクレジョン》氏が民衆審判による光州虐殺の責任者処罰を主張し、「光州は生きている！」と叫びながら崇実大学の大学会館屋上で抗議の焼身自殺をとげる。彼自身もたびたびの投獄と拷問後遺症を経験しながら、同時に民主化運動犠牲者の遺族という二重の意味での当事者となった。しかし朴來群という活動家の稀有な資質とは、決して個人的な被害経験にとどまるのではなく、彼自身の経験を含むさまざまな歴史的事件の根源を「国家暴力」の観点から捉え直し、活動の意味を「人権」という普遍的テーマへと昇華させた点にある。

私が韓国民主化運動をめぐる死生観に関心を寄せ、光州や遺家協（現・全国民族民主遺家族協議会）

での研究を始めてから、すでに四半世紀を超えた。訳者解説にも記したように、その初期の段階で、朴來群氏とは彼の記事を介して出会っていた。その名が目に触れたとたん、朴來佺烈士とのつながりを予感した。以来、折を見ては朴氏の情報を追いかけながら、研究を進めていく中で、韓国政治は歴史上の「非業の死者」にまつわる記憶と哀悼の力学につき動かされてきた、という私なりの見解にたどり着いた。

活動家という内部の視点から本書が著されたことは、私にとって百万の味方を得た思いだった。だがそれ以上に、行間からこれでもか、これでもかと立ち上ってくる阿鼻叫喚、あるいは死臭に包まれた生々しい「記憶」の実体に打ちのめされるばかりだった。翻訳や訳註の作業をしながら、途中で放り投げたいと何度思ったことか。本書に登場する歴史的な出来事の多くは「闘争」や「抗争」といった威勢のよいヒロイックな言葉で称されたり、逆に「虐殺」などの悲劇性を帯びた言葉で呼ばれたりするが、出来事をそのように表象しただけで何かを知った気になっていたのではないか？　だからこそ、なおも虚心坦懐に「記憶すべきこと」を学び続け、はらわたから知る努力に倦んではならないと思う。しかもそれは「外国史」として完全に他者化されるものではなく、日本近現代史とのかかわりが影を落としてきた歴史なのである。

本書が二〇二〇年五月に刊行されたことを知った直後から、私はこれを翻訳し、なんとか日本で出版できればと願っていた。当時、すでにコロナ・パンデミックによって日韓の往来ができなくなっていたが、年内には収まるだろうと根拠もなく高を括っていた。本書は「人権紀行」と銘打つだけに、歴史的事件の現場の状況や周辺の風景、そこにある事物にまつわる描写が多く、正確を期してどのような日本語訳をあてるかは、訳者自身がその場所に赴き、現物を確認して決めるしかないと考えていた。しかし予期に反してコロナ禍は一向に終息の気配を見せず、その計画は断念せざるをえなくなった。そのため、翻訳作業は多くの方たちの手を借りながら進められることになった。

わけても韓国在住の田中博氏（韓国草の根塾・代表）には、私に代わって光州と済州島を除く全地域を調査し、訳稿をより正確な描写に近づけるべく校閲を引き受けていただいた。また原著掲載の写真とは別途、日本の読者にも現場の様子がよく伝わるよう臨場感のある多くの写真を撮ってきていただいた。

済州島に関しては、難解な済州特有の言葉と地名に何度も気持ちが折れそうになる中、在日本済州四・三事件犠牲者遺族会の会長として4・3事件とその現場を知悉する呉光現氏より、校閲を通して全面的な助言と懇切な修正案までいただいた。また、呉氏からも本書の理解を助けてくれるのに適した貴重な写真を何枚もご提供いただいた。

また、光州については古くからの友人である朴康培氏（財団法人・光州文化財団専門委員）、および光州出身の金誾愛氏（東京外国語大学）の助けを借りた。さらに翻訳や訳者解説などにおいて、共同通信の粟倉義勝記者、ならびに芳賀普子氏より、折に触れて重要な指摘と助言をいただいたことにも感謝する。

本書の日本での出版をご快諾くださった出版社クールの金庚泰社長、編集者の成俊槿氏、および写真家の韓承一氏に、そして何よりも著者である朴來群氏に深く感謝申し上げる。

また、快く出版を引き受けてくださった高文研の編集者・真鍋かおる氏には、訳稿を丹念に読んで多くの指摘と助言をいただだいた。あわせて、表紙デザインに故・富山妙子氏（一九二一〜二〇二一年）の版画作品の使用を認めてくださった火種工房の岩橋桃子氏にも、心からの謝意を表したい。

富山妙子という画家の存在を初めて知ったのは、一九九五年の第一回光州ビエンナーレに出品された版画連作『倒れた者への祈祷 一九八〇年五月光州』（一九八〇年）を通してであった。実際に知遇を得たのはそれから一五年ほど後のこと、富山氏の晩年である。光州民主化運動三〇周年にあたる二〇一〇年、拙著『光州事件で読む現代韓国』（平凡社、二〇〇〇年）の増補版を出すにあたり、カバー絵に版画連作より「捕らわれた人々」を使わせていただいた。本書で使用した「民衆の力Ⅰ」には、自由を叫んで道庁前広場を埋め尽くす光州市民たちの顔が、それぞれに表情を帯びながら力強く、ぎっしりと描き込まれている。だが裏返せばそれは、これまで生存権を踏みつけにされてきた地を這う無数の人々が、怨嗟の声をあげている姿のようにも受け取れる。本書が示す「記憶すべきこと」の一つ一つが、この作品を構成する一人一人の表情の中に形象化されているような気がするのである。

朴來群という活動家が体現しているのは、韓国の社会運動には死生観があり、そこには3・1独立運動以来の「抵抗の伝統」という歴史意識が貫かれている、ということである。また「人権」という独自のテーマを掴んだ彼の活動は、学生運動や労働運動、遺族会運動といった垣根を越えて横にも拡張されていった。そこに韓国における社会運動や市民運動の強靭さの秘訣がある。近年は日本でもデモによる政治参加が関心を集め、活発に議論されるようになっているが、日本の民主主義と社会運動の歴史と今後を考えるうえで、単に比較対象としての表層的な韓国理解にとどまることなく、この書に込められた韓国政治の奥深い歴史的意味が敬意をもって広く参照されることを切に願う。

二〇二二年五月一八日

真鍋 祐子

文献案内

本書に対する理解の助けとなる一般書、文学作品、学術書など、比較的入手しやすい日本語の文献を紹介する（訳註で参照した文献を含む）。

【韓国民主化運動史・総論】

■大畑裕嗣『韓国の市民社会論と社会運動』成文堂、二〇一一年
■池明観『韓国　民主化への道』岩波新書、一九九五年
■韓洪九『韓洪九の韓国現代史―負の歴史から何を学ぶのか』1・2、高崎宗司訳、平凡社、二〇〇五年
■古川美佳『韓国の民衆美術―抵抗の美学と思想』岩波書店、二〇一八年
■文京洙『新・韓国現代史』岩波新書、二〇一五年
■文京洙『文在寅時代の韓国―「弔い」の民主主義』岩波新書、二〇二〇年
■文在寅『運命』矢野百合子訳、岩波書店、二〇一八年
■柳時敏『ボクの韓国現代史1959―2014』萩原恵美訳、三一書房、二〇一六年
■黄皙暎『囚人　黄皙暎自伝Ⅰ・Ⅱ』舘野晳・中野宣子訳、明石書店、二〇二〇年

【済州4・3事件】

■金時鐘『朝鮮と日本に生きる―済州島から猪飼野へ』岩波新書、二〇一五年
■金石範『火山島』全七巻、文芸春秋、一九八三〜九七年
■金石範・金時鐘、文京洙編『なぜ書きつづけてきたか、なぜ沈黙してきたか―済州島四・三事件の記憶と文学』平凡社ライブラリー、二〇一五年

■金蒼生『風の声』新幹社、二〇二〇年
■高誠晩『〈犠牲者〉のポリティクス：済州4・3／沖縄／台湾2・28　歴史清算をめぐる苦悩』京都大学学術出版社、二〇一七年
■玄基榮『地上に匙ひとつ』中村福治訳、平凡社、二〇〇二年
■玄基榮『順伊おばさん』金石範訳、新幹社、二〇一二年
■許榮善『語り継ぐ済州島4・3事件』村上尚子訳、新幹社、二〇一四年
■ホ・ヨンソン『海女たち─愛を抱かずしてどうして海に入られようか』姜信子・趙倫子訳、新泉社、二〇二〇年
■文京洙『済州島四・三事件─島（タナム）の国の死と再生の物語』平凡社、二〇〇八年
■文京洙『済州島現代史─公共圏の死滅と再生』新幹社、二〇〇五年
■梁聖宗・金良淑・伊地知紀子編集『済州島を知るための55章』明石書店、二〇一八年
■「済州日報」四・三取材班『済州島四・三事件』全六巻、新幹社、一九九四〜二〇〇四年

【戦争記念館】

■伊藤正子『戦争記憶の政治学─韓国軍によるベトナム人戦時虐殺問題と和解への道』平凡社、二〇一三年
■神谷不二『朝鮮戦争─米中対立の原形』中公文庫、一九九〇年
■金東椿『朝鮮戦争の社会史─避難・占領・虐殺』金美恵ほか訳、平凡社、二〇〇八年
■金賢娥『戦争の記憶　記憶の戦争─韓国人のベトナム戦争』安田敏朗訳、三元社、二〇〇九年
■金蓮子『基地村の女たち─もう一つの韓国現代史』山下英愛訳、御茶の水書房、二〇一二年
■権仁淑『韓国の軍事文化とジェンダー』山下英愛訳、御茶の水書房、二〇〇六年
■五郎丸聖子『朝鮮戦争と日本人─武蔵野と日本人』クレイン、二〇二一年
■藤原和樹『朝鮮戦争を戦った日本人』NHK出版、二〇二〇年

■ブルース・カミングス『朝鮮戦争論―忘れられたジェノサイド』栗原泉・山岡由美訳、明石書店、二〇一四年
■和田春樹『朝鮮戦争全史』岩波書店、二〇〇二年

【小鹿島】

■李清俊『あなたたちの天国』姜信子訳、みすず書房、二〇一〇年
■滝尾英二『朝鮮ハンセン病史―日本植民地下の小鹿島』未来社、二〇〇一年

【光州5・18抗争】

■宋基淑『光州の五月』金松伊訳、藤原書店、二〇〇八年
■全南社会運動競技会編集『全記録光州蜂起80年5月―虐殺と民衆抗争の十日間』柘植書房新社、二〇一八年
■ハン・ガン『少年が来る』井手俊作訳、クオン、二〇一六年
■真鍋祐子『増補　光州事件で読む現代韓国』平凡社、二〇一〇年
■林洛平『光州　五月の記憶―尹祥源・評伝』高橋邦輔訳、社会評論社、二〇一〇年
■文富軾『失われた記憶を求めて―狂気の時代を考える』板垣竜太訳、現代企画室、二〇〇五年

【南山安企部跡・南営洞対共分室】

■李哲『長東日誌―在日韓国人政治犯・李哲の獄中記』東方出版、二〇二一年
■荻野富士夫『朝鮮の治安維持法の『現在』―治安維持法事件はどう裁かれたか』六花出版、二〇二二年
■康宗憲『死刑台から教壇へ―私が体験した韓国現代史』角川学芸出版、二〇一〇年
■金忠植『実録ＫＣＩＡ―「南山」と呼ばれた男たち』鶴眞輔訳、講談社、一九九四年
■金孝淳『祖国が棄てた人々―在日韓国人留学生スパイ事件の記録』石坂浩一訳、明石書店、二〇一八年

■徐勝・徐俊植『徐兄弟　獄中からの手紙―徐勝、徐俊植の10年』徐京植編訳、岩波新書、一九八一年
■黄英治『あの壁まで』影書房、二〇一三年

【西大門刑務所歴史館】

■安載成『京城トロイカ』吉澤文寿・迫田英文訳、同時代社、二〇〇六年
■稲葉裕『ソウルの塀の中』朝日新聞社、一九八八年
■荻野富士夫『朝鮮の治安維持法―運用の通史』六花出版、二〇二二年
■金九『白凡逸志―金九自叙伝』梶村秀樹訳、平凡社東洋文庫、二〇二〇年
■朴炯圭『路上の信仰―韓国民主化運動を闘った一牧師の回想』山田貞夫訳、新教出版社、二〇一二年

【磨石・牡丹公園】

■呉道燁『この身が灰になるまで―韓国労働者の母・李小仙の生涯』村山俊夫訳、緑風出版、二〇一四年
■趙英來『全泰壹評伝』大塚厚子ほか訳、柘植書房新社、二〇〇三年
■真鍋祐子『烈士の誕生―韓国の民衆運動における「恨」の力学』平河出版社、一九九七年

【セウォル号惨事】

■ウ・ソックン『降りられない船―セウォル号沈没事故からみた韓国』古川綾子訳、クオン、二〇一四年
■キム・エランほか『目の眩んだ者たちの国家』矢島暁子訳、新泉社、二〇一八年

【訳者略歴】

真鍋 祐子（まなべ ゆうこ）

1963年北九州市生まれ。筑波大学大学院修了、博士（社会学）。

東京大学東洋文化研究所教授。専門は朝鮮地域研究。

著書に『烈士の誕生―韓国の民衆運動における「恨」の力学』（平河出版社、1997年）、『増補　光州事件で読む現代韓国』（平凡社、2010年）、『自閉症者の魂の軌跡―東アジアの「余白」を生きる』（青灯社、2014年）、『思想・文化空間としての日韓関係―東アジアから考える』（共著、明石書店、2021年）、訳書に『恨の人類学』（崔吉城著、平河出版社、1994年）、論文に「越境する画家・富山妙子の人生と作品世界―ポストコロニアリズムとフェミニズムの交点から」（『民主主義と人権』21－1、2021年：韓国語）等。

※本文中の写真について、撮影・提供者の明示のない写真はすべて
韓国・クール社と韓承一氏提供

朴 來群（パク・レグン）

1961年、韓国京畿道華城市西新洞尚安里の農家に生まれる。人権活動家。（財）人権財団サラム付設の人権センター・サラム所長。1988年、光州虐殺の責任者処罰を要求して焼身自殺した弟との約束を守るために活動したあと、人権運動をするようになる。その後、国家による抑圧と犯罪に立ち向かう現場活動を中心とした人権運動を続けている。

民主化運動遺家族協議会事務局長、人権運動サランバン事務局長等の専従活動家、社会福祉法人エバダ福祉会理事、人権運動研究所常任研究員、大統領所属疑問死真相究明委員会調査課長、（財）人権財団サラム常任理事、ソウル市人権委員会副委員長、4月16日の約束国民連帯（4・16連帯）共同代表等を歴任。

現在、4・16財団運営委員長、4・9統一平和財団理事、龍山惨事真相究明および再開発制度改善委員会執行委員長、開かれた軍隊のための市民連帯代表、ソンチャプコ運営委員、生命安全市民ネット共同代表等を務めている。

野火賞、ＮＣＣＫ人権賞、イム・チャンスン賞などを受賞。著書に『人のそばに人のそばに人』『ああ！　テチュリ――テチュリ住民たちの米軍基地拡張阻止闘争の記録』など。

韓国人権紀行
私たちには記憶すべきことがある

●二〇二二年九月一五日――――第一刷発行

著　者／朴 來群
訳　者／真鍋 祐子
発行所／株式会社 高文研
東京都千代田区神田猿楽町二―一―八
三恵ビル（〒一〇一―〇〇六四）
電話０３＝３２９５＝３４１５
http://www.koubunken.co.jp
印刷・製本／中央精版印刷株式会社
★万一、乱丁・落丁があったときは、送料当方負担でお取りかえいたします。

ISBN978-4-87498-812-1　C0036